不确定的世界经济

新变局、新风险与新机遇

2019年世界经济分析报告

上海社会科学院世界经济研究所
宏观经济分析组

权衡 盛垒 等 / 著

格致出版社　上海人民出版社

目　录

导论　中国对外开放实践创新、经济全球化发展新特点与新时代对外开放新战略

改革开放 40 年来,中国经济社会发展取得了历史性成就,发生了历史性变革。尤其是对外开放极大促进了社会生产力发展,显著提高了人民生活水平,有力促进了社会主义市场经济的完善,同时也推动了世界各国共同发展。进入新时代,中国对外开放发展的外部环境正在发生深刻变化,特别是面对"逆全球化思潮"的兴起,中国对外开放战略亟待升级转型,通过加快构建全面开放经济新格局,发展更高水平开放型经济体制机制,积极应对全球化深刻变化,引领中国经济高质量发展,也为完善全球经济治理体系、促进世界经济健康发展贡献中国智慧和方案。

伴随对外开放战略和开放经济实践发展的不断深化深入,中国对外开放的手段、领域、方式也在不断走向深化。40 年中国对外开放逐步从政策优惠开放转向制度创新、公平竞争,中国大国开放型经济的水平、层次不断得到提升,开放程度与领域不断走向深入,逐步形成了高层次、宽领域、全方位的开放型经济体系和开放发展新网络。中国对外开放的实践过程,也是不断探索大国开放型经济发展新模式的过程,具有重大现实意义和理论创新价值。新时代中国对外开放需要不断提升开放经济发展的质量、效率和竞争力,推动中国开放型经济迈向高质量发展的新阶段。

0.1　中国对外开放发展 40 年:实践发展与创新①

经历 40 年发展,中国对外开放蹄疾步稳、循序渐进、成果卓著。对外开放发展

---

① 参见权衡:《对外开放四十年实践创新与新时代开放型经济新发展》,《世界经济研究》2018 年第 9 期。

从一开始的"四个特区"战略，到沿海开放城市战略，再到沿海经济开放区和产业园区发展、保税区战略，发展到近几年的中国自由贸易试验区和自由港等，中国对外开放战略和中国特色的开放型经济发展不断走向深入。40 年开放经济发展实践、经验值得深入总结，值得从国际经济学理论创新、发展经济学理论创新加以研究。

从对外开放发展的实践进程和维度来看，中国对外开放 40 年发展历程大致可以分为四个历史阶段。

一是 1978—1991 年中国对外开放初步探索阶段。1978 年党的十一届三中全会作出了实行改革开放的重大战略部署，明确提出"在自力更生的基础上积极发展同世界各国平等互利的经济合作，努力采用世界先进技术和先进设备"的重大决策。与此同时，按照"特殊政策、灵活措施"的政策方针，中国决定在广东、福建等地的深圳、珠海、厦门、汕头试办经济特区的重大实践和开放试验。1984 年 5 月，把大连、秦皇岛、天津、烟台、青岛、连云港、南通、上海、宁波、温州、福州、广州、湛江、北海等 14 个城市定为沿海开放城市；随后又将长江三角洲、珠江三角洲和闽南厦漳泉三角地区以及辽东半岛、胶东半岛开辟为沿海经济开放区。1988 年 4 月又提出建立海南经济特区的决议，发展海南经济特区。从建设经济特区，到沿海开放城市和沿海开放经济区，再到发展海南经济特区，充分考虑了中国开放经济发展的地理位置、自然资源、经济基础以及充分引进技术管理需要等，为中国发展开放经济和推动国内经济增长注入了内在活力。

二是 1992—2000 年中国对外开放格局基本形成阶段。以 1992 年邓小平发表南方谈话为重要标志，中国提出建立社会主义市场经济，从而开放经济发展再次进入新的发展阶段。这个阶段，中央确立积极合理有效利用外资的方针，我国加快吸收利用外资，扩大外资规模，拓宽外资领域，特别是加快在制造业开放、基础设施发展以及部分服务业领域等的进一步扩大开放。1997 年，党中央和国务院提出了进一步扩大对外开放、提高利用外资水平的指导思想，我国利用外资规模、水平和能力迅速跃上了新的历史台阶。这个时期开放经济的快速发展，为中国经济稳定高速增长做出了重要贡献。

三是 2001—2012 年中国全方位开放发展的新阶段。以 2001 年中国加入世界贸易组织（WTO）为重要标志，中国对外开放进入全方位开放发展的新阶段。中国加入

WTO 意味着中国经济开放发展的范围、领域、地域、水平和能力等都发生了根本性变化。中国对外开放能够按照 WTO 的互惠原则、透明度原则、市场准入原则、促进经济发展原则、非歧视原则等，更加全面参与国际经济合作和国际分工体系，有利于中国更好扩大出口和利用外资，平等参与国际竞争，通过对外开放促进国内技术进步的同时，也意味着中国参与世界经济并为促进世界经济增长、参与全球投资贸易规则制定等做出新的贡献。中国对外开放的市场化、国际化和法治化水平和能力得到显著提升。

四是从 2013 年中国(上海)自由贸易试验区建设以来中国进入构建开放型经济新体制和构建全面开放新格局的历史阶段。2013 年 3 月,李克强总理提出,上海要在现有综合保税区基础上,研究如何试点先行在 28 平方公里内建立一个自由贸易园区试验区,进一步扩大开放,推动完善开放型经济体制机制。探索建设自贸区是中国对外开放迈向制度创新、建立开放型经济体制机制的重要标志。2013 年 8 月,国务院正式批准设立中国(上海)自由贸易试验区。根据方案,上海自贸试验区聚焦制度创新主线,重点探索政府职能转变、金融制度改革开放、贸易服务开放、外商投资和税收政策等多项改革措施,并将大力推动上海转口、离岸业务的发展,从而为构建开放型经济体制机制先行先试,积累经验。在上海自贸试验区建设试点基础上,国务院于2015 年批准设立广东自贸试验区、天津自贸试验区、福建自贸试验区,2017 年又批准设立浙江、辽宁、四川、重庆、湖北、河南、陕西等 7 个自贸试验区。自贸试验区试点及其扩围始终坚持制度创新,聚焦构建开放型经济体制机制,逐渐与国际最高标准、最好水平的投资贸易规则接轨,从更深层次推动了中国经济开放深化和发展。2018 年 4 月,在自贸区试验建设发展基础上,中央再次宣布海南建立中国特色自由贸易港区。伴随着中国特色社会主义进入新时代,中国对外开放也进入了新时代。新时代中国对外开放发展迎来了发展更高层次开放型经济、培育国际竞争新优势、推动"一带一路"建设、参与全球经济治理体系的全面开放新格局的重要时期。

0.2　中国对外开放 40 年发展:创新经验和理论启示[①]

从对外开放实践发展来看,中国对外开放的手段主要包括对外贸易(包括进出

---

① 参见权衡:《对外开放四十年实践创新与新时代开放型经济新发展》,《世界经济研究》2018 年第 9 期。

口贸易）、引进外资（包括吸引国外先进技术和管理经验）、实行对外投资（包括各种形式的国际经济合作）、服务贸易（包括技术贸易）、对外承包工程和劳务合作以及国际旅游等。这些多种形式的对外开放的手段和工具，在不同时期对促进中国对外开放发展、建设开放型经济发展模式都起到了重要的推动作用。笔者在此就中国对外开放的实践特色及其创新发展做一些归纳和概括，以便读者对中国对外开放战略演变及其开放型经济新模式、新内涵有更加全面和科学的理解和把握。笔者认为，中国对外开放发展的过程，其实也是中国不断开辟大国开放型发展模式的历史过程，具有如下几方面的特色和创新之处。

第一，"四个特区"发展模式：探索先行先试与渐进式开放新经验。改革开放初期，中国是一个经济社会发展非常不平衡、各个领域几乎在完全封闭的计划经济体制下运行，如何进行对外开放，如何处理好对外开放与对内改革、全球化与市场化的平衡关系，是中国对外开放一开始必须面临并且稳妥处理的重大原则问题。与渐进式改革和增量改革模式一样，开放经济发展与对外开放战略也是遵循渐进式原则，通过选择"经济特区"这样的方式，运用特殊政策、灵活政策，进行局部的、试验性的对外开放。因此，选择经济特区的开放发展模式，有利于对外开放先行先试、政策先行先试，为开放发展探路，为开放积累实践经验。这种渐进式、增量式开放经济发展，不仅为今后对外开放的深化发展提供了成功的先行先试和可复制可推广的经验，而且也有效地平衡了对内改革与对外开放的关系、全球化与市场化的关系以及开放发展与稳定发展的关系，具有鲜明的中国特色和经验。

第二，沿海开放城市战略：开辟大国开放经济一体化发展的新模式。改革开放初期，中国发展遵循大国不平衡发展规律，尊重客观事实，综合各方面条件和优势，及时提出了"一部分人、一部分地区先富起来，先富带动后富，逐步实现共同富裕"的"大政策"。实践证明，这个"大政策"是符合中国改革开放发展的初始条件和初级阶段生产力发展水平和需要的，也体现了大国不平衡发展的内在规律。同样，对外开放也要遵循并体现这个"发展规律"和"大政策"，因此也就选择了具备开放经济发展优势和条件的14个沿海开放城市，加快对外开放，使得经济特区的成功经验进一步推广到沿海城市地区；在此基础上，进一步从沿海城市开放逐步拓展到沿边、沿江、内陆等领域开放，不断扩大开放经济的发展空间。实行沿海开放经济发展战略,其实质和重大意义就是,中国改革开放与发展从一开始其实就是关注并思考如何处理好沿海与内地发展、工业化与城市化发展、农村与城市发展以及先富与后富发展这些重大发展问题和内在关系。应该说,对外开放在沿海城市和地区通过吸收外资、发展外向型经济,既体现了开放型经济、国际贸易及其比较优势等要求,促进沿海地区制造业和加工贸易快速发展,也为推动中西部农村剩余人口流动、加快国家工业化、城市化以及先富带动后富奠定了坚实的物质基础。

第三,保税区模式:探索"境内关外"政策创新与贸易便利化的新尝试。随着20世纪90年代中国对外开放的进一步发展,国际贸易自由化便利化逐渐成为一种全球性发展趋势。为顺应这种趋势,同时又考虑中国开放经济发展的阶段性特征,中国对外开放逐渐探索建立保税区(后来逐渐叫综合保税区),借鉴国际上"境内关外"的开放发展理念,实施海关特殊监管与封闭式管理,对保税区实行较区外相对优惠的政策和便捷化管理手续,确保保税区内的企业自由从事国际贸易并免于进出口关税。这一重大的贸易便利化自由化的政策创新,极大促进了中国出口加工业和国际物流中心的发展。全国先后建立的十多个保税区,通过率先试点"境内关外"的政策创新,也是中国对外开放历史发展中对贸易便利化自由化做出的最早探索和尝试;这种探索和尝试的重要意义就在于不仅极大促进中国出口加工贸易大发展并奠定了其基础,进而带动了中国巨大的就业增长,充分发挥了中国人口红利的潜在优势,使之成为中国经济维持持续高增长的重要条件;同时,也根据国际惯例和原则,积极探索中国对外开放与政策优惠的现实经验和做法,为日后推动中国加入WTO、探索自由贸易区改革奠定了重要基础。

第四,加入WTO:融入国际化、市场化、法治化发展轨道的新探索。中国对外开放最终是要通过参与全球化进而融入国际化发展轨道。改革开放40年以来,中国对外开放实际上一直就是在探索如何尽快实现市场化、国际化、法治化发展的模式。因此,加入WTO多边贸易体制,自觉支持并遵循多边主义规则,是中国对外开放真正从政策性优惠开放转变成为制度性开放与投资贸易体制机制性开放的重要标志。2001年加入WTO便是这个重要标志的一个重大事件,它意味着中国真正从局部的开放走向全方位、多层次、宽领域的开放,从先行先试的带有自我自主的开放走向国际化、市场化和法治化的开放。加入WTO也意味着中国开放经济发展形成了完整的激励约束机制,即一方面要积极参与国际分工和国际市场,分享全球化发展红利,另一方面也要承诺遵守WTO的规则和约束;也正是这一点,在体制机制改革创新的意义上,加入WTO形成了对外开放倒逼对内改革的动力机制,使得改革与开放形成良性互动、相互促进的发展格局。这也意味着中国经济发展的市场化与全球化形成了内在的互动关系;从此,中国经济与世界经济开始逐渐深度融合,成为世界经济发展的稳定力量和不可或缺的重要因素。实践发展表明,中国加入WTO之后,综合国力、国际竞争力以及人民生活水平的提升也最快、最明显;实践发展表明,也正是因为20世纪80年代初以及90年代探索的一系列具有试点意义的开放经验,才确保中国在加入WTO之后,有条件有能力处理好对外开放与国家经济安全的内在关系。这也是开辟大国开放经济发展的一条成功经验。

第五,自贸试验区建设:推动制度创新与营商环境建设的新试验。面对国际金融危机以后全球投资贸易规则的重构及其全球经济治理体系的新变革,面对所谓的TPP、CPTPP以及RCEP等新动向和新方向,中国对外开放发展更加注重制度创新和营商环境建设,推动开放型经济从原来主要依靠政策优惠等向投资贸易自由化、规则开放透明化、监管公平高效化以及营商环境便利化的新方向发展,抓住自贸试验区建设为平台,聚焦投资、贸易、金融和政府职能转变等领域基础性制度创新;以制度创新营造国际化、法治化营商环境,实行国际贸易"单一窗口"改革、外商投资实行准入前国民待遇加负面清单管理模式等。与此同时,中国在深化制造业开放的基础上,以自贸试验区为契机,重点推进服务业试点开放,中国的对外开放走向制造业开放与服务业开放并重的新方向。因此,以自贸试验区建设为标志,意味着中国对外开放战略的全面升级,意味着中国对外开放更加注重制度创新和公平竞争的营商环境建设,这既为全面深化国内改革提供了重要的外部动力,也确保中国对外开放继续朝着顺应21世纪高标准投资贸易规则方向发展。

第六,自由贸易港建设:加快贸易便利化与开放经济升级的新标杆。面对世界经济进入深度调整期、全球性问题加剧、经济全球化遭遇挫折等外部环境的新变化和新挑战,中国对外开放保持战略定力,不断推动开放战略继续升级,继续坚持维护多边主义,顺应区域合作发展趋势,推动世界经济朝着更加开放、公平、包容和可持续方向发展。在自贸试验区建设的基础上,中国顺应国际最高标准、最好水平的国际投资贸易规则发展方向,明确建立中国特色的海南自由贸易港。自由贸易港建设本质上是中国坚持对外开放战略、致力于构建开放型世界经济的决心和信心的体现,也是在当前外部环境和挑战增多的背景下,中国继续打造开放经济升级版的一个新标杆和对外开放战略的新方向。

第七,"一带一路"建设:构建双向投资与全面开放的新格局。"一带一路"建设是新时代中国对外开放战略的重中之重,具有重大现实和战略意义。"一带一路"建设意味着中国对外开放站在了新的更高起点上:"一带一路"建设正在引领中国经济形成陆海内外联动、东西双向互济的全方位开放新格局,引领中国经济迈向"引进来"与"走出去"双向投资协调发展的新阶段,引领中国经济逐步形成对内体制机制改革与对外开放经济发展相互促进、联动发展的新特征。"一带一路"建设也带动中国中西部开放发展,以内陆地区大开放促进西部大开发的新模式,推动不同区域的开放经济发展更加协调、更加平衡和可持续,既体现了新时代开放经济高质量发展的新理念和新要求,也开辟了内陆经济开放发展的新模式,有利于推动传统国际贸易与开放经济理论的创新发展。同时,"一带一路"建设作为全球性公共产品和完善全球治理体系的中国方案,有利于推动全球经济复苏增长,有利于加快全球投资贸易和金融等资源优化配置,提高全球生产效率,创造中国对外经贸合作的新空间,更有利于引领全球化更加朝着包容和开放的方向发展。从这一点上说,以"一带一路"建设为重点内容的对外开放战略,实际上也意味着中国开放型经济对世界经济和全球治理做出的中国贡献,是体现中国大国责任的一个标志;无疑也意味着中国对外开放进入了更高的发展层次和水平。

第八,改革创新与开放:形成开放倒逼改革与开放创新发展的新动力。40年的体制改革和开放发展,也逐渐形成了改革与开放在中国经济中新的互动发展、良性循环的内在关系。一方面国内发展不断坚持市场化改革,使得国内各方面的体制机制更加符合社会主义市场经济体制的内在要求;另一方面,市场化改革引领并支撑了中国对外开放发展,使得开放经济发展能够不断适应市场化体制改革的新环境和新要求。与此同时,开放经济发展倒过来也推动国内市场化改革不断深化,使得国内体制机制不断服从国际市场竞争的基本规则和要求,形成市场化与全球化的相互促进、相互适应、共同发展,为中国开放创新发展提供市场化和国际化的双重动力。尤其是全面深化改革进入深水期和攻坚期,各种利益固化和利益藩篱阻碍了改革深化,为此通过自贸试验区建设,试点各种制度创新的成功经验,以国际化、法治化的规则形成对体制机制改革的倒逼机制,为全面深化改革注入活力。此外,中国的对外开放也使得创新发展战略在融入全球化进程中实现创新驱动,在参与全球创新网络过程实现创新发展,进而形成开放创新的新动力。

总之,伴随对外开放和开放经济实践发展不断深化深入,中国对外开放的手段、领域、方式也在不断走向深化:从依靠税收等大规模优惠政策进行招商引资,实现大部分制造业开放发展,进而确立中国"世界加工厂"的地位,到逐步推动营造公平竞争、公平开放的发展氛围和环境;从运用中国低成本优势竞争逐步参与国际分工,到逐渐融入全球价值链分工体系,产业链、价值链与创新链分工和层次不断提升;从加入WTO、关税逐步降低甚至取消等,到逐步推动投资贸易便利化、加快"放管服"等改革,中国对外开放逐步从政策开放手段转向制度创新、走向公平竞争,中国大国开放型经济的水平、层次不断得到提升,开放程度与领域不断走向深入,一个高层次、宽领域、全方位的开放型经济体系和网络正在逐步形成。

从理论上来说,中国对外开放经济实践发展,也是遵循国际经济学的基本理论,根据比较优势原则,积极加入国际分工体系和市场体系,顺应全球化发展规律,加快推动中国国际贸易、投资、金融以及参与全球经济治理的发展。中国对外开放40年发展,极大地促进了生产要素跨境流动,提高了全球资源配置效率;极大地提高了国际分工水平,推动了全球生产力发展;极大地延伸和拓展了国际市场边界,中国既成为"世界工厂",又成为"世界市场",为世界经济发展做出了巨大贡献。同时,中国特色的大国开放经济又立足中国发展阶段和国情,创新性地从实践创新出发,形成了具有中国特色的对外开放发展新道路和大国开放发展的新模式。中国对外开放的实践发展和经验,也为推动国际分工体系、国际市场理论、国际贸易理论、国际投资理论、国际金融理论、全球治理理论等创新发展提供了新鲜经验,对于推动国际经济学、发展经济学以及世界经济理论的创新和发展提供了重要启示。

0.3　经济全球化发展:基本规律与发展特征①

中国国家主席习近平在 2018 年亚太经合组织工商领导人峰会上发表了题为"同舟共济创造美好未来"的主旨演讲,立足亚太,面向全球,阐述了"坚持开放导向,拓展发展空间""坚持发展导向,增进人民福祉""坚持包容导向,促进交融互鉴""坚持创新导向,开辟增长源泉""坚持规则导向,完善全球治理"的五点主张。这五点主张,深刻地揭示了经济全球化发展的内在规律,体现了世界经济发展的根本要求和发展方向,同时,也再次表明了中国对世界经济的基本态度和看法,彰显了中国立场、中国态度以及中国方案和中国智慧。

开放导向是全球化的本质特征。世界经济本质上需要开放发展,开放发展是当今全球化发展的本质特征。从理论上来说,经济全球化就是各国根据比价优势和竞争优势原则,通过相互开放市场,促进生产要素自由流动,进而积极参与国际分工,提高分工与合作带来的增长发展效率。关于这一点,从马克思最早有关世界市场理论、国际分工理论等就可以很清楚地看到,由于国际分工和世界市场进一步拓展了国家之间的发展空间,国际贸易进而把世界市场相互联系在一起,生产、交换在空间和时间上不断扩大。从实践发展来看,20 世纪 90 年代以来,绝大多数经济体逐渐开放市场,通过参与全球化,推动全球市场配置资源,提高全球化配置资源能力,分享开放带来的发展红利;市场开放从一国国内市场到国际市场和全球市场,不仅极大提高了资源配置效率,也极大拓展了各国发展的地理和经济活动空间。因此,开放是全球化发展的本质特征,相互封闭,甚至"逆开放"而行,就是违背全球化发展的内在规律,也是搞自我封闭的集中表现,最终也会把一国经济带回"孤岛"。

发展导向是全球化的根本目标。全球化的根本目的在于加快发展,解决发展的不足问题。必须看到,当今世界经济发展中,各国之间发展不平衡,贫困问题、难民问题、收入不平等问题、营养不良问题,以及教育、医疗等公共服务不足问题,从

---

① 参见权衡:《经济全球化的内在规律和发展方向》,《学习时报》2018 年 11 月 30 日。

根本上来说都需要通过发展来加以解决。为此,必须坚持发展导向,以满足各国人民对美好生活的需要为目标,不断通过经济、政治、社会、文化和生态各方面的全面发展,更好满足人类发展的需要和增进人民福祉。从理论上说,发展与增长既有区别又有联系,增长更多强调经济增长,而发展则包含更丰富的内涵和要求,不仅要求有经济增长,更要有结构变化、社会进步与思想文化道德水平的提升。唯有通过高质量的发展,不断发展经济社会生产力,在更高层次、更广泛意义上满足人的各种需要,这也是马克思主义关于人的全面自由发展理论的基本要义。值得指出的是,当今世界,全球化不是强邻欺弱,更不是搞霸权主义和"丛林法则",而是通过坚持发展导向,聚焦发展议题,解决发展不足,提高发展质量,以提升人类福祉为根本目的。

包容导向是全球化的内在要求。全球化发展要坚持包容导向,要承认各国发展的差异,要尊重各国人民发展道路和模式的自主选择。全球化发展不是"整齐划一",更不是"西式化"和"美国化"。当今世界,发达国家、发展中国家以及新兴经济体等由于各国历史、文化不同,选择适合自身国情和历史文化发展的道路,这本身也是各国参与全球化发展的前提。为此,全球化必须倡导包容性导向,包容各种差别、尊重各国选择适合自己发展的道路,否则全球化发展必然会出现各种难以调节的利益冲突甚至观念冲突,导致全球化出现碎片化、失序和矛盾冲突。理论和实践都表明,全球化本身就是一种包容性发展机制,包容性与全球化有机融合,使得市场化竞争逻辑与包容性发展理解有机契合,进而使得世界各国有序有效参与全球化与国际分工,真正提高全球资源配置效率。当前,从包容性视角看,我们更需要推动全球化朝着更加包容的方向发展,倡导各种利益主体、跨国公司、各种要素自由流动,相互尊重各自的道路选择,实现文明交流互鉴,推动世界各国,特别是发展中国家和经济体共同发展。同时,也要格外关注全球化发展中国家之间甚至一国内部不同阶层之间的收入差距扩大、全球性贫困问题、发展的边缘化问题等,通过加快和完善包容性机制建设,确保全球化更加包容性发展。特别需要指出的是,任何试图实现整齐划一的甚至倡导所谓西式的全球化模式,既不符合全球化发展的内在要求,也不尊重全球化发展的内在规律,必将导致全球化历史进程放慢,伤及世界经济本身和各国人民的利益。

创新导向是全球化的重要动力。全球化发展需要以创新为推动力。科技创新、制度创新等是推动经济全球化发展的内在动力。全球化主要是依靠跨国公司为主体,推动研发技术与科技全球化发展和扩散,形成技术、研发、人才等高级生产要素等在全球流动和配置,通过产品贸易、技术等服务贸易,不断扩大技术和知识的溢出效应,从而极大提高了全球技术进步率,使得世界经济增长建立在提升全要素生产效率基础上。历史发展表明,上一轮全球化之所以快速发展,直接的动力就来自两次世界科技革命。当前,世界经济正处在深度结构调整的关键时期,也是新旧周期之变的关键时期;信息技术发展以及互联网、云计算、平台模式、大数据、人工智能等正在孕育新一轮技术革命;世界范围内的产业创新、升级转型,正在催生新产品、新产业、新模式和新周期的诞生,全球化发展亟待新的增长动力,亟待新一轮要素创新、产品创新、技术创新、管理创新、品牌创新,通过技术创新重新塑造新一轮生产函数和条件。在这个过程中,尤为重要和关键的一点就是要培育和维护企业家创新精神,让真正具有创新精神、冒险精神和商业意识的企业家,根据市场经济成本—收益法则,形成自我激励和约束对称的创新机制,从而为世界各国实施创新驱动发展提供微观基础和动力。从这个意义上说,新一轮全球化发展依靠创新驱动,关键则是需要新一代具备创新精神的企业家队伍的崛起。这也是新一轮创新驱动全球化新发展的根本所在。

规则导向是全球化的基本保障。全球化发展需要规则治理,这是引领和保障全球化发展的基本条件。全球化发展背后的逻辑是市场化驱动和市场决定资源配置;但"市场也不是万能的",因此"弥补市场失灵"与"提供公共产品"必然成为全球化健康发展不可或缺的组成部分。另一方面,全球化发展还面临各参与方遵守什么规则以及如何遵守规则的选择问题;否则,以生产一体化、贸易自由化、金融全球化为特征的经济全球化发展必然会出现失序,全球投资、贸易和金融发展必然会发生混乱。实践发展表明,经济全球化发展最快的历史,也是以WTO为代表的多边主义规则体系发挥引领作用最好的时候;正是因为遵循多边主义规则和体系,才推动了全球投资便利化、贸易自由化以及全球营商环境的改善,世界经济和全球化发展由此进入了新的历史阶段。但是,也必须看到,面对当前世界经济全球化和区域发展一体化并存、少数发达国家的单边主义、孤立主义以及所谓"逆全球化思潮"的兴起,全球化的多边主义体制和规则体系正在遭受重大挑战;区域性的投资贸易规则正在重构,全球化投资贸易规则体系正在发生剧烈动荡。另一方面,随着发展中国家群体性崛起,传统国际体系和力量对比正在发生深刻变化,全球化发展中面临着人类共同性问题,亟待加强和完善全球治理体系和规则体系;这些新情况、新动向值得高度关注。但是,无论如何变革和调整,经济全球化发展的根本方向不会改变,多边主义规则体系不会改变,人类社会对公平正义的追求不会改变。因此,我们要旗帜鲜明地反对单边主义和孤立主义,坚持规则导向,完善治理体系,为全球化健康发展保驾护航。

0.4 "逆全球化思潮"与中国对外开放的新挑战和新机遇

随着中国特色社会主义进入新时代,中国改革开放究竟面临一个什么样的外部环境?当下的"逆全球化思潮"给中国改革开放带来什么样的新挑战?面对这些挑战和外部环境,我们如何推动新一轮对外开放?对外开放战略的重点和方向在哪里?这些问题值得思考和关注。

一方面,世界经济发展和经济全球化的进程正在遭遇重创。习近平总书记2018 年在会见出席"全球首席执行官委员会"特别圆桌会议外放代表时指出:"2017年以来,全球经济出现了稳定向好态势,但是世界经济增长依旧乏力,贸易保护主义、孤立主义、民粹主义等思潮不断抬头,世界和平与发展面临的挑战越来越严峻。"在 2018 年的亚太经合组织工商领导人峰会上,习近平再次指出:"当今世界的变局百年未有,变革会催生新的机遇,但变革过程往往充满着风险挑战,人类又一次站在了十字路口。"在 G20 阿根廷峰会上习近平再次指出:"今年(2018)是国际金融危机发生 10 周年,也是二十国集团领导人峰会 10 周年。尽管世界经济整体保持增长,但危机的深层次影响仍未消除,经济增长新旧动能转换尚未完成,各类风险加快积聚。新一轮科技革命和产业变革引发深刻变化,贫富差距和社会矛盾压力不断增加。世界经济再一次面临历史性的选择。"习近平的这些重要思想和讲话精神,对于我们客观认识和科学把握当前世界经济格局,进一步准确理解中国经济发展和推动新时代中国改革开放再出发的外部环境,指明了重要方向和根本遵循。

笔者理解,当前世界经济运行和全球化发展正在发生如下几个方面的深刻变化:一是"后危机"时代全球经济增长的结构性困境在短期内难以解决,低利率、低投资、低增长长期并存,世界经济进入慢增长轨道将成为常态。中国对外开放正在面临一个更加不确定的世界经济增长大环境。二是经济全球化发展趋势遭遇重创,"逆全球化思潮"涌起,经济全球化进程正在放慢,国际投资、贸易和金融发展等出现趋缓态势,全球化进程受到挑战。中国对外开放亟待高度重视全球化发展出现的这些新动向和新情况。三是经济全球化进程中出现严重失衡,收入不平等、产业空心化、要素流动不对称等困惑全球化发展。中国对外开放和发展同样需要高度重视发展的不平衡、实体经济转型升级、收入不平等加剧等现实问题。四是全球投资经贸规则正面临重构,多边主义体制遭受挑战;少数发达国家发起的单边主义贸易摩擦正在不断扩大和升级,世界经济和全球经贸体制正在发生分歧和分化。中国在新一轮对外开放中必须为全球投资贸易规则重构做出自己的积极贡献。

另一方面,世界经济和全球化发展的大变革、大调整为新时代对外开放新发展带来了新挑战和新机遇。面对全球经济发展与外部环境的这些新变化,我们需要清醒地看到,短期内中国对外开放也会受到"逆全球化思潮"干扰、全球化背景下经济增长与收益分配的新矛盾、规则重构与维护多边主义体制新挑战、全球资本便利化流动、产业转移与产业空心化新问题、服务贸易开放和知识要素流动与知识产权保护问题、全球性问题和矛盾与全球治理体系完善新问题等带来的新挑战,对此我们要保持高度清醒和战略定力。

但是,我们要更加充满自信地看到,这些新情况和新变化,为中国加快新时代加快构建全面开放新格局、发展更高水平的开放型经济新体制、推动全球治理体系完善、提出中国方案、做出中国贡献、彰显中国智慧等带来了新机遇和新动力。具体来说,第一,我们要坚信,经济全球化发展仍然是基本趋势和发展规律所在,应当积极顺应发展趋势和规律,坚持推动经济全球化发展的大势。第二,40年的发展经验表明,改革开放促进中国生产力水平和综合国力日益提高,开放发展也在不断倒逼国内体制机制改革和创新发展;中国的成功发展得益于改革开放,未来无论外部发生什么变化,必将坚持沿着这条道路走下去,我们有信心、有条件、有能力应对任何外部变化和挑战。第三,外部环境出现新变化,一定意义上压力也是动力,这也为加快深化国内改革，继续扩大对外开放，发展更高层次、更高水平的开放型经济新体制提供了新动力和新方向。第四，中国正在日益走近世界舞台中央，世界经济的大变革、大调整也为"中国方案、中国贡献、中国智慧"提供了新空间、新机遇。

0.5 新时代中国对外开放战略的新目标和新方向

新时代中国对外开放战略新目标和新定位，必须紧紧围绕"从富起来"到"强起来"的"强国梦"，推动形成全面开放新格局，建立高层次高水平的开放型经济新体制，加快中国经济迈向高质量发展。

我们要按照习近平总书记提出的要求，"同舟共济，促进贸易和投资自由化便利化，推动经济全球化朝着更加开放、包容、普惠、平衡、共赢的方向发展"，坚定"中国开放的大门不会关闭，只会越开越大"重要理念和基本态度。为此，要做好如下几方面重点领域的开放发展[①]：

第一，要加快形成全方位开放新格局，加快形成陆海内外联动、东西双向互济的开放新格局。推动形成全面开放新格局，要求改变东快西慢、沿海强内陆弱的开放状况，拓展和优化区域开放的空间布局，推动形成陆海内外联动、东西双向互济的开放新空间和新格局。不仅海上要对外开放，陆上也要对外开放；不仅东部地区要开放发展，西部和内陆地区也要开放发展。尤其是通过西部大开放推动西部大开发，加快我国西部开放发展步伐，培育若干新增长极；鼓励东部地区顺应产业转移趋势，遵循市场规律向西部转移产业，把东部地区产业转移与发挥西部优势、推动产业优化升级结合起来，实现东西双向互济。

第二，加快开放倒逼改革，推动从制造业开放为主向服务业开放为主的新阶段，发展高水平开放型经济。新时代要稳步扩大金融业开放，持续推进服务业开放，进一步深化农业、采矿业、制造业开放的同时，要重点加快电信、教育、医疗、文化等领域开放进程，在外国投资者关注、国内市场缺口较大的教育、医疗等领域放宽外资股比限制。

---

① 参见权衡：《加快形成全面开放新格局》，《人民日报》2018年11月12日。

第三，实施双向投资强国战略，以"一带一路"建设为重点，坚持"引进来"和"走出去"并重。共建"一带一路"是扩大开放的重大举措，是中国参与全球开放合作、改善全球经济治理体系、促进全球共同发展繁荣、推动构建人类命运共同体的中国方案。经过夯基垒台、立柱架梁的五年，共建"一带一路"正在向落地生根、持久发展的阶段迈进。要坚持对话协商、共建共享、合作共赢、交流互鉴，同沿线国家谋求合作的最大公约数，推动各国加强政治互信、经济互融、人文互通，推动共建"一带一路"走深走实，造福沿线国家人民，推动构建人类命运共同体。坚持稳中求进工作总基调，贯彻新发展理念，集中力量、整合资源，以基础设施等重大项目建设和产能合作为重点，解决好重大项目、金融支撑、投资环境、风险管控、安全保障等关键问题，形成更多可视性成果，推动共建"一带一路"向高质量发展转变。

第四，实施国际贸易强国战略，推动从贸易大国到贸易强国升级转型。今天，中国已发展成为世界贸易大国，但对外贸易大而不强、粗放发展、质量效益偏低的问题还比较突出。在推动形成全面开放新格局过程中，要加快从贸易大国向贸易强国转变，积极培育贸易新业态、新模式、新技术，加快转变贸易发展方式，优化贸易结构，从以货物贸易为主向货物和服务贸易协调发展转变。积极扩大服务业开放，进一步放宽市场准入，主动扩大优质服务进口；深化服务贸易创新发展试点，推动在管理体制、开放路径、发展模式等方面先行先试；大力发展新兴服务，不断提升服务质量和水平，增强中国服务出口竞争力，促进服务贸易健康发展。深入实施创新驱动发展战略，加快培育以技术、标准、品牌、质量、服务为核心的对外经济新优势，提高出口产品科技含量和附加值，推动中国对外贸易质量变革、动力变革、效率变革，不断提高国际竞争能力与水平。

第五，加快从政策性优惠开放到公平开放、主动开放、双向开放，通过转变政府职能转型，构建公平竞争的法治化、国际化营商环境。营商环境是企业生存发展的土壤，是构成一国对外开放的核心竞争力。要通过加强同国际经贸规则对接、加强产权保护等措施，形成法治化、国际化、便利化的营商环境和公平开放统一高效的市场环境，一视同仁、平等对待包括外资企业在内的所有市场主体。在开放的范围和层次上进一步拓展，在开放的思想观念、结构布局、体制机制上进一步拓展，有序放宽市场准入，全面实行准入前国民待遇加负面清单管理制度，继续精简负面清单,抓紧完善外资相关法律。

第六,积极参与全球经济治理体系完善,顺应投资贸易便利化、自由化和法制化趋势,在新一轮开放中提升中国制度性话语权和影响力。中国正在接近世界舞台中央,中国在国际政治经济舞台上需要寻找与其自身地位相适应的角色和定位,发挥与其自身地位相适应的作用,顺势而为,有所作为,量力而行,为世界经济稳定发展,为人类和平与安全、合作与共赢发展,提供中国方案和中国智慧,做出中国贡献。

0.6　本书的主要结论

国际金融危机爆发至今已有十年,但世界经济依旧在逆全球化挑战中艰难前行,复苏之路曲折不断、变数增多。回望跌宕起伏的危机十年,世界经济发展中的确出现了不少值得期待的新动能、新亮点、新变化和新趋势。但更令人担忧的是,不稳定、不确定和不可预测因素亦明显增多,各种形式的"黑天鹅""灰犀牛"事件层出不穷。相比十年前,世界格局和国际秩序也已是天翻地覆,那个熟悉的"地球村"似乎正离我们渐行渐远,民粹主义、保护主义、单边主义在全球范围内沉渣泛起,自由贸易和经济全球化逆风劲吹,结构性改革进展缓慢,地区热点、恐怖主义、难民移民等问题和挑战此起彼伏。尤其值得关注的一大变化是,过去十年来,国际力量对比格局出现重大转折,国际规则、国际秩序、国际体系、大国关系也都在发生深层次的变化与调整。"当今世界正面临百年未有之大变局。"变动中的世界向何处去?我们应当建立一个什么样的世界? 中国在这个变动中起到何种作用? 这是中国过去、现在和未来发展中的重大问题,也是国际社会关心和聚焦的重大问题。

本书重点分五个板块对 2018 年世界经济运行的主要特征进行回顾,并对 2019年的发展态势加以展望。第一,回顾和梳理 2018 年世界经济运行中呈现出的主要亮点,并分析过去一年中所遇到的突出问题。第二,对可能影响 2019 年世界经济走势的关键变量、重大因素、重大战略、重大事件等进行梳理和研判,分析其可能的影响方向和机制。第三,研判 2019 年世界经济发展新趋势,并对国际金融、世界贸易和全球投资三个重要领域进行趋势性分析。第四,深入分析世界百年未有大变局的深刻内涵,并阐述应对百年变局的中国方案。第五,对包括中国、美国在内的世界主要国家、区域和经济体的宏观经济形势及其与中国经贸合作关系走向进行专题性分析和展望。本书主要结论和观点汇总如下。

第一,2018年世界经济在动荡中总体实现稳定增长。过去一年,由于少数发达国家发起单边主义、贸易保护主义行为,世界经济复苏趋缓,逆全球化思潮兴起,全球投资、贸易等要素流动放慢,贸易摩擦增多,多边主义规则受到挑战。在这种"大摩擦""大调整""大变革"当中,2018年世界经济整体保持了较为平稳的增长,增速基本与上年持平。

但与2017年各国经济同步强劲回升不同,2018年全球经济增长出现了较为明显的分化。除美国等少数国家增速持续提升外,大多数经济体经济增速均出现了一定回落,全球经济下行迹象值得警惕。发达经济体中,只有美国"一枝独秀",欧元区和日本经济均小幅回调;新兴市场和发展中国家经济增速整体与上年一致,印度继续保持上升势头,巴西经济进一步好转,但包括中国、韩国、俄罗斯在内的发展中经济体均经历了不同程度的经济增速回落。

第二,六大变量影响未来全球经济发展走势。目前世界经济扩张的均衡性被打破,各经济体经济增长的同步性降低,"不确定性"可能成为2019年世界经济增长的关键词。本报告认为,以下六个变量或将成为影响2019年世界经济增长的主要因素:一是中美贸易摩擦将深刻影响世界经济,不仅将对第三国产生贸易创造与投资转移效应,同时将对价值链上下游生产商造成连锁冲击,并改变国际政治经济格局。二是货币市场去美元化趋势愈演愈烈,股票市场泡沫风险加大,国际债务市场环境持续恶化,新兴经济体汇率存在进一步贬值的风险,动荡的国际金融市场将加剧世界经济增长的风险。三是美国减税政策将形成影响世界经济增长的新路径,同时也将加剧美国国内的金融风险。四是国际原油价格存在继续下跌的风险,地缘政治局势的不稳定也为国际油价走势蒙上一层阴影。五是WTO改革将重燃各方对多边贸易体制的信心,修复部分现有多边贸易体制的系统性问题,并进一步回应价值链贸易和数字贸易等新型贸易模式对国际经贸新规则的诉求,为世界经济增长创造新的活力。六是电子商务与数字贸易作为第三次全球化浪潮的驱动力,将为世界经济增长注入新动能。

第三，2019 年全球经济仍能维持缓慢增长态势。展望未来两年，全球贸易摩擦升温、金融环境收紧、政策不确定性加剧以及新兴经济体金融市场波动等将拖累全球贸易和投资增长，导致全球经济发展的可持续和包容性深受挑战。值得一提的是，当下乃至未来一段时间，美国加剧全球单边主义和贸易保护主义，已成为世界经济不确定性的根源。预计全球经济在 2019 年仍能维持缓慢增长态势，但伴随着全球贸易摩擦对经济传导的加剧，不排除 2020 年将出现经济增长下滑的可能。根据本报告预测，2018 年、2019 年和 2020 年全球经济增长率将分别为 3.23％、3.41％和 3.32％。

其中，发达经济体增长势头趋缓。美国经济增长步伐将随着政府财政政策作用力减弱而回归平庸常态，2019 年和 2020 年美国经济增长将呈现稳中趋缓态势，预计增长率将分别达到 2.87％和 2.53％。欧元区因"内忧"（即重债高位）和"外患"（即全球贸易摩擦冲击）等，增长面临不可持续，预计增长率将分别达到 1.67％和 1.55％。日本因贸易保护主义加剧和贸易摩擦升温，较快增长势头或将被打破，预计 2019、2020 两年分别增长 0.76％和 0.43％。

新兴经济体因国际贸易、投资和金融环境的不确定性加剧，经济和政治风险总体偏高，增长势头或将持续减弱，各国经济走势也将明显分化。其中，依靠国际油价和大宗商品出口的新兴经济体，增长将面临极大的不确定性。高负债且国内结构性改革尚未见效的新兴经济体，经济增长或将面临货币危机，导致增长下滑。另外，如俄罗斯、伊朗、沙特、土耳其等深受国际政治危机影响的新兴经济体，增长放缓已是大概率事件。中国因追求高质量、更健康的经济增长方式，增长势头将有所减弱。本报告预计，新兴市场在 2019 年和 2020 年经济增长将分别放缓至 4.59％和 4.31％。

此外，国际金融方面，非经济因素或将引发新一轮金融市场波动，须谨防新兴经济体资本流动趋势性逆转等风险。世界贸易方面，全球贸易摩擦或将导致贸易失速，制造业的放缓亦将对贸易增长构成压力。全球投资方面，虽然贸易保护主义或将蔓延至投资领域，全球投资增长面临障碍，但新一轮产业革命或将重燃全球投资增长，其中全球制造业智能化趋势明显，将为未来的全球经贸合作创造新的空间，利于推动全球投资的复苏。

第四，"特朗普景气"下的美国经济难掩衰退隐忧。2018年美国经济延续了强劲上升势头，经济增长、通货膨胀、失业率等重要经济指标均处于危机以来的最好水平。"特朗普景气"背后的原因既有周期性的，也有政策性的。需要指出的是，"特朗普景气"虽然推动了美国经济近两年的强劲反弹，但是其外部性是相当负面的，是一种损人利己的"景气"。美国政府推行的国际税收竞争、退出国际组织、挑起贸易摩擦等做法，加剧了世界经济的不确定性，不利于世界经济的稳定增长，最终也会损害美国自己的利益。值得关注的是，2018年底美股连续大跌、利率倒挂等现象，可能是"特朗普景气"终结的前兆，预示美国经济可能已经见顶，这对全球经济形势、宏观政策、资本市场、中美贸易摩擦等都将产生深远影响。

第五，中国发展仍处于并将长期处于重要战略机遇期。随着逆全球化、单边主义、保护主义的兴起，中国发展的外部环境正在发生深刻变化，有人担心，中国战略机遇期正在丧失。的确，世界发展正在面临百年未有之大变局。但是，我们坚定地认为，中国发展仍处于并将长期处于重要战略机遇期。从国际发展大环境和大趋势来看，一方面，经济全球化仍然是世界经济发展的必然趋势和客观规律，目前虽遇逆流，但不会发生根本逆转；另一方面，经济全球化发展过程出现的失衡、全球收入不平等、全球经济治理体系亟待完善等问题，为正在日益走近世界舞台中央的中国提供了前所未有的新机遇和新空间，为中国参与全球治理、做出中国贡献、提供中国方案提供了新的战略机遇。

从中国发展的历史方位来看，新时代中国经济正在面临从高速度增长向高质量发展转型的历史攻关期。这个攻关期要实现速度变革、动力变革和效率变革，再加上外部不确定因素的干扰，就必然会有经济转型期的"结构调整的阵痛"和"增长下行的压力"。但是，应该看到，中国经济长期向好、稳中求进的态势并未发生根本性变化，且新时代的新变量、新动能、新空间、新布局，为新时代中国经济迈向高质量发展提供了新动力、新机遇、新前景。

面对中国特色社会主义进入新时代以及"百年未有之大变局"的战略机遇期，需要持续深化改革扩大开放构建全方位发展新格局，在全面深化改革和扩大开放中推动中国经济高质量发展。

第六，世界百年未有之大变局将深刻影响世界经济走势和全球化进程。当前世界面临的百年大变局，其本质是世界秩序的重塑，而核心是世界权力在国家之间、政府与社会之间的重新分配。这一百年未有之变局，既意味着对世界经济持续繁荣做出重大贡献的经济全球化进程已发生深刻转变，也意味着支撑全球经济长期稳定发展的多边主义体制正酝酿深刻调整，更意味着现有国际体系和全球秩序亟待深刻转型和重塑。

着眼于未来 30 年世界经济和人类社会的长远发展，历史性大变局带来的必然会是全方位、根本性的大调整大变革，将从技术、结构、规则、体系等各个层面深刻影响未来较长时期的世界经济走势和经济全球化进程，这种影响的深度、广度、力度也将是前所未有的。

第七，共建命运共同体，共应世界大变局。推动构建人类命运共同体，携手建设持久和平、普遍安全、共同繁荣、开放包容、清洁美丽的世界，是中国面对世界大变局向国际社会提交的中国方案。具体来看，一是以"一带一路"为平台，共建人类命运共同体；二是以开放包容为方向，引领全球化深入发展；三是以合作共赢为核心，构建新型国际关系；四是以多边机制为基础，完善全球治理体系。这些中国理念和中国智慧，将对世界经济、国际秩序与中国自身发展产生极其长远而深刻的影响。

第 1 章

2018 年世界经济回顾

　　2018 年是世界经济曲折发展大变局的一年,既由于延续 2017 年全球贸易复苏势头,世界经济增速保持了较好态势,又因为以美国为首的贸易保护主义愈演愈烈,给全球经济增添了不可预估的负面影响。在这一背景下,全球各领域增加了新矛盾,加深了旧矛盾,同时也孕育了新的发展机遇。

　　回顾 2018 年,世界经济在曲折中前行,也不乏亮点:全球经济增速呈现稳定态势,美国减税也形成连锁反应刺激全球经济,新技术在国家层面的竞争加剧,"一带一路"倡议历时五年得到国际普遍认可。同时,世界经济也凸显了诸多问题:美国发起的全球贸易摩擦,美国"退群",英国"拖欧",新兴市场汇率动荡,原油价格巨幅波动,美国债务风险增大等。

1.1　2018 年世界经济的新亮点

1.1.1　全球经济整体保持稳定增长态势

　　2008 年全球金融危机后,世界经济就进入了低增长通道,一直到 2017 年才有了明显的反弹。2018 年整体来看,全球经济增速虽然没有达到年初各大机构的预测值,但也保持了同比增长的稳定态势。2018 年 10 月国际货币基金组织(IMF)对全球经济增速的预测显示(见图 1.1),2018 年全球国内生产总值(GDP)实际增速将达到 3.73%,比 2017 年高出 0.11%,其中,发达经济体由 2.17%增长到 2.36%,撒哈拉以南非洲由 2.64%增长到 3.07%,新兴市场和发展中经济体增长幅度最小,仅从 4.64%增长到 4.68%。根据世界银行在 2018 年 6 月 5 日发布的《世界经济展望》,2018 年全球 GDP 实际增长率为 3.1%,仅比 2017 年的 3%高出 0.1 个百分点;分区域来看,高收入经济体维持在 2.2%的增速、新兴和发展中经济体维持在 4.5%的增速。所以,2018 年全球经济亮点之一是,在国际环境深刻变化的背景下,经济仍然保持稳定增长。

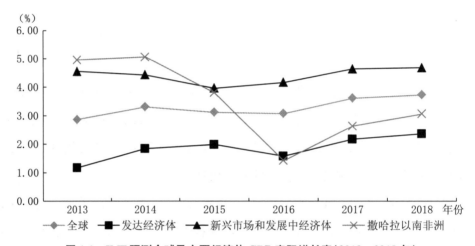

图 1.1 IMF 预测全球及主要经济体 GDP 实际增长率(2013—2018 年)

资料来源:Wind 数据库。

另外,分国家看,发达国家经济增速虽然整体上升较高,但是内部分化大;新兴和发展中经济体增速放缓,但仍是全球经济增长的潜力区域。如图 1.2 所示,IMF 预测结果显示,在 G7 内部,美国"一枝独秀",2018 年的 GDP 实际增速扩大到 2.88%;加拿大经济增速下降幅度最大,从 2017 年的 3.04%下降到 2018 年的 2.07%;欧洲四国和日本则基本维持 2017 年增速,下降幅度不大。因此,发达国家在美国经济复苏的引领下对 2018 年世界经济增速的企稳回升贡献了积极力量。

而正如上文分析,新兴市场与发展中经济体增速并没有出色表现。如图 1.3 所示,2018 年金砖国家 GDP 实际增长率仅巴西和印度有小幅增长,其中巴西从 0.75%增长到 1.44%,印度从 6.72%增长到 7.30%,巴西虽然增速加快但是体量

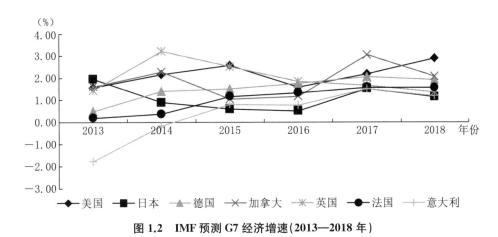

图 1.2 IMF 预测 G7 经济增速(2013—2018 年)

资料来源:Wind 数据库。

小,印度体量大却增速增长缓慢,而中国、俄罗斯在 2018 年的经济增速都低于 2017
年水平。因此,近几年,虽然金砖国家经济增长呈现放缓态势,但对全球经济增长
起到稳定作用,同时仍是全球经济增长潜力所在。

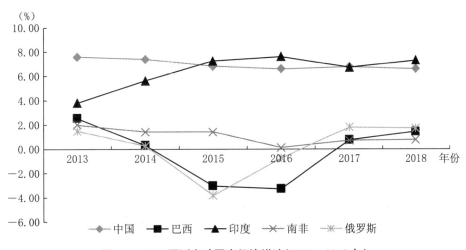

图 1.3 IMF 预测金砖国家经济增速(2013—2018 年)

资料来源:Wind 数据库。

2018 年全球经济增速呈企稳态势,既有周期性的因素,又有结构性的因素。从
周期性因素看,经历 2008 年全球经济危机后,世界从新一轮的库兹涅茨周期底部向
上回升。从结构性因素看,不论是发达国家还是发展中国家,都在 2018 年进行积极
的经济结构转型,结构的优化内在地促进了经济的企稳。

1.1.2 美国减税对全球经济带来刺激作用

2017年12月5日，美国参议院批准了特朗普政府的大规模减税计划，再加上增加基础设施投资，美国积极的财政政策已然成型。2018年是美国贯彻这套政策的第一年，美国经济的复苏一定程度上得益于这套政策组合，尤其是减税政策，在全球引起了一股减税热潮。在美国宣布减税后，英国、法国、印度等国家都推出了各自的减税计划，"减税"成为了2018年的经济热词。比如法国在2017年底由总理菲利普提出了2018年的70亿欧元强制性减税，2018年12月法国总统马克龙又提出2019年将加薪减税。再比如，印度在2017年底将中低收入的个人所得税税率从10％下调到5％。减税确实可以为企业减负，提高居民收入，刺激消费，从供给的角度也有助于经济增长，但是也要防范减税后的政府债务风险。

减税政策已经实施一年，我们可以看到美国经济确实比2017年增速更高。根据经济合作与发展组织（OECD）的最新预测（见表1.1），2018年美国的私人消费支出实际增长率比2017年大幅增加，高出1.06％；固定资本形成实际增长率也比2017年有显著提高，达到了4.89％，翻了将近1倍；货物和服务出口实际增长率也比2017年提高了1个百分点，所以从家庭到企业减税后的美国经济都出现了新的积极信号。但是，政府收入占GDP的比重相对于2017年下降了1.77％，而据估计，2019年将继续下降。所以，减税在短期带动经济增长的同时也面临着长期是否可持续的问题。

表1.1　OECD预测美国的消费、出口和固定资本形成等指标（％）

年份	私人消费支出实际增长率	货物和服务出口实际增长率	固定资本形成实际增长率	政府收入占GDP比例
2013	1.86	2.43	3.04	32.13
2014	2.26	3.31	3.50	33.39
2015	3.16	1.48	3.93	33.41
2016	2.96	2.55	5.44	33.90
2017	1.64	3.18	2.99	32.97
2018	2.70	4.12	4.89	31.20
2019	2.67	2.11	4.18	30.95

注：2018年、2019年数据为预测值。
资料来源：Wind数据库。

2018 年中国经济继续保持中高速增长，但较 2017 年有小幅下降。中国政府从供给侧改革出发，也推出了一系列的政策措施，同样包括减税降费。一方面，新个税法获得通过，个人所得税起征点从 3 500 元/月提高到 5 000 元/月，降低了低收入人群的税收；另一方面，从财政部到发改委各部门都积极研究减税、降低社保缴费等政策，切实降低企业负担。减税政策逐步进入中国的政策选择篮子里。

因此，以美国为首的减税政策，确实在全球层面引发了不小的连锁反应。从个人和家庭层面看，减税能够增加个人可支配收入，刺激消费；从企业角度看，减税可能导致企业增加研发投入或其他投资项目，创造更多产出，拉动经济增长。因此，整体来看，减税降费的政策对全球经济复苏有积极作用。

1.1.3　国家之间新技术竞争愈益激烈

从长周期理论看，技术革命有所突破并实现产业化是经济走出危机的关键。历次世界经济复苏从长周期来看都得益于新技术的产生，新技术中孕育着新产业，新产业带动经济实现新发展。2008 年金融危机至今，新技术、新产业已经孕育了 10 年，世界经济逐渐走出中低速增长期，呼唤新技术变革。最近几年，各国都在发掘、寻找新技术，互联网、人工智能、新型材料、5G 等多个领域都有了不小的突破，技术与产业的融合互动激发了新产业、新业态、新模式的兴起，随着新技术的发展大规模生产将成为可能，世界经济将出现新动力。诸如新能源汽车、页岩气技术等已经产业化，新能源汽车随处可见。截至 2018 年 10 月，中国的新能源汽车产量 92.5 万台，远远超过 2017 年 71.6 万台的总产量。新能源汽车在中国已经成为一个重要的新兴产业，不少新能源汽车企业逐渐成长起来。

人工智能是另一个被广泛关注和有所突破的领域。人工智能已经在军事、医疗、交通等多个领域得到深入采用，很多产业的发展已经离不开人工智能，未来人工智能技术的突破将对世界经济产生更加深刻的影响。2018 世界人工智能（AI）大会由中国国家发展改革委、科技部、工业和信息化部、国家网信办、中国科学院、中国工程院和上海市人民政府多个政府部门、科研院所共同主办，于 2018 年 9 月 17 日在上海开幕。大会以"人工智能赋能新时代"为主题，重点突出"产学研用"。AI＋教育、AI＋医疗、AI＋交通等一批智能化设备已经从研发阶段走向产业化和应用阶段，人工智能已经给人们的生产、生活带来了较大改变。

美国、德国、日本等发达国家都在人工智能领域展开激烈竞争。美国在人工智能领域仍然处于领先地位，五大科技巨头①是美国人工智能的重要引领者。2009—2017 年间，谷歌与微软的人工智能专利申请量分别为 295 件与 268 件，其次是脸书 76 件、亚马逊 75 件、苹果 23 件。②日本在人工智能应用上也取得了不小的进步，日本的机器人、智能交通都广为人知，比如 2018 年 12 月起名古屋市开始测试利用人工智能预测各地可能出现的患者或伤者的技术，以提前在最适当的地区配置急救车和急救人员。③这些新技术在国家层面的竞争加剧，将有助于提高科技创新速度，助推新产业的兴起和发展。

1.1.4 "一带一路"建设五年有成

从 2013 年"一带一路"倡议提出到 2018 年第三届"一带一路"高峰论坛成功举办，经过五年的深入发展，"一带一路"建设已经生根发芽、开花结果。截至 2018 年底，与中国签署的"一带一路"合作文件总数达到 140 多个。"一带一路"精神被写进联合国、中非合作论坛、上合组织、亚欧会议等重要国际机制成果文件，日益成为国际合作共识。从中巴经济走廊到中缅经济走廊，从中老铁路到中欧班列，从比雷埃夫斯港到汉班托塔港，从互联互通建设到产业园区合作，一大批"一带一路"重点合作项目全面推进。"一带一路"框架下开展的第三方市场合作也在欧亚非大陆积极展开。④

五年来"一带一路"建设稳步推进成果显著，在经贸合作上也取得了重大成就。截至 2018 年底，中国与"一带一路"沿线国家的进出口贸易额超过了 6 万亿美元，中国向"一带一路"沿线国家的投资超过了 800 亿美元。⑤在互联互通的作用下，"一带一路"沿线国家的经济活力不断增加，如图 1.4 所示，"一带一路"贸易额指数与"一

---

① 五大科技巨头指谷歌、微软、亚马逊、苹果、脸书。

② 《全球人工智能专利申请：美国领先，中国处于第二梯队，百度表现最为亮眼》，新浪网 2018 年 8 月 24 日，https://tech.sina.com.cn/roll/2018-08-24/doc-ihicsiaw2629494.shtml。

③ 《日本测试用人工智能进行急救车预配置》，新华网 2018 年 12 月 12 日，http://www.xinhuanet.com//2018-12/12/c_1123842339.htm。

④ 王毅：《"一带一路"国际合作踏上新征程》，中国一带一路网 2018 年 12 月 11 日，https://www.yidaiyilu.gov.cn/xwzx/gnxw/74313.htm。

⑤ 数据来源：Wind 数据库。

带一路"货运量指数在 2018 年继续保持高位盘整的态势。两个指数在全年基本保持在 125 左右,上下波动不大,而在 2015 年和 2016 年,"一带一路"贸易额指数通常维持在 100 以下。因此,2018 年"一带一路"的贸易更加活跃,有助于经济稳定发展。

　　五年来,一开始有些国家曾经对中国提出的"一带一路"倡议有过怀疑。例如,有西方学者渲染马来西亚"东海岸衔接铁道"(ECRL)计划停建,但重新执政的马哈蒂尔总理把中国作为东盟之外的首个正式出访国家,以此表明他对与中国在"一带一路"框架下加强合作的高度重视。又如,有西方媒体攻击汉班托塔港项目造成的"债务陷阱",其结果是斯里兰卡方面表示是斯方政府主动向中方提出希望中方接手经营汉班托塔港的请求;等等。[1]但是,经过五年的扎实发展,中国以铁的事实向世界各国表明,"一带一路"不是中国一个国家独立支撑的,而是要在"共商、共建、共享"基础上通过双边或多边的经济合作实现共赢。"一带一路"为沿线国家发展注入新活力、新动力,是中国为世界经济发展贡献中国智慧。

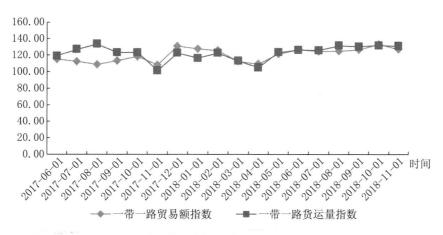

图 1.4　"一带一路"贸易额指数和货运量指数

资料来源:Wind 数据库。

　　从 2018 年"一带一路"沿线国家的经济增长速度上我们也可以看出,在中国大力推动"一带一路"的过程中,随着贸易投资的活跃,2018 年"一带一路"沿线国家的

---

[1]　《"一带一路"倡议五周年:行稳致远　砥砺前行》,新华网 2018 年 8 月 9 日,http://www.xinhuanet.com/politics/2018-08/09/c_1123246444.htm。

经济也在不断趋向稳定态势。IMF 发布的数据显示,2018 年在"一带一路"沿线国家中的新加坡、泰国、越南等三国 GDP 实际增长率都呈现显著上升;印度尼西亚、菲律宾、柬埔寨等三国基本维持稳定;马来西亚稍有下滑,从 5.43% 下降到 4.70%。

1.2　2018 年世界经济的主要问题

1.2.1　全球贸易摩擦阴霾不散

特朗普当选美国总统之后,美国贴上了"贸易保护"的标签,2018 年美国先后与多个国家产生了贸易摩擦。首先,中美两国作为全球最大的两个经济体在 2018 年的一系列贸易摩擦,深刻影响全球。从 2018 年 3 月开始,美国对中国先后打出了 500 亿美元、1 000 亿美元和 2 000 亿美元的关税清单,中国被迫对原产于美国的 500 亿美元、500 亿美元和 600 亿美元的产品加征关税。双方经过多次磋商最终无果,贸易摩擦进一步升温,特朗普甚至声明要对剩余所有的中国商品加征关税。2018 年 12 月 1 日,在阿根廷首都布宜诺斯艾利斯举行的 G20 峰会上,习近平和特朗普举行工作餐会并就中美贸易摩擦达成为期 90 天的暂停协议。中美首脑同意暂停进一步加征新关税,美国 2019 年 1 月将维持对华 2 000 亿美元商品关税税率在 10%,但如果 90 天后未能达成协议,关税仍将提高至 25%。

其次,美国也对欧盟发起了贸易争端。2018 年 6 月 1 日,美国向欧盟发起贸易摩擦,对来自欧盟的钢铁和铝等金属征收 25% 高关税;6 月 22 日,欧盟回应,对来自美国的部分进口品也征收 25% 的关税,但是双方僵持时间不久,7 月 22 日,美国与欧盟达成和解,暂停加征关税。此外,美国还与加拿大、墨西哥等国产生了贸易摩擦,对部分产品加征关税,但是最后也以暂停加征关税收场。

从 2018 年 3 月到 2018 年 12 月,美国发起的面向全球的贸易摩擦基本贯穿全年,对世界经济影响深远。尤其是中美贸易摩擦,对中美两国经济的影响是巨大的,作为全球最大的两个经济体,中美贸易摩擦对世界经济的影响也是破坏性的。国际货币基金组织总裁克里斯蒂娜·拉加德(Christine Lagarde)发出警告称,中美贸易摩擦的加剧可能会给困境中的新兴市场带来"冲击",使目前席卷阿根廷和土耳其的危机波及整个发展中世界。①诺贝尔经济学奖获得者、美国经济学家约瑟夫·斯蒂格利茨(Joseph Stiglitz)认为,中美贸易摩擦将使美国蒙受双重损失:一是美国国内就业将遭到打击,二是美国人购买的进口商品也会涨价。当美国人意识到这一点时,贸易摩擦将更加不得人心。届时美元汇率将下挫,通胀率进一步上升,引发更多人反对。美联储很可能宣布加息,导致投资和经济增长更加疲软,失业率攀升。②2006 年诺贝尔经济学奖获得者、哥伦比亚大学经济系教授埃德蒙·费尔普斯(Edmund S.Phelps)认为,中美贸易摩擦要付出很多代价,看不到任何好处。他指出,最大的代价是市场对两国经济关系信心的丧失,中美两国制造商可能取消或重新布局自己的投资,影响两国的经济增长。③

　　如图 1.5 所示,2018 年中美贸易摩擦开始以来,美国对中国的贸易逆差并没有减少反而呈现扩大的趋势。从 3 月份的－259 亿美元增长到 10 月份的 431 亿美元,均高于上年同期水平。所以,中美贸易是结构性问题,与两国要素禀赋结构、产

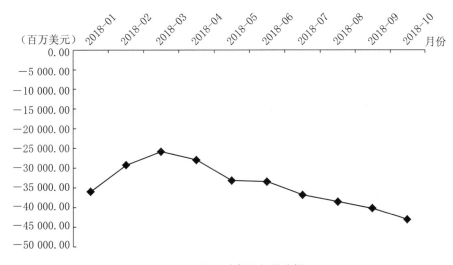

图 1.5　美国对中国贸易差额

资料来源:Wind 数据库。

　　① 《IMF 总裁拉加德警告:中美贸易摩擦升级将"冲击"新兴市场》,观察者网 2018 年 9 月 13 日,https://www.guancha.cn/internation/2018_09_13_471915.shtml。

　　② 《诺贝尔经济学奖得主约瑟夫·斯蒂格利茨:美国面临输掉贸易战的危险》,观察者网 2018 年 8 月 2 日,https://www.guancha.cn/SiDiGeLiCi/2018_08_02_466563_s.shtml。

　　③ 《诺奖得主为网易撰稿:中美贸易摩擦看不到任何好处》,搜狐网 2018 年 5 月 22 日,http://www.sohu.com/a/232465467_119746。

业结构密切相关,不能简单通过加征关税得到解决,反而导致通过贸易渠道危害两国的经济增长。中美贸易摩擦有深层次的制度问题,本质上是制度竞争。但是,中国和美国是全球两大经济体,中美经济的好坏直接影响全球经济,2018 年世界经济增长企稳主要得益于美国的减税政策而不是贸易摩擦,如果中美贸易摩擦持续升温,对世界经济的危害将不可估计。

1.2.2　美国单边主义大行其道

特朗普上台后,以"美国优先"为口号,高举单边主义和保护主义,美国政府的政策表现出明显的逆全球化特征。接连不断退出多个国际组织和公约的"退群"行为是美国单边主义的真实写照。2018 年 10 月 17 日,美国宣布启动退出万国邮政联盟程序,如果在未来一年未能与万国邮政联盟达成新协议,美国将会退出。2018 年 6 月 19 日,以"人权卫士"著称的美国宣布正式退出联合国人权理事会。2018 年 5 月 8 日,美国总统特朗普在白宫正式宣布,美国将退出伊朗核问题全面协议;同时,美国将对伊朗重新实施最严厉的经济制裁。2017 年 10 月 12 日,美国决定退出联合国教科文组织,这是美国继 1984 年后第二次退出这一联合国机构。2017 年 6 月 1 日,美国宣布退出应对全球气候变化的《巴黎协定》;特朗普说,《巴黎协定》让美国处于不利位置,而让其他国家受益,美国将重新开启谈判,寻求达成一份对美国公平的协议。2017 年 1 月 23 日,美国总统特朗普签署行政命令,正式宣布美国退出跨太平洋伙伴关系协定(TPP)。

毫无疑问,美国的"退群"行为对原有国际组织将产生负面作用,并直接影响全球治理和全球化的进程。美国认为现有的国际秩序对美国产生了不利的影响,就从自身利益出发,发起单边主义。美国大举逆全球化旗帜,同时又有一些国家跟进、效仿,也说明当前全球化在某些方面确实到了升级、变革的时候。如何协调发达国家和发展中国家的利益关系、如何对现有国际组织和公约进行改革将成为重要挑战。

1.2.3　英国"脱欧"变"拖欧"

英国 2017 年 3 月 29 日就启动了"脱欧"程序。2018 年 11 月 14 日,英国"脱欧"草案获内阁和欧盟通过,但是受到各方面影响,议会投票存在很大变数,到 2018 年

12月11日,英国首相特蕾莎·梅宣布推迟脱欧草案的表决,极大增加了英国"脱欧"可能产生的风险。特蕾莎·梅曾表示,如果不能就协议达成一致,无协议脱欧的风险就会增加,英国将面临"严重的不确定性"和"非常真实的风险"。

"脱欧"变"拖欧"本质上是大家对英国"脱欧"可能产生的经济风险难以估计,英国与欧盟之间的贸易联系非常紧密,英国经济对欧盟依赖性很强,无序"脱欧"极有可能对英国经济产生非常不利的影响。2017年英国对欧盟的贸易总额占比51.9%,且其依赖程度有上升的趋势。假设最终"无协议脱欧"导致英国与欧盟贸易额下降25%,那么英国的进出口总额可能因此下降13.0%,国民收入将减少6.5%—9.7%。①另外,从汇率方面看,由于英国与欧盟经济联系紧密,"脱欧"政策微小的不确定因素都可能对英镑产生极大的下跌风险。2018年12月11日,在英国宣布推迟脱欧草案表决时,英镑就曾大幅下挫,创出了2017年6月以来的新低。

1.2.4　新兴市场汇率动荡加剧

2018年新兴市场国家的经济总体上保持了比较稳定的态势,但是美国的"美国优先"主义和单边主义不仅对世界经济产生了负面影响,还将这种不确定性传染给了新兴市场国家,尤其是引起了汇率市场剧烈波动。2018年土耳其里拉经历了短期大幅快速贬值,贬值幅度高达90%,引起当地民众恐慌,这种情绪进而在新兴市场国家间传导,阿根廷比索、南非杜兰特等新兴市场国家货币都跟风贬值。

新兴市场国家汇率的剧烈波动,内在反映了新兴经济体的结构性问题。汇率快速下跌是经济风险的一个重要表现,2008年金融危机后,新兴经济体一度成为拉动全球经济增长的重要引擎,但是并没有形成持久动力。造成这一局面的原因主要包括三个方面:一是新兴经济体增长动力调整缓慢,二是新兴经济体产业结构调整迟迟不见效果,三是外债规模在不断上升。未来,在美国大力推行贸易保护主义和单边主义的环境下,新兴市场国家发展的外部环境将发生重大变化,增长动力转型和结构调整的困难将更大,面临的风险点也将增多。

---

① 《英国脱欧:进程、影响和不确定性全分析》,搜狐网2018年12月11日,http://www.sohu.com/a/281011757_313170。

1.2.5　国际原油价格剧烈波动

2018 年原油价格经历了一场剧烈的"过山车",从年初到 10 月,国际原油呈现了稳步上涨态势,但是 10 月份之后价格快速下跌。根据伦敦洲际交易所(ICE)的数据,2018 年 1 月到 10 月,布伦特原油期货价格从 61 美元/桶上涨到超过 85 美元/桶,上涨幅度接近 40%;WTI 原油期货价格从 56 美元/桶上升到 76 美元/桶,上涨幅度高达 35.7%。但是 10 月份后双双出现快速下跌态势,在两个月之内,布伦特原油价格跌破 55 美元/桶,WTI 原油跌破 45 美元/桶,分别从高点下跌了 35% 和 41%,下跌幅度之大、速度之快实属罕见。

2018 年国际原油大幅波动主要受全球经济持续增长的不稳定、中东地区各国对原油减产立场的不确定和页岩油产量激增的影响。第一,2018 年初在 2017 年世界经济增速超预期的影响下,原油价格逐步回暖,但是到 2018 年 10 月,美国三季度经济增速向下修正,IMF 也下调了 2018 年全球经济增速,原油增长的源动力减弱。第二,石油输出国组织(OPEC)对减产协议迟迟达不成协议,一直到 2018 年 12 月 7 日才发布减产声明,说明各国对减产分歧较大,大家对未来是否会坚持减产承诺存疑。第三,页岩油产量在 2018 年创出新高,美国能源信息署(EIA)12 月 17 日发布报告显示,2018 年底美国 7 家主要页岩油生产商页岩油日产量将达到 803 万桶,预计 2019 年 1 月美国 7 家主要页岩油生产商原油日产量将达到 816.6 万桶。页岩油的增长可能对冲 OPEC 的减产,但原油供给总量难有较大改变。

原油价格的剧烈波动一方面直接影响产油国的财政,另一方面加剧中东的紧张局势。2018 年 5 月 8 日,美国宣布退出伊朗核协定,同时加大对伊朗的经济制裁,导致未来伊朗的原油出口存在非常大的不确定性,伊朗经济前景不明,原油价格下跌或出口受限都将直接打击伊朗经济。如果中东地区经济恶化,中东可能产生更多的恐怖事件,同时也不排除中东产油国再次联手抬高油价,原油可能再次成为世界经济的焦点。

1.2.6　美国高债务引发全球担忧

特朗普上任以来采取的积极财政政策,在短期内可能刺激经济增长,但是困扰美国经济长期可持续增长的结构性问题并没有根本解决。如图 1.6 所示,2008 年金融危机以来,美国债务占 GDP 的比重不断上升,从 2008 年的 64.04% 上升到 2017 年的 105.40%,2018 年美国新增债务 1.36 万亿美元,债务占 GDP 的比重创历史新高。20 世纪 90 年代末美国中央政府债务占 GDP 的比重不足 40%,到 2017 年已经超过了 100%。

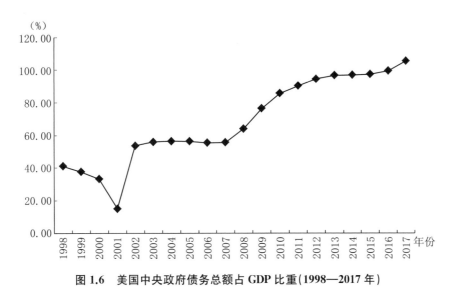

图 1.6　美国中央政府债务总额占 GDP 比重(1998—2017 年)

资料来源:Wind 数据库。

特朗普上任以来,美国经济虽然实现了较高水平的增长,但是政府债务也快速上升,国际社会都对美国经济的高债务感到非常忧虑。2018 年 12 月 13 日,IMF 发布新的全球债务报告指出,2017 年,全球公共债务和私人债务总额已经达到创纪录的 184 万亿美元。这个数额相当于全球 GDP 的 225%。IMF 警告全球经济的债务风险非常高。其中,美国的政府债务占到了全球债务的 1/3!美国、中国、日本三个国家的政府债务占全球债务的比重超过 50%,也超过其占全球 GDP 的总和。国际金融协会数据也显示,全球债务已经占全球 GDP 的 318%。更令人担忧的是,这是自 2016 年三季度以来,全球债务占 GDP 比率首次增长,这表明债务边际效用再次低于 1。[①]除了美国的政府债务快速增长外,加拿大、法国和瑞士的非金融债务也增

---

① 　廖志鸿:《247 万亿美元! 全球债务再创新高》,华尔街见闻 2018 年 7 月 11 日,https://wallstreetcn.com/articles/3357821。

长到历史新高。

目前,美国的减税政策虽然对经济有刺激作用,但并没有形成良性机制并最终通过收入增长带动税收增长,如表 1.1 所示,美国的财政收入占 GDP 的比重在 2018 年较上年下降了 1.77 个百分点,并将在 2019 年继续下滑。因此,美国实施减税一年多来,虽然在经济增长上起到了一定的刺激作用,但是并没有形成良性的循环机制,债务风险加剧。其他国家效仿美国的减税政策,但也没有促进财政的优化,2018 年全球债务问题反而在加重。各国如果不重视并采取有效措施,未来的全球经济前景可能因今天的忽视而埋下隐患。

第 2 章

影响 2019 年世界经济增长的主要因素

2018 年世界经济增长不乏新亮点和潜在风险,这些亮点和风险都将影响 2019 年世界经济的发展轨迹。本报告认为,目前世界经济扩张的均衡性被打破,各经济体经济增长的同步性降低,"不确定性"可能成为 2019 年世界经济增长的关键词。以下六个因素可能是影响 2019 年世界经济增长的主要因素:第一,中美贸易摩擦将深刻影响世界经济,它不仅将对第三国产生贸易创造与投资转移效应,同时将对价值链上下游生产商造成连锁冲击,并改变国际政治经济格局。第二,货币市场去美元化趋势愈演愈烈、股票市场泡沫风险加大、国际债务市场环境持续恶化、新兴经济体汇率存在进一步贬值的风险,动荡的国际金融市场将加剧世界经济增长的风险。第三,美国国内减税政策将形成影响世界经济增长的新路径。在国际层面,美国国内减税政策可能引领新一轮全球减税浪潮;在美国国内层面,减税政策将引起资本回流,但是,与此同时也将加剧美国国内的金融风险。第四,国际原油价格存在继续下跌的风险。从供给侧看,国际原油产量将持续过剩;从需求侧看,世界主要原油进口国对原油需求的增长放缓,原油库存量持续上升。此外,政治局势的不稳定也为国际油价走势蒙上一层阴影。因此,国际原油价格存在进一步下跌的空间,这将对原油进口国和原油出口国产生相反影响,进而加剧世界经济增长轨道的分化。第五,WTO 改革将重燃各方对多边贸易体制的信心,修复部分现有多边贸易体制的系统性问题,并进一步回应价值链贸易和数字贸易对国际经贸新规则的诉求,为世界经济增长创造新的活力。第六,电子商务与数字贸易作为第三次全球化浪潮的驱动力,将为世界经济增长注入新动能。它将有效促进全球经济和贸易的增长,促进中小企业融入全球价值链,并对其他行业的产出、消费者福利水平、就业产生显著的正面溢出效应。[①]

2.1 中美贸易摩擦将深刻影响世界经济

自2018年1月起,美国对太阳能电池板、洗衣机、钢铁、铝等一系列中国产品征收关税,随后中美贸易摩擦愈演愈烈。2018年6月15日,美国政府发布了将对中国500亿美元的商品加征25%关税的商品清单,自2018年7月6日起将率先对约340亿美元商品加征关税;随后,中国宣布将对美国实施反制措施,对中国自美国进口金额约500亿美元的商品征收25%的税率,同时就美国对华"301调查"项下500亿美元征税建议在WTO争端解决机制下提起磋商请求,正式启动WTO争端解决程序;2018年7月10日,特朗普政府再次发布拟对华征收关税产品清单,将对约2 000亿美元的中国产品加征10%的关税;2018年8月3日,中国决定进一步对美国约600亿美元商品,加征25%、20%、10%、5%不等的关税。2018年12月1日,中美双方在布宜诺斯艾利斯达成共识:美国不会于2019年1月开启将2 000亿美元中国进口商品关税从10%提高至25%的计划,同时中国承诺将从美国进口大量农业、能源、工业和其他产品。此外,双方承诺将在90天内进行结构性改革的谈判,谈判议题涉及强制技术转让、知识产权保护、非关税壁垒、网络入侵和网络盗窃、服务业和农业。目前,中美两国已重回协调沟通、通过建设性对话弥合分歧的轨道,但是中美贸易摩擦仍存在着较大的不确定性,一旦摩擦升级,可能对世界经济产生以下影响。

2.1.1 中美贸易摩擦将对第三国带来贸易创造效应

由中美贸易摩擦引起的货物贸易关税水平的上升将直接导致中国对美国出口

---

① 张广婷:《不确定的世界经济:新变局、新风险、新机遇——2019年世界经济分析报告》,《世界经济研究》2019年第1期。

水平的降低,进而直接影响亚太地区乃至世界范围内国际贸易流向。在东亚新兴经济体中,越南、菲律宾、柬埔寨等国的出口结构与中国较为相似。2017 年,在各方预期特朗普政府拟对中国征收额外关税的背景下,东亚国家对美出口总值已超1 000 万美元,中美贸易摩擦将促成美国对已存在生产基础的非中国供应商的潜在转移。[①]

2.1.2　中美贸易摩擦将对上下游厂商造成连锁冲击

随着信息技术和通信成本的降低,贸易—投资—服务—生产网络的"一体化综合体"逐渐形成。国际贸易模式由传统的"一国生产、一国销售"转变为"世界生产、全球销售",生产和制造根据各国资源禀赋优势在世界范围内进行最优配置。中国作为全球生产网络的重要参与者,通过承接上游厂商的原材料和中间投入品,经过加工组装后出口至下游中间产品生产商或最终消费者,进而嵌入全球生产网络。在价值链贸易中,任一工序与生产环节的"脱钩"或"断裂"都将对价值链上下游相关国家的产业结构布局以及国内生产企业造成直接冲击。因此,一旦中美贸易摩擦升级,必将产生中国对美国出口下降的预期,进而经由全球价值链向上下游环节的生产厂商产生扩散效应,造成连锁冲击反应。

2.1.3　中美贸易摩擦将促使国际投资向第三国转移

中美贸易摩擦将提高中国企业服务美国市场的贸易成本,进而刺激跨国公司对外投资(包括中国企业对外投资行为)为规避美国进口关税上调,寻求中国以外的、替代性的次优资本流入国,更具生产效率的中国国内企业将被排除在跨国公司的生产网络之外。这将造成投资的扭曲作用,并引致效率的损失。具体来看,中国台湾、泰国、马来西亚、越南等东亚国家和地区的产业布局与中国具有一定的相似性,为最具替代潜力的备选国家和地区。[②]最终,投资向替代性国家转移的程度将取决于各国为相关市场生产该产品的能力以及中美贸易争端持续的时间。

---

①② Cali, Massimiliano. "The Impact of the US-China Trade War on East Asia", https://voxeu.org/article/impact-us-china-trade-war-east-asia, 16 October 2018.

2.1.4 中美贸易摩擦或将改变国际政治经济格局

2018 年 11 月 30 日，美国、加拿大、墨西哥三国领导人签署《美国—墨西哥—加拿大协定》以替代《北美自由贸易协定》。协定纳入"毒丸条款"并规定任何一个成员国决定和"非市场经济国家"谈判签署自由贸易协定，必须提前三个月通知其他成员国，其他成员国可选择在六个月内退出协定，组建双边贸易协定。"毒丸条款"可能成为美国在双边协议中的策略，迫使各国在中国问题上与美国保持同一立场，进而影响中欧关系、中日关系、中国与东南亚国家的战略合作关系。

中国是世界上最大的发展中国家，美国是世界上最大的发达国家，中美经贸关系既对两国意义重大，也对全球经济稳定和发展有着举足轻重的影响。对中美两国来说，合作是唯一正确的选择，共赢才能通向更好的未来。从这一现实出发，中国的一贯立场是：坚定维护国家尊严和核心利益；坚定推进中美经贸关系健康发展；坚定维护并推动改革完善多边贸易体制；坚定保护产权和知识产权；坚定保护外商在华合法权益；坚定深化改革扩大开放；坚定促进与其他发达国家和广大发展中国家的互利共赢合作；坚定推动构建人类命运共同体。[①]

2.2 金融市场的潜在风险将加剧世界经济的脆弱性

2018 年，世界主要国家货币政策显现出分化加剧的局面：一方面美联储继续释放渐进加息信号，另一方面中国货币政策进一步宽松的压力增大；一方面欧洲央行逐步缩减购债规模，另一方面日本央行短期内继续维持宽松政策；一方面新西兰、巴西继续保持宽松货币政策，另一方面印度尼西亚、菲律宾、墨西哥等国纷纷加息。[②]各国货币政策的分化在一定程度上表示世界经济增长的同步性降低，发达经济体紧缩性货币政策将对新兴市场造成一定压力，世界经济与全球金融市场的脆弱性上升，值得高度警惕。

---

① 国务院新闻办公室：《关于中美经贸摩擦的事实与中方立场》，国务院新闻办公室网站 2018 年 9 月 24 日，http://www.scio.gov.cn/37236/38180/Document/1638218/1638218.htm。

② 《全球货币政策分化，汇率风险加大》，华尔街见闻 2018 年 11 月 18 日，https://wallstreetcn.com/articles/3439437。

2.2.1　货币市场去美元化趋势将加快外汇储备多元化步伐

自 1971 年美元与石油挂钩后,美国通过控制能源的方式绑定美元,控制全球资金流向,巩固美国的霸主地位,甚至对其他国家实施制裁。随后除美元地区以外,各国的货币之间没有直接的汇率,均需通过美元进行换算,本币结算模式失去了应有之意。2008 年金融危机过后,世界金融体系处于重要关口,各国从美元霸权结构松绑的意愿日益强烈。特别是东亚地区作为世界主要出口目的地,成为全球经济增长的重要动力,但是在金融业和金融服务业极度依赖外部,因此,东亚各国从贸易国家向金融国家转型的诉求逐渐明确并稳步推进。

目前,中国已与韩国、马来西亚、新西兰、欧元区等几十个国家和地区签署双边本币互换协议,中日货币互换于 2018 年 10 月 26 日再次启动,协议规模进一步扩大为 2 000 亿元人民币/34 000 亿日元。此外,俄罗斯、英国、法国、德国、中国、伊朗发表联合声明,欧盟将建立专门的金融机制用于与伊朗的结算业务,以规避美国对伊朗的制裁。可以预见,未来将逐步实现石油等大宗商品交易非美元化;美元债权国减持美元资产;美元在全球储备体系中的份额持续下降,外汇储备的多元化得以推进等趋势。

2.2.2　股票市场泡沫风险加大或引发实体经济下行的预期

自 2008 年到 2018 年全球股票市场价值增长 50 多万亿美元,仅美国股票价格上涨即创造 18 万亿美元的财富,上市公司估值达到 30 倍左右。[①]但是,股票市场上涨的动力并非来自公司盈利的增长,而是受流动性推动而成。进入 2018 年后,全球股市的风向标——美国股市单日大幅下跌的频率显著增加,可以推知全球股市正在走向风险的加速释放期。这一方面与其盈利增速预期有一定的联系性;另一方面则是对美国十年来上涨行情的估值与价格的修复。随着美联储进一步加息缩表,美国股市未来仍有较大下跌风险,这将直接导致上市公司财富缩水,并引发对美国实体经济下行的预期。进一步来看,随着全球股票市场的联动性增强,美国股票市场的调整将引发其他国家股价的同向波动,世界经济可能再次面临全球范围

---

① 《新国际贸易形势下国际金融市场波动风险加大》,东方财富网 2018 年 7 月 2 日,http://finance.eastmoney.com/news/1351,20180702898472984.html。

内较为严重的金融危机冲击。

2.2.3 全球债务水平持续上升导致主权债务危机风险加剧

根据国际金融协会的最新估计，目前全球居民、企业、政府、金融机构债务已处于历史最高水平。截至 2018 年 3 月底，全球债务规模总额高达 247 万亿美元，GDP 总值约 80 万亿美元，债务与 GDP 之比扩大至 3.1 倍。[①]2018 年美联储上调联邦基金利率且在年内四次加息，欧洲央行继续缩减购债规模。随着发达国家的流动性和信贷规模不断收紧，债务和融资成本提高，发达经济体爆发主权债务危机的风险加大，企业债券的风险溢价提升到高位水平。另一方面，新兴市场债务在 2018 年第一季度增加 2.5 万亿美元，创下 58.5 万亿美元的新纪录。其中，巴西、沙特阿拉伯、尼日利亚和阿根廷的政府债务增幅最大，阿根廷、土耳其等新兴经济体持有的美元债务规模较高，存在发生债务危机的风险。

2.2.4 新兴市场货币或将面临进一步贬值的风险和压力

2018 年，多个新兴经济体货币兑美元汇率出现大幅波动。其中，阿根廷比索兑美元贬值最大超过 50%，土耳其里拉兑美元贬值约 30%，俄罗斯、巴西等国货币贬值幅度在 10%—20% 之间。相反，2018 年美国失业率总体保持在 3.7% 的历史低位水平，消费者信心和消费意愿具有坚实支撑，特别是结合美国正在实行的财政刺激政策，以及美联储近期再次重申的加息计划等。在强美元背景之下，新兴市场货币可能面临进一步贬值的压力。汇率贬值将通过资产负债表渠道影响新兴经济体的实际债务负担和流动性，并将通过"羊群效应"进一步加剧国际投资者对于新兴国家金融市场的不信任和恐慌情绪。

2.3 美国减税政策将形成影响世界经济增长的新路径

2018 年美国税改方案开始实施。其主要内容为：第一，将企业所得税税率由

---

① 《全球债务达 247 万亿，美国的处境最不乐观，却还沉浸在虚幻之中？》，搜狐网 2018 年 10 月 9 日，http://www.sohu.com/a/258081858_334198。

35％降低到 21％；第二，对本国公司留存在海外的利润仅一次性征税，其中现金利润税率为 15.5％，固定资产税率为 8％；第三，提高个人所得税起征点，并降低其最高税率。[1]2018 年 6 月底，特朗普表示希望进行第二轮减税计划，将企业税从 21％降至 20％，并为美国中产阶级收入者再减税 10％。

从历史上看，历次美国实施减税政策后，美国经济均出现短期加速上升的态势，此次也不例外。首先，当前阶段，美国经济处于复苏通道中，就业情况良好，推行减税政策的阻力较小。其次，目前美国利率水平维持在低位水平，预计到 2020 年本轮加息进程结束时的利率水平约为 3％。这一水平大幅低于历史上加息结束时的最高高度。[2]因此，可以预计此轮减税对储蓄和投资的拉动效果较强。最后，与里根时期的减税政策相比，此轮减税政策对私人部门的投资挤出效应有限。因此，此轮特朗普减税政策对美国国内经济增长的刺激作用可能产生超预期的效果。对于世界经济而言，本研究认为美国国内减税政策将通过以下渠道对世界经济产生影响。

2.3.1　美国减税政策可能引领新一轮全球减税浪潮

作为世界最大的经济体，美国是全球资本市场的核心腹地，减税政策的实行将在一定程度上弥补目前美国吸引跨国企业投资的短板，激发美国企业在外国高位套现、将利润和资金带回美国的动机，并吸引外资流入美国。相应地，这将导致德国、法国、日本等其他国家面临资本流失、投资降低、失业率上升等多种问题。[3]为了降低特朗普政府减税政策对其他国家国内冲击，各国政府可能通过被动减税以留住外国资本。

2.3.2　美国减税政策或将引起国际资本流向发生改变

美国国内减税政策将影响跨国公司直接投资行为，引起资本回流现象。在推进全球化进程的几十年间，美国资本外流情况较为严重，技术、产业和就业纷纷迁

① 朱启荣：《美国降低企业所得税对中国经济贸易影响分析》，《国际贸易问题》2018 年第 9 期。
② 张启迪：《特朗普减税对美国经济的影响到底有多大？》，《经济界》2018 年第 3 期。
③ 《里根减税后日本陷入衰退！特朗普减税会对全球经济造成什么影响？》，搜狐网 2017 年 12 月 5 日，http://www.sohu.com/a/208662642_276934。

离美国。同时,出于避税的动机,企业利润回流美国的情况屈指可数。降低企业所得税是特朗普政府税改政策的核心目标,这一举措将促使美国趋近为跨国公司的"避税天堂",进而大量吸引各类企业重归美国,同时带动海外资本和商业体系回流美国,激发美国本土企业自身竞争力。美国经济体量庞大带来的规模效应将形成良性循环,爆发乘数效应。

2.3.3　减税政策或将进一步加剧美国国内金融风险

据估计,此次美国政府所推行的减税政策将直接导致联邦政府年收入降低约7 000 亿美元,与此同时,特朗普政府计划每年用于基础设施投资的预算超过 1 000亿美元。减税政策和扩张性财政政策累计每年将使特朗普政府的财政赤字增加8 000 亿美元。目前,美国政府债务总额已高达 19 万亿美元的上限,未来几年仍将持续走高。因此,在短期内,特朗普政府的税收改革可能对世界经济产生积极效应,但从长期看,减税政策可能导致美国政府负债大幅增加,加剧金融脆弱性,最终导致美元信用的丧失,给世界经济带来严重风险。

2.4　原油价格下跌风险将增加世界经济增长的不同步性

2018 年国际油价大幅波动。2018 年上半年原油价格由 60 美元一路上扬至 75美元,处于 2015 年以来的历史最高水平。然而进入 2018 年下半年以后,原油价格转而急挫下行,截至 2018 年 11 月底,国际原油价格最低已逼近 50 美元附近,单周最大下跌幅度超过 11%。2018 年 12 月 7 日,欧佩克与非欧佩克产油国达成协议,将从 2019 年 1 月起日均减产原油 120 万桶。然而该减产协议能否如约履行目前仍存在一定的不确定性。油价波动对世界经济增长是一把双刃剑,一方面油价上涨使沙特阿拉伯、尼日利亚和哥伦比亚等石油生产国受益,收入的增长将有助于平衡预算和经常账户赤字,使得涨幅能够增加支出以刺激投资。另一方面,原油价格上涨将对印度、中国、智利、马来西亚、土耳其、埃及和乌克兰等石油进口国造成压力,原油成本增加将对经常账户造成压力,并使经济体更易受到美国利率上涨的影响。

对于国际油价走势而言,短期原油价格的波动依赖于原油供给变化带来的影响,长期原油价格的波动则取决于全球经济发展带来的需求变动。基于此,本研究认为以下因素可能影响 2019 年原油价格走势,并增加世界经济增长的不同步性。

2.4.1　原油供给多元化将导致原油产量持续过剩

目前每桶 50 美元的国际油价仅为 2008 年 8 月每桶 147 美元的 1/3,市场价格走势具有一定惯性,短期国际原油过剩的局面难以改变,国际油价仍然存在下跌空间。特别是美国页岩油技术的扩张使得美国成为原油产量超过每日 1 000 万桶的世界三大产油国之一,且美国并非欧佩克成员国,其原油产量不受约束。[①]因此国际原油供给的多元化可能在一定时期内导致原油产量的持续过剩,进而促使国际原油价格在短期内保持下跌趋势。

2.4.2　全球经济增速放缓或将导致原油消费疲软

从需求层面看,随着世界经济增速的持续放缓,国际原油需求增长前景黯淡。特别是中国对经济增长质量和新能源汽车的推行,导致中国对原油需求增速放缓。此外,美国原油库存对国际油价影响更为直接,其增加通常会导致油价的下跌。美国能源信息署(EIA)2019 年 1 月 24 日公布的报告显示:截至 1 月 18 日当周,美国原油库存增加 797 万桶至 4.45 亿桶,创 2018 年 11 月 16 日以来的最大单周增幅,这表明美国原油消费疲弱。在美中对原油需求增长放缓的背景下,国际油价中期大幅上涨的可能性降低。

2.4.3　地缘政治不稳定使国际油价走势蒙上阴影

原油除了具备一般商品属性外,还具有战略物资的属性,因此原油的世界均衡价格是政治实力及政治局势变动的综合产物。首先,作为欧佩克核心成员国,沙特阿拉伯由于卡舒吉记者案被国际舆论包围,时刻面临突发的危机。其次,美国政府对伊朗的第二批制裁已于 2018 年 11 月 5 日生效,石油产业是其主要打击对象和产业之一。再次,中东地区国家内部局势动荡,沙特阿拉伯、阿联酋、埃及、巴林等众

---

①　刘明彦:《国际原油价格暴跌之后能否绝地反弹?》,新浪网 2018 年 11 月 26 日,http://finance.sina.com.cn/zl/2018-11-26/zl-ihpevhck7531758.shtml。

多中东国家相继宣布与卡塔尔断交。随后,卡塔尔宣布将于 2019 年 1 月退出欧佩克,自此,卡塔尔被正式踢出欧佩克"朋友圈"。最后,2018 年 11 月 20 日美国财政部宣称将对涉嫌向叙利亚政府提供石油的多个俄罗斯实体和个人实施制裁。因此,目前主要原油出口国的国内和国际形势为 2019 年国际油价的走势蒙上了一层阴影。

原油价格的波动对世界经济的影响多维且复杂。从积极面看,原油价格下降将降低能源成本,进而降低生产成本、运输成本、贸易成本,刺激制造业的发展与复苏,从而加快全球经济增长的步伐与进程。在国家层面,世界原油价格的下降将增加中国、印度等发展中国家对原油的需求和储备,刺激其经济增长。从消极面看,世界原油价格不断下挫将导致中短期内的市场需求预期、金融市场预期、经济增长预期纷纷降低,预期的下调必将引发投资削减,进而阻碍经济增长的步伐。

2.5 WTO 改革将为世界经济增长创造新活力

2017 年 12 月 12 日,美日欧三方在布宜诺斯艾利斯第十一届 WTO 部长级会议中发表联合声明,首次就 WTO 改革提出正式议程。[①]目前,美日欧三方已共同发表四次联合声明,就 WTO 改革议程进行磋商。此外,2018 年 9 月,欧盟发布世界贸易组织改革初步建议;2018 年 10 月,加拿大与其他 12 个 WTO 成员国召开 WTO 改革的部长级会议并就 WTO 改革达成三点共识。

具体来看,美日欧三方联合声明对"发展中国家"的认定、国有企业和工业补贴、强制性技术转移、非市场经济问题均具有较强的指向性;欧盟的 WTO 改革建议包括规则制定、常规性工作和透明度、争端解决机制三部分内容,较为全面地反映了目前多边贸易体制所面临的"内忧"和"外患";加拿大渥太华部长级会议明确将坚定支持以规则为基础的多边贸易制度,并将从争端解决机制、重振 WTO 谈判职能、加强贸易政策透明度三方面对新一轮 WTO 改革提出建议主张。从目前发布的三份 WTO 改革议程来看,WTO"监督审查"职能和透明度议题、数字经济和电子商

---

① USTR. "Joint Statement by the United States, European Union and Japan at MC11", https://ustr.gov/about-us/policy-offices/press-office/press-releases/2017/december/joint-statement-united-states, 12 December 2017.

务议题、争端解决机制等议题有望在 2019 年实现有限突破。本研究认为 WTO 改革可能对 2019 年世界经济增长产生以下影响。

2.5.1　有助于增强各方对多边贸易规则体制的信心

WTO 自成立伊始即着手展开对"多哈发展议程"的谈判,然而除 2013 年达成的《贸易便利化协定》为多边贸易体系露出短暂曙光以外,WTO 始终未能找到破解"多哈困局"的良药。近年来随着双边、诸边、区域贸易协定的盛行,特别是 TPP 协定、TTIP 协定、TiSA 协定等巨型贸易协定谈判的兴起,多边贸易体制的核心地位不断受到侵蚀。2015 年 WTO 第十届部长级会议决议明确指出"后内罗毕"时代世界贸易组织的格局,无论在机构上还是作为一个谈判论坛,都将与以前大不相同。美日欧联合声明、欧盟 WTO 改革建议、渥太华部长级会议的召开拉开了对世贸组织进行机构改革的大幕,通过渐进式改革加强多边贸易体制的领导力和权威性,保证世界贸易组织的基本原则和理念不受挑战,增强并扩大世界贸易组织的治理范畴及作用,促进贸易自由化和经济全球化。

2.5.2　有助于修复现有多边贸易体制的系统性问题

通报义务是 WTO 协定中的一项重要原则,也是 WTO 体系得以正常运转的重要保障。GATT 第 10 条、GATS 第 3 条和 TRIPS 第 63 条均要求 WTO 成员方的所有相关法律、规章、司法判决及行政决定都要及时发布,同时定期向 WTO 秘书处通报。然而 WTO 各成员(包括发展中成员)并未充分履行通报义务。现有三份 WTO 改革倡议均不同程度涉及 WTO 监督审查职能和透明度义务,提议通过设立"通报义务和程序工作组"对各成员方通报义务的执行程度进行评估,并制定处罚措施以约束各成员方相关义务的履行。WTO 通报义务的完全执行将进一步提升国际贸易环境的法制化、开放度、公平性,进而实现国际贸易潜力的释放。

在争端解决机制方面,由于美国拒绝对 WTO 法官第二任期的任命,并反对依照现有 WTO"上诉机构法官候选人甄选程序"推选新的法官填补现有职位空缺,自 2018 年 9 月 30 日起,WTO 上诉机构的法官数量仅剩三名成员,刚刚达到审议上诉案件所需法官数量的最低要求。预计在 2019 年底,WTO 上诉机构的法官数目将降至三人以下,低于最低数量要求,WTO 争端解决机制将无法继续运作,多边贸易体制将因此面临系统性风险。对 WTO 争端解决机制的系统改革将明确 WTO 上诉机构的权利和义务边界,化解"长臂管辖"问题,提升 WTO 上诉机构裁决的法制化、合规度、高效性。

2.5.3 有助于回应新型贸易模式对国际规则的新诉求

随着生产—服务—贸易—投资"一体化综合体"的逐渐形成,以规制融合为导向的边界内措施对国际贸易和跨境流动的制约效应日益凸显,各成员方一体化的利益诉求愈发强烈。特别是信息和通信技术的发展不仅有效降低了国际贸易的成本,更催生出数字贸易这一新型国际贸易方式。在数字贸易时代,国际贸易主体由跨国公司扩大到中小企业和个人网商,贸易产品由大批量、标准化产品扩充到碎片化、个性化、数字化产品。距离、基础设施建设等传统贸易壁垒对贸易的制约程度减低。与此同时,数字产品的市场准入、数据的自由流动、网络安全等数字贸易所特有的新型贸易壁垒对贸易的制约程度不断凸显。[①]然而,WTO"多哈发展议程"仍以关税减让及市场准入为核心谈判议题,并未动态反映价值链贸易时代及数字贸易时代对国际贸易规则的新需求。

现有的三份 WTO 改革倡议均提议,在多边贸易体制中对国有企业、数字经济和电子商务等代表 21 世纪新型国际贸易模式的议题展开磋商与谈判。这一方面将分别迎合价值链贸易及数字贸易时代跨国公司与中小企业对国际经贸治理的议题谈判诉求,提高私人部门和工商界利益相关者的广泛参与度;另一方面为未来多边贸易体制谈判议题的设置指明方向。

2.6 数字贸易为世界经济增长注入新动能[②]

随着信息和通信技术的发展,互联网的普及度与数字贸易呈现出爆炸式增长态势。截至 2018 年 6 月 30 日,全球互联网用户数已达到 42.08 亿人,互联网渗透

---

①② 高疆:《全球数字链和数字贸易新规则》,《信息系统工程》2018 年第 5 期。

率达 55.1％。2000—2018 年,互联网用户增长了 1 066％,预计到 2030 年,全球 75％的人口将会拥有移动网络连接,60％的人口将拥有高速有线网络连接。[1]据《2020 全球跨境电商趋势报告》估计,2020 年全球跨境 B2C 电商市场规模将从 2014 年的 2 300 亿美元增至 9 940 亿美元,达到全球 B2C 电子商务市场总额的 29.3％、全球消费品贸易总额的 13.9％。[2]

与传统贸易相比,数字贸易实现了贸易主体由跨国公司向中小企业和个人网商的扩大,贸易方式由物联网向互联网的创新,贸易形态由集装箱式运输向小包裹式快递的转变,贸易流程由单线条、多环节向并联式、信息化的简化,贸易产品由大批量、标准化向碎片化、个性化的扩充。随着互联网、移动通信、云计算、大数据、区块链等新兴技术的成熟,跨境电商将进一步走向成熟,成为世界与中国经济增长不可或缺的源动力之一。本研究认为数字贸易将对 2019 年以及未来世界经济产生以下深远影响。[3]

2.6.1　数字贸易有助于推动世界经济和贸易增长

数字化贸易模式使得厂商实现以零成本或极低的成本与外国消费者和国外供应商进行及时、高效的交流,并通过现代化运输管理系统、货物实时追踪系统等兼具高效率、低成本优势的途径对货物和服务进行运输和配送。据美国国际贸易委员会(USITC)估计,数字化国际贸易平均将使各国贸易成本降低 26％,使数字密集型产业的生产效率提高 7.8％—10.9％。[4]2013 年世界互联网接入人数仅为 27 亿,2020 年将迅速发展为 50 亿,数字贸易仍存在巨大的贸易潜力与空间。后金融危机时代中,数字贸易将成为世界经济增长的重要引擎。

2.6.2　数字贸易有助于生产效率和消费水平提升

数字技术突破时间、空间和贸易形式对国际贸易的制约,数据和信息以近乎零

---

[1]　沈玉良等:《全球数字贸易促进指数报告 2018(概述)》,上海社科院世界经济研究所研究报告,2018 年。

[2]　阿里研究院、埃森哲战略公司:《全球跨境 B2C 电商市场展望:数字化消费重塑商业全球化》,2015 年。

[3]　盛斌、高疆:《中国与全球经济治理:从规则接受者到规则参与者》,《南开学报》(哲学社会科学版)2018 年第 5 期。

[4]　USITC. "Digital Trade in the U.S. and Global Economies", Part 2, Investigation No.332—540, Publication 4485, Washington:USITC, September 2014.

边际成本迅速在世界范围内传输。一方面，这将降低进口品贸易成本与价格，提高本国消费者对进口品的偏好，进而对国内相关行业的产出造成不利冲击；但是与此同时，本国零售业所面临的来自进口品的竞争压力，将以技术冲击的形式驱动本国零售产业实现技术创新，并对其他部门的生产产生巨大的正面溢出效应，实现本国其他行业生产效率的提高。据曼德尔（Mandel）等人估计，数字贸易将使零售服务业产出降低约 2.6％，但与此同时，将对其他部门分别产生 0.9％—2.6％的生产促进效应。此外，在货币收入不变的条件下，数字贸易通过促进定价竞争、降低价格和产品供给多样化提高一国实际收入水平，改善消费者福利。[①]贸易利得成功从零售部门向其他生产性部门和家庭消费部门转移，数字贸易对生产和消费的影响效果大于对 GDP 的影响效果。

2.6.3　数字贸易将促进中小企业融入全球价值链

数字贸易将化解中小企业在传统贸易中的竞争劣势和区位劣势，促进中小企业进入新的国际市场，同时有助于其融入全球价值链。搜索、收集和处理国外市场信息是阻碍中小企业参与国际贸易的主要壁垒，而信息通信技术的发展有效缓解了国际贸易中的信息摩擦与信息不对称现象，极大地提高了中小企业参与并融入国际贸易的几率。根据 eBay 的数据统计，在传统贸易中，中小企业的出口参与率仅为 2％—28％，然而 97％以上的互联网中小企业都存在出口行为。[②]此外，在传统贸易中，受规模经济的制约，固定成本是阻碍中小企业和数字密集型产品参与国际贸易的重要阻力。[③]数字贸易剥离了固定成本（表现为在线搜索成本）与距离的相关关系，距离成本对数字贸易效率的影响程度仅为传统线下贸易的 35％。[④]

① Mandel，M. "Data，Trade and Growth"，TPRC 41：The 41st Research Conference on Communication，Information and Internet Policy，15 August 2013.

② WTO. "World Trade Report 2016：Levelling the trading field for SMEs"，Geneva：WTO，2016.

③ Broda，C.，and D.E.Weinstein. "Globalization and the Gains from Variety"，*The Quarterly Journal of Economics*，121(2)，2006：541—585.

④ Lendle，A.，M.Olarrega，S.Schropp，and P.Vezina. "There goes gravity：How eBay reduces trade costs"，CEPR Discussion Paper 9094，2012.

2.6.4　数字贸易将对各国就业产生显著放大效应

在传统行业中,数字化特征将以牺牲就业的形式提高企业生产率,进而增强本国企业在国际市场中的贸易竞争力。然而,"数字化"每摧毁一个工作机会,同时将在上下游行业或互补性行业中创造 2.6 个新的就业机会。[①]更为重要的是,在数字经济时代,产品和服务都以数字信号的形式存在,有形贸易与无形贸易的边界逐渐融合,可贸易品与不可贸易品的边界日渐模糊。各国可参与国际贸易、实现国际分工的服务和产品在广度和深度上均呈现出多样化特征,其所激发的"间接就业影响"将对各国就业产生显著的放大效用。[②]特别是中小企业作为最主要的就业岗位创造者,创造了全球 66% 的就业岗位和 86% 的新岗位。[③]随着中小企业成为数字经济时代的最大受益者,其对各国就业将产生显著放大作用。

---

①　McKinsey Global Institute. "Internet Matters: The Net's Sweeping Impact on Growth, Jobs and Prosperity", May 2011.

②　Frey, B.C., and E.Rahbari. "Technology at Work: How the Digital Revolution is Reshaping the Global Workforce", http://voxeu.org/article/how-digital-revolution-reshaping-global-workforce, 25 March 2016.

③　Ayyagar, Meghana, Asli Demirguc-Kunt, and Vojislaw Maksimovic. "Small vs. Young Firms across the World", World Bank Policy Research Working Paper 5631, April 2011.

第 3 章

2019 年世界经济发展新趋势

    展望未来两年,全球贸易摩擦升温、金融环境收紧、政策不确定性加剧以及新兴经济体金融市场波动等将拖累全球贸易和投资增长,导致全球经济发展的可持续性和包容性深受挑战。当下乃至未来一段时间,美国的单边主义和贸易保护主义做法已成为世界经济不确定性的根源。中短期内,世界经济增长预期乐观程度降低,经济企稳仍将面临多重挑战,增长将放缓。

    其中,发达经济体经济增长势头趋缓,美国经济增长步伐将随着政府财政政策作用力减弱而回归平庸常态;欧元区因"内忧"(重债高位)和"外患"(全球贸易摩擦冲击等),增长将不可持续;日本经济增长的制约因素来源于外部,经济较快增长势头或将被打破。新兴经济体因国际贸易、投资和金融环境的不确定性加剧,经济和政治风险总体偏高,增长势头或将减弱,各国经济走势也将明显分化。其中,依靠国际油价和大宗商品出口的新兴经济体,增长将面临极大的不确定性;高负债且严重依赖外需的新兴经济体,增长将面临货币危机的威胁;处于改革转型中的新兴市场大国,增长将稳中趋缓,其中,中国因追求高质量、更健康的经济增长方式,增长势头将有所减弱,但仍是全球经济增长的潜力区域。

    国际金融方面,非经济因素或将引发新一轮金融市场波动。值得警惕的风险包括:新兴经济体资本流动趋势性逆转风险、新兴经济体高债务即将到期引发的"债务—通缩"风险、美元短缺引发的全球流动性收缩导致新兴经济体货币政策分化风险等。

世界贸易方面,全球贸易摩擦或将导致贸易失速。具体有:全球制造业生产减缓将导致贸易扩张动力减弱,全球贸易摩擦正导致由美元主导的贸易格局逐渐改变,大宗商品价格或将出现下行压力从而阻碍贸易复苏。鉴于此,世界贸易增长将呈现降温趋势,尤其是制造业的放缓对贸易增长构成压力。

全球投资方面,虽然贸易保护主义或将蔓延至投资领域,全球投资增长面临障碍,但是新一轮产业革命或将重燃全球投资增长,其中全球制造业智能化趋势明显,将为未来的全球经贸合作创造新的空间,利于推动全球投资的复苏。"一带一路"建设继续为全球投资乃至世界经济发展提供新动能,也为全球投资提供广阔平台和更加良好的投资环境,中国对外投资也成为拉动全球对外直接投资增长的重要引擎。

3.1　世界经济:复苏动能减弱,不确定性阻碍恢复性增长步伐

2008 年全球金融危机爆发至今,世界经济虽有短暂复苏,但仍缺乏强劲动力支撑,尤其是近两年美联储货币政策收紧,全球贸易摩擦持续,并由此导致全球各主要经济体国内政策的不确定性,不仅降低投资和贸易规模,还会负向冲击金融市场投资者情绪,引发金融市场动荡,由此带来恶性循环,调低世界经济回归长期均衡的预期。2019 年世界经济增长景气程度面临下滑,增长动能转弱,风险点增多。这也印证了我们在 2018 年报告中的论断,即全球经济复苏并非是由技术革命支撑而来的内生性增长,而是由政策性推动带来的恢复性增长。[1]具体来看:

第一,从花旗经济意外指数[2]看,2018 年第一季度以来,该指标数值降为负值。截至 2018 年 11 月该指标一直呈下降态势,说明实际经济运行情况低于社会大众预期,全球经济景气程度将面临下滑。

---

[1]　见上海社科院世界经济研究所宏观分析小组《2018 年世界经济分析报告》第 3 章。

[2]　花旗经济意外指数,是一个观察和量化经济现状的指标。其定义为以历史为权重的意外数据标准差,就是实际发布的数据与调查的媒体预测数据之间的标准差,该标准差即被称为意外(surprises),这个指数以三个月移动加权平均值为基础进行计算,同时考虑到时间的衰减效应以使之符合对市场的有限记忆衰减。当其为正数时,表示实际经济情况好于人们的普遍预期。

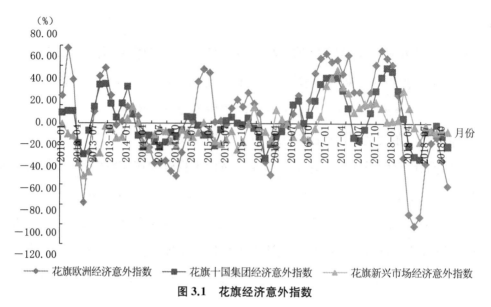

图 3.1　花旗经济意外指数

注:十国集团(G10)成员包括比利时、荷兰、加拿大、瑞典、法国、瑞士、德国、英国、意大利、美国、日本。

资料来源:Wind 数据库。

第二,从全球综合采购经理人指数(PMI)来看,2018 年 11 月摩根大通全球综合 PMI 为 53.20,虽然高于 50 的荣枯分水岭,但整体趋势是处于下降通道。这说明

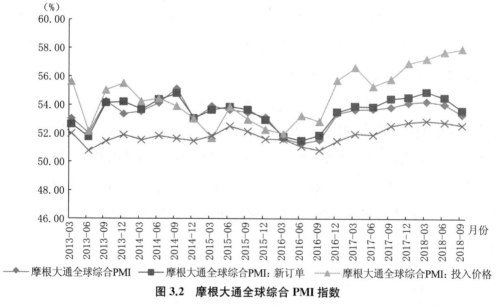

图 3.2　摩根大通全球综合 PMI 指数

注:该指标系列是由摩根大通与研究和供应管理机构所编制,结合约 20 个国家的调查资料,包括美国、日本、德国、法国、英国、中国和俄罗斯等主要国家。

资料来源:Wind 数据库。

制造业企业生产或将处于收缩状态,世界经济复苏尚未停滞,全球贸易规则不断变动,导致不确定性风险累积,企业都逐渐在推迟投资计划,出口订单或规模将不断降低。

第三,从全球贸易增长速度来看,全球贸易紧张局势将损害贸易增长势头。从IMF、世界银行和 OECD 的预测数据来看,未来几年全球贸易复苏势头将放缓,或将给全球生产带来较大的负面冲击,破坏全球供应链,世界经济复苏动力将进一步减弱。

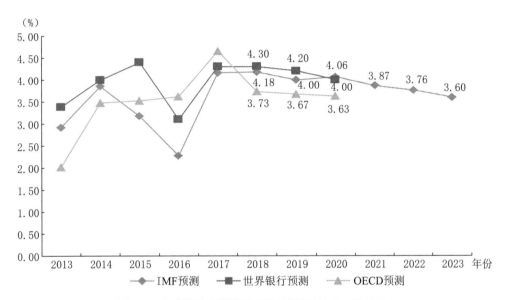

图 3.3　全球贸易实际增长率及其预测(2013—2023 年)

资料来源:Wind 数据库。

第四,从投资人恐慌指数(即 VIX 指数)来看,VIX 指数已经呈现加速上升趋势,凸显全球投资者避险情绪陡增,风险上行。此前这种情况仅分别出现在 2008 年全球金融危机爆发阶段、2011 年欧洲债务爆发阶段和 2015 年美联储宣布加息阶段等。由此可知,全球经济复苏的脆弱性加剧,在中长期内,这将对全球经济增长的持续性和稳定性造成负向冲击。

本报告认为,2019 年的世界经济将难以延续稳定复苏势头。从短期来看,由于以美国为主导的发达国家开启财政刺激,加大基础设施投资建设,导致大多数发达经济体的增长仍将在 2019 年保持小幅增长。从中期来看,由财政政策刺激导致的

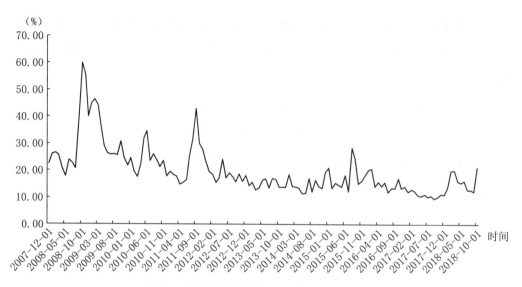

图 3.4　投资人恐慌指标 VIX 指数走势情况

资料来源：美国联邦储备经济数据库（FRED）。

基础建设投资增加，尚难以在中长期内维持全球经济稳定增长。然而，由于全球范围内存在着诸如劳动力增长趋缓、投资不确定性增加、全要素生产率难以大幅提升等问题，在新一轮技术革命到来之前，未来相当长一段时间内，全球经济均衡增长路径较危机前可能会下移，大宗商品和金融市场随政策摇摆，可能出现更大的波动。更为重要的是，从经济发展长周期角度来看，经济全球化是大势所趋，也是世界

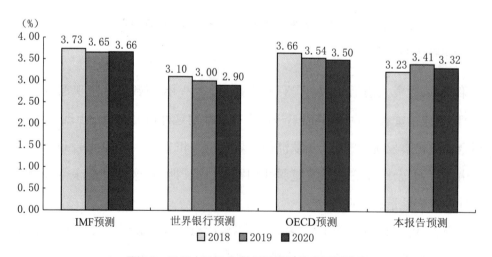

图 3.5　2018—2020 年世界经济增长率预测结果

资料来源：IMF 预测、世行预测和 OECD 预测数据来源于 Wind 数据库，余下为本报告预测结果。

经济发展的根本来源,合作与开放是经济维稳复苏的重要前提之一。据此,本报告认为,全球经济在2019年仍能维持缓慢增长态势,但是伴随着全球贸易摩擦对经济传导的加剧,不排除2020年将出现经济增长下滑的可能。因此,本报告预计,2018—2020年全球经济增长率将分别为3.23%、3.41%和3.32%。

3.1.1　发达经济体:增长稳中趋缓,或将不可持续

1. 美国:经济持续复苏,诸多风险值得警惕

短期来看,2019年美国经济将在财政政策惯性作用下继续保持复苏,由于复苏的根基更多是建立在基建刺激、减税效应和股市泡沫膨胀之上,本质上是对以政府背书为基础的经济干预的效果。因此,从中长期看,美国将在2020年逐步取消财政刺激,若美国经济在财政政策刺激下小幅复苏,并未带动内部经济健康运行,届时美联储货币加息周期将持续,经济复苏将难以为继,并随着政策作用力减弱而回归平庸常态。据此,本报告预计,2019年美国经济将延续2018年的复苏态势:财政政策带动基建投资继续支撑经济平稳增长,居民消费和出口稳定、投资者信心得以改善导致制造业持续增长、房地产业发展平稳,失业将继续维持在历史性低位。根据未经季度调节的数据,2018年美国第三季度GDP实际同比增速为2.7%,环比年化增速为3.5%,本报告预测2018年全年美国GDP增速维持在2.8%左右。在此形势

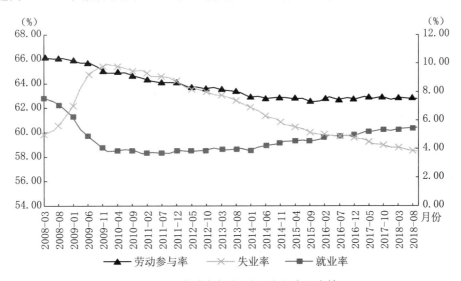

图3.6　美国劳动参与率、就业率和失业率情况

资料来源:Wind数据库。

下,劳动力市场继续保持良好发展态势。数据显示,2018 年 9—11 月,美国失业率维持在 3.7％的历史低位,月均新增非农就业人数为 17.9 万人。美国财政刺激、减税等推动了就业平稳增长和企业投资的顺周期性,在惯性作用下,持续稳定的就业形势会保证消费支出平稳增长,2019 年和 2020 年美国经济仍将维持高于往年的增长。然而,财政刺激效果在推行三年后将会逐渐衰减,而随之而来的是核心通胀中枢上行,美联储加息政策将不会立即终止,2019 年将维持加息 2—3 次的判断,对全球经济尤其是金融市场带来一定的负面冲击,这种冲击也会反作用于美国国内资本市场。

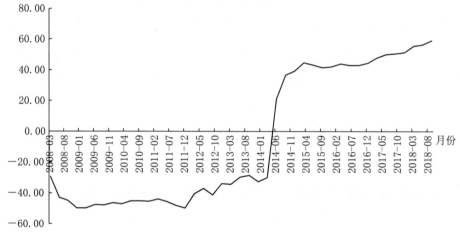

图 3.7　美国 ABC 新闻消费者信心指数

资料来源:Wind 数据库。

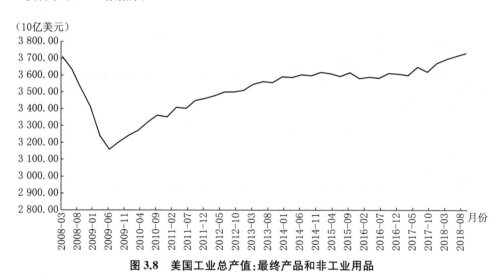

图 3.8　美国工业总产值:最终产品和非工业用品

资料来源:Wind 数据库。

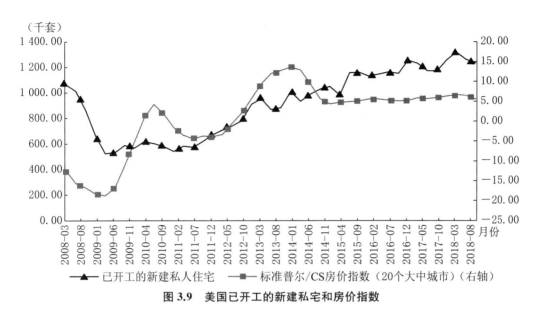

图 3.9　美国已开工的新建私宅和房价指数

资料来源：Wind 数据库。

美国经济增长虽能在短期内保持向上态势，但是仍将面临诸多风险：其一，美国挑起的中美贸易争端若升温，由此引发的不确定性将对美国经济增长造成伤害。另外，特朗普政府在监管、教育、基础设施等方面进展较慢，许多新政策实施力度也将不及预期。特朗普极力推行的贸易保护主义政策，已引发与多国的贸易摩擦和争端，并将招致其他国家的反制和报复措施，对美国经济增长产生冲击。其二，全球经济放缓可能导致美国股票和债券市场产生巨大损失，因为美国企业在海外的收入可能会大幅下降。这意味着对美国人财富和企业昂贵资本的冲击，甚至可能会引发企业资金链的断裂。其三，美联储加息步伐与长端利率的走势失衡，或将增加美国企业债务风险。当下美国企业资产负债表在低利率环境下整体风险较低，如果美联储加息节奏把握失衡，导致利率上升过快，不仅对实体经济融资成本产生冲击，还必将导致企业的偿债负担加重，在增长质量本身没有得以提高的背景下，是否会触发债务危机犹未可知。再加上，以减税为主的扩张性财政政策推高了美国债务风险。其四，特朗普政府的财政刺激方案是否会带来企业中长期投资，增强经济长期增长潜力，尚是个未知数。据此，本报告预计，2019 年和 2020 年美国经济增长率将分别达到 2.87％和 2.53％。

2. 欧元区:增长稳中趋缓,复苏面临"内忧外患"

2018 年欧元区经济并未能够维持 2017 年平稳复苏的步伐,经济增速暂时下降,欧洲经济两大主要引擎德国、法国经济增长也弱于预期,呈现下滑态势。主要原因或将来自内部和外部两方面:从内部自身来看,其中如消费者信心强弱带来的国内需求下滑,重债国再次暴露欧洲经济增长的脆弱性,仍处于谈判中的英国脱欧进程等,给仍处于恢复中的欧元区经济平稳增长带来威胁。从外部因素来看,全球贸易摩擦对外贸产生冲击,美联储货币政策正常化进程动摇欧洲央行维持低利率的信心,新兴市场金融波动对欧元区内部的传导等,成为影响欧元区经济复苏的风险源。整体来看,欧元区经济复苏势头开始减弱,经济增长或将难以维持 2017 年均衡态势,开始出现分化倾向,由于欧元区各成员国在资源禀赋、增长驱动力和金融风险高低等方面的不同,在增长降低的幅度上也略有不同。然而,欧元区经济增长也将存在有利因素支撑:一是欧美之间或将能够达成贸易协议,这将有利于改善欧元区经济增长的外部环境,重塑市场信心。二是经历过欧债危机,欧央行已经具备较强的风险管理经验,在面临外部金融风险冲击时能够有效稳定经济。

据此,本报告预计,中短期内,欧元区经济仍将维持增长,但长期来看,一些限制经济增长的"顽疾"尚未真正解决,如经济减债压力、实体经济缺乏新的增长点、结

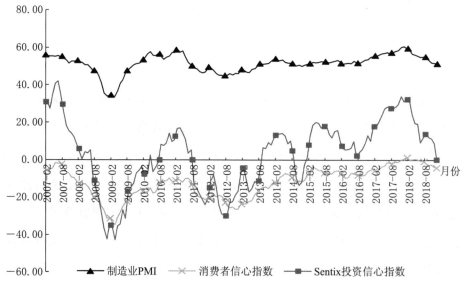

图 3.10 欧元区制造业 PMI、Sentix 投资信心指数和消费信心指数

资料来源:Wind 数据库。

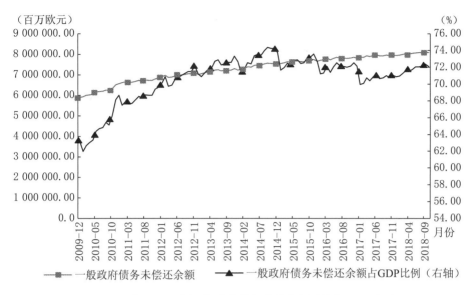

图 3.11　欧元区 19 国一般政府债务未偿余额及其占 GDP 比重

资料来源：Wind 数据库。

构改革步伐缓慢等，限制经济长期增长潜能。本报告预计，欧元区国家 2019 年和 2020 年经济增长将呈现稳中趋缓态势，预计增长率将分别达到 1.67％和 1.55％。

3. 日本：外部因素成为制约经济增长的关键

虽然日本近两年增长表现不错，逐步进入上升趋势，但是在国际大环境呈现不确定的前提下，日本经济较快增长势头或将被打破，其中如中美贸易摩擦升温、国内消费和投资信心不足、日元因避险需求被动升值、发达国家货币政策正常化下政府高负债压力等，都将威胁稍有起色的经济增长。一方面，从国际因素看，高度依赖出口的日本经济增长将因贸易保护主义加剧和贸易摩擦升温冲击增长向好势头。目前来看，截至 2018 年第三季度，日本国内生产总值现价当季同比降为－0.3％，继第二季度经济下滑以来进一步降为负数。从出口看，2018 年 9 月日本出口金额同比降为－1.34％，可见，外向型特征明显的日本经济正深受国际局势多变的影响。另一方面，从国内经济表现来看，消费和投资信心都呈现下滑态势（具体见图 3.12）。投资和消费信心不足将会对日本国内经济增长造成重要影响。其中日本人口老龄化严重的现状也使得日本国内消费市场潜力大大降低；同时，收入增长速度跟不上消费支出也将导致理性消费倾向显著降低。从企业层面来看，国际贸易格局的不确定性将导致企业面临的运营成本上升,减缓企业投资计划。鉴于此,本报告预计,2019 年和 2020 年日本经济将出现波动,延续缓慢增长态势,增长率将分别达到 0.76％和 0.43％。

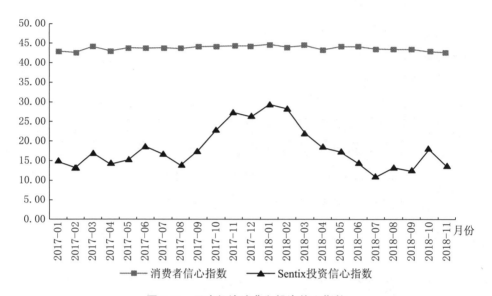

图 3.12　日本经济消费和投资信心指数

资料来源:Wind 数据库。

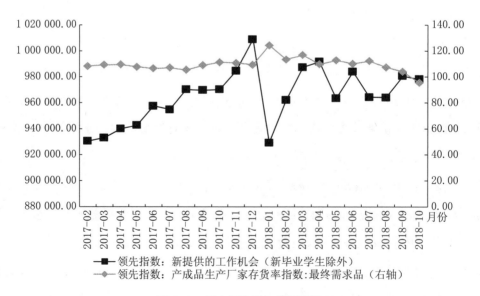

图 3.13　日本经济景气动向指数

资料来源:Wind 数据库。

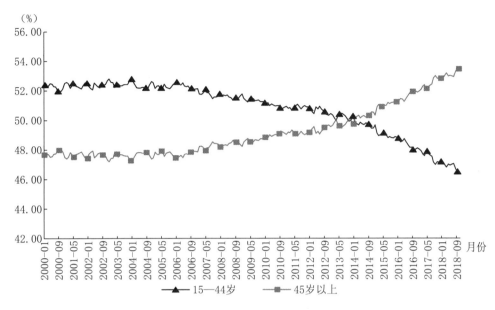

图 3.14　日本 15—44 岁和 45 岁以上就业人口占比

资料来源：Wind 数据库。

3.1.2　新兴经济体：增长势头或将减弱，不确定性和分化加剧

虽然新兴市场国家仍将是全球经济增长的重要引擎，但是，当下国际贸易、投资和金融环境的不确定性加剧，经济和政治风险总体偏高。其中，经济基本面较弱和国内金融风险较高的新兴经济体极易受到威胁，将导致新兴经济体在整体增长趋弱的前提下，各国经济走势也明显分化。国际贸易摩擦的紧张局势和发达国家进入加息周期的金融风险相互叠加，给新兴经济体国家经济增长带来显著压力。其中，依靠国际油价和大宗商品出口的新兴经济体的增长将面临极大的不确定性。高负债且国内结构性改革尚未见效的新兴经济体，经济增长或将面临货币危机，导致增长下滑。另外，如俄罗斯、伊朗、沙特、土耳其等深受国际政治危机影响的新兴经济体，增长放缓已是大概率事件。高负债且严重依赖外需的新兴经济体增长将面临货币危机的威胁；处于改革转型中的新兴市场大国增长将趋缓但仍是增长潜力区域。中国因追求高质量、更健康的经济增长方式，增长势头将有所减弱。本报告预计，短期来看，新兴市场 2019 年和 2020 年经济增长将放缓，整体增长率将分别为 4.59％和 4.31％，经济增长很大程度上得益于外部环境的改善，尤其是国际贸易

摩擦的消减和国际金融风险的降低等。具体如下。

1. 依靠大宗商品出口的新兴经济体增长将面临不确定性

全球生产积极性降低、投资信心和市场需求不足等不利因素将对大宗商品价格产生重要影响，出口大宗商品的新兴市场的经济增长将面临不确定性，若国际油价和大宗商品价格上涨，则以俄罗斯、巴西为代表的资源型新兴市场国家出口增长变强，经济保持温和复苏，然而若石油等大宗商品价格大幅下跌，则这类资源型新兴市场国家经济增长预期将恶化。因此，对于资源净出口国家来说，国际油价等大宗商品价格大幅上涨对国内财政和经济有利。

2. 高负债且严重依赖外需的新兴经济体增长将面临货币危机的威胁

这些资本市场开放度相对较高的新兴市场国家，对国际市场的依赖度较高，增长深受国际环境改变的影响，这部分新兴市场国家的经济增长将遭遇困境。当全球金融环境趋紧、发达国家纷纷收紧货币政策时，这些高度依赖外部市场的新兴市场国内经济发展的脆弱性将不断暴露出来。尤其是部分国家在 2018 年因货币大幅贬值而出现的金融动荡，凸显了其自身经济、金融市场的脆弱性，即经常账户长期赤字导致的国际收支失衡、大量以外币计价的外部债务、投资者因经济政策不当和政治不稳定而丧失信心等，经济增长的可持续性受到挑战。与此同时，需要注意的是，受国际贸易环境恶化、全球流动性收紧、汇率波动上升和避险情绪升高的国际金融环境影响，部分国家会否出现货币危机将是未知的，值得引起高度警惕。另外，这些新兴市场国家的国内银行信贷紧缩风险也在上升，融资条件将进一步恶化。这些都将阻碍 2019 年的经济增长。

3. 处于改革转型中的新兴市场大国增长将稳中趋缓

那些经济体量和国内市场需求潜力都较大的大国，经济增长或将趋缓。与上年度判断相同，虽然短时间内经济增长放缓，但是经济韧性较强。另外，为应对美联储加息的影响，其中如印度等国的货币政策走向或将趋同于发达国家。对中国来说，2018 年经济去杠杆等国内偏紧政策和追求高质量经济增长的目标成为经济增长放缓主因，2019 年最大的下行压力可能来自中美贸易摩擦和全球流动性逆转风险。然而，在新兴市场国家中，中国经济发展潜力依然较强，仍是引领全球经济增长的火车头，减缓只是经济转型过程中的必然现象。虽然近几年印度经济增长较快,但是其货币相对美元迄今已经贬值 15％,国内经济改革也深受影响。

3.2 国际金融:非经济因素或将引发金融市场波动加剧

3.2.1 非经济因素或将引发金融市场波动,谨防新兴经济体资本流动趋势性逆转风险

首先,由美国主导的全球贸易摩擦的影响或将在 2019 年对经济产生影响。目前,这一影响已经开始在欧洲、日本以及新兴经济体显现。另外,由地缘政治、美国制裁等非经济因素引发的金融市场波动,也将成为 2019、2020 两年金融市场波动的风险点。其次,美国特朗普政府减税等财政刺激政策对 2018 年经济增长起到一定的正面效应,但是随着以基建为主的项目不断完工,这种提振经济的效果也将在 2020 年逐渐减弱,加上因财政刺激导致的通胀上行,货币政策必将不断收紧,美国经济增长的可持续性面临较大挑战,全球经济复苏面临较大不确定性,也会影响金融市场参与者信心,引发美股乃至全球资本市场的波动。再次,2019、2020 两年需要重点关注跨境资本流动出现的趋势性逆转风险,尤其是新兴市场国家,需要关注因贸易摩擦导致资本流向的变动,需要特别关注的是资本流动趋势。根据金融危机演变路径,货币危机与资本外逃常常互为因果。鉴于此,部分新兴经济体在增强自身竞争力的同时,还需要降低自身对外部资金的过度依赖,转变片面追求外向型的高增长经济发展战略。值得注意的是,新兴经济体仍需要谨防汇率与短期国际资本流动的叠加效果给本国实体经济带来影响。

3.2.2 新兴市场高债务即将到期,或将引发"债务—通缩"风险

2019、2020 两年也将是新兴市场国家债务到期集中的年份。据相关数据显示,近 2 万亿美元债券和贷款将到期,并且非银行部门的外币债务占 GDP 比重已高达 14％。高负债到期后,对实体经济必将有所传导,或将引发"债务—通缩"风险。第一,债务的长期累积意味着借款者还本付息的压力增大,随着美联储货币政策收紧,资本回报率的边际递减,企业投资和消费支出都势必减少。第二,基于对借款

者资产负债状况恶化及高债务不可持续的担心,银行等贷款者往往收紧放款条件从而抑制融资需求,导致通货紧缩。第三,随着新兴经济体国内脆弱性的加剧,风险冲击将放大。国际清算银行(BIS)最新数据显示,截至 2018 年一季度,新兴市场国家的非金融企业部门杠杆率(即负债占 GDP 比重)已经升至历史峰值,高达107.70%(具体见图 3.15)。同时,不可忽视的是,政府部门和居民部门的杠杆率也在节节攀升。从全球整体债务规模来看,国际金融协会分析结果显示,截至 2018 年第一季度,全球债务已达 247 万亿美元,比全球经济总量 70 多万亿美元高出近 4倍。相较 2008 年危机爆发前,全球债务规模增加了 70 万亿美元。高杠杆水平下的实体经济将会对国际金融市场的波动变动更加灵敏。一旦风险偏好逆转导致金融市场的流动性风险,则可能触发实体经济的大规模违约风险,进而升级为系统性危机。其中,引发风险的源头是美联储货币政策恢复常态化进程,其中前瞻性风向标是美国联邦利率或长期国债收益率的变动。由图 3.9 可知,近期美国 10 年期国债收益率开始出现大幅飙升,这与 2008 年全球金融危机期间的走势有异曲同工之处,可以预见全球风险偏好开始逆转,对国际金融市场的担忧导致避险情绪陡增,全球金融市场是否会深度调整,将直接影响这些高负债国家的金融安全。

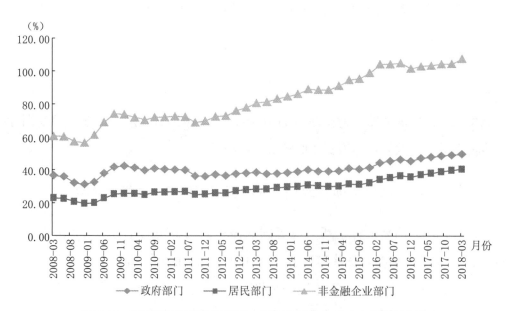

图 3.15　新兴市场国家政府部门、居民部门和非金融企业部门杠杆率

资料来源:Wind 数据库。

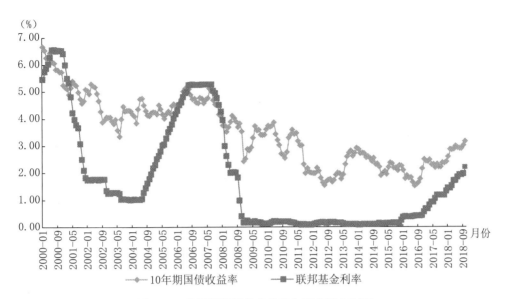

图 3.16　美国长期国债收益率和联邦基金利率

资料来源：Wind 数据库。

3.2.3　新兴经济体货币政策分化，美元短缺将引发全球流动性收缩

2019 年，美联储持续加息为全球货币政策奠定了主基调。受美联储加息影响，部分发达经济体相继加息，政策利率逐步向长期中性水平靠拢，而新兴经济体在选择应对国内经济增速下滑还是缓解资本外流压力的目标之间出现分化，采取了不同的货币政策措施。2018 年美联储已经连续加息三次，联邦基金目标利率已由 2008 年危机阶段最低 0.25％升至当下的 2.25％，上升了 2 个百分点。本报告预计 2019 年美联储至少加息两次。从发达国家来看，欧元区和日本正考虑退出宽松的货币政策。例如英格兰银行的政策利率已经由 0.5％升至 0.75％，加拿大央行的政策利率也已经由 1％升至 1.75％。由图 3.17 可知，2018 年主要发达国家 10 年期长期国债收益率逐渐上行，显示货币政策具有常态化倾向。①另外，新兴经济体货币政

---

①　一般而言，央行只能影响短期利率（例如隔夜拆借利率），而长期利率是由金融市场决定的。短期利率并不能够直接影响消费、投资以及出口，然而长期利率（一般一年以上）对消费和投资等会产生直接影响。货币政策由对短期货币市场发生作用开始，进而影响资本市场的长期变量进而影响实体经济。国债收益率反映了无风险的长、短期利率之间的关系，作为反映基准利率和期限结构的国债收益率曲线就成为货币政策态势的重要体现。央行通过国债收益率曲线及其变动来分析货币政策传导，通过货币政策的调整改变预期，引导和影响利率的期限结构。

策也呈现分化趋势。例如,在美联储不断"加息"的背景下,部分新兴经济体的经常账户盈余不断减少,本币贬值和资本流出压力与日俱增。这部分新兴经济体只能跟随美联储采取加息政策。其中如土耳其为了应对里拉危机,将国内政策利率由7.25%升至22.5%,印度尼西亚、印度和马来西亚等国也分别上调了国内政策利率。同时,还有部分新兴经济体为了适应本国改革转型的需要和缓解经济下滑的压力,采取了结构性宽松的货币政策。例如,巴西央行的基准利率已经由2015年的14.25%降至2018年的6.5%;中国央行保持稳健中性政策立场,利率中枢稳中趋降。

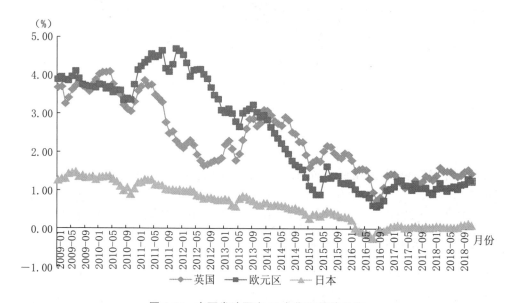

图 3.17   主要发达国家 10 年期国债收益率

资料来源:Wind 数据库。

3.3   世界贸易:全球贸易摩擦或将导致贸易失速

3.3.1   全球制造业生产减缓将导致贸易扩张动力持续减弱

2019 年全球贸易争端和需求走弱共振下,世界贸易增长将呈现降温趋势,尤其是制造业的放缓对贸易增长构成压力。根据 IMF 和世界银行预测数据,2019 年和2020 年全球贸易实际增长率将呈现缓慢下滑态势。其中,全球工业生产增速降低也是解释全球贸易增长放缓的重要原因之一。从摩根大通全球制造业 PMI 指数可以看出(见图 3.19),自 2018 年以来,全球制造业 PMI 指数降幅明显,可能的原因是贸易摩擦带来的不确定性导致商业信心降低,贸易商品投资的回报已变得不那么确定,如果出口企业通过降低价格来补偿关税,则会影响利润率,这就导致部分企业减缓生产计划。

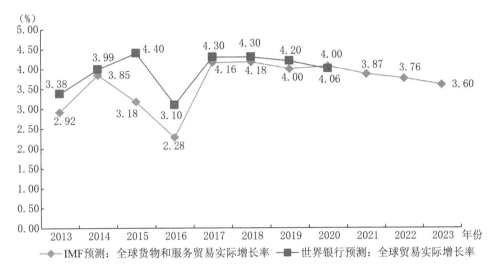

图 3.18 全球贸易增长情况预测(2013—2023 年)

资料来源:Wind 数据库。

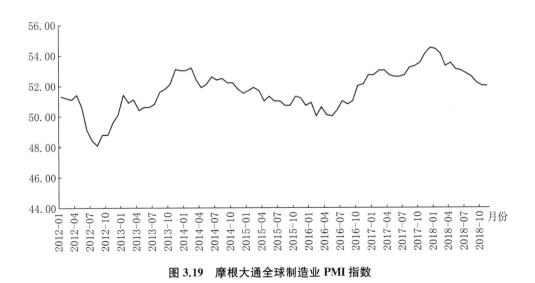

图 3.19 摩根大通全球制造业 PMI 指数

资料来源:Wind 数据库。

3.3.2　全球贸易摩擦正在逐步改变由美元主导的贸易格局

在美国利益优先的前提下，2018 年美国与欧洲、加拿大和中国等国都存在不同程度的贸易摩擦，若这种贸易摩擦趋势不断扩大或恶化，不仅会扰乱正常的国际贸易秩序，还会打击缓慢复苏的贸易增长态势，成为全球经济增长的重要威胁之一，各国经济增长也将为此付出巨大代价。美国如果继续这种贸易单边主义行为，终将导致以美元为主导的国际贸易秩序变得不可持续，建立非美元为主导的贸易结算方式将是大势所趋。对新兴市场国家而言，由于贸易结算长期依赖美元，美元汇率波动成为影响这些国家产生贸易风险的重要因素之一，甚至传导至本国金融市场。2008 年全球金融危机爆发至今，美元、欧元和英镑等发达国家储备货币多次出现不同程度的动荡，尤其是美国出台大规模量化宽松政策，导致美元贬值，冲击各国贸易。因此，寻求建立非美元结算方式成为新兴市场国家摆脱陷入美元结算"路径依赖"的重要且可行的方法。例如，中国目前已经与多国签订货币互换协议，在国际贸易中使用人民币计算的比例在提高。在国际贸易中使用非美元的贸易结算，不仅能够加快各国之间双边贸易规模，还会尽量降低因汇率波动带来的负面冲击，扭转美元主导国际贸易结算带来的不平衡。

3.3.3　全球大宗商品价格或将出现下行压力阻碍贸易复苏

通常情况下，全球贸易政策、各国汇率变动以及资本市场风险状况，都将显著影响大宗商品价格走势。同时，全球经济增长转弱，需求下行压力增大，全球贸易摩擦也将长期存在，中东地区的地缘政治风险增加等，都会对原油价格产生冲击，导致油价出现大幅波动。另外，以美国为代表的发达国家货币政策回归常态，美元走强，也会导致黄金等贵金属价格难有上涨空间，黄金等贵金属价格或将呈现震荡走势。例如，代表大宗商品市场走向的波罗的海干散货指数（BDI）近期持续走低，尤其是 2018 年底至 2019 年初，由 2018 年 7 月最高 1 773 点，下滑至 2018 年 11 月最低 1 003 点，跌幅达 43%。在全球产能出现过剩、各国政策不确定性加剧的情况下，大宗商品价格或将维持低位，这增加了全球通货紧缩的预期，促使消费者推迟购买行为，对全球贸易复苏产生一定的压力。

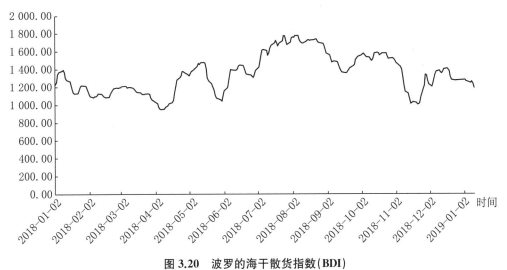

图 3.20　波罗的海干散货指数(BDI)

资料来源:Wind 数据库。

3.4　全球投资:新一轮产业革命或将重燃全球投资增长

3.4.1　贸易保护主义蔓延至投资领域,全球投资增长面临障碍

在国际竞争加剧的背景下,各国政府为了维护自身利益,不断进行政策博弈、较量与碰撞,全球经贸关系摩擦由此升级,保护主义由贸易向其他领域蔓延。在全球贸易前景不明的前提下,各国为保障自身利益而寻求建立更有效甚至更强硬的应对措施和谈判策略,其中如外商投资审查普遍趋严。各国对外资收购叫停的案例明显增多。例如,2018 年 5 月,加拿大政府以国家安全为由叫停工程基建公司收购案;6 月,英国政府出台《英国外商投资审查新规》,叫停北方航空并购案;7 月至 8 月,德国政府先后拒绝两宗中资企业收购案等。七国集团成员皆已制定了外国投资或公共利益的相关制度体系,尤其是日本、德国、英国和美国,近期相继出台外商投资政策新标准,法国、德国等还酝酿进一步加强自身外商投资审查框架。可见,启动外国投资审查机制已是大势所趋。正在兴起的投资壁垒和关税壁垒对全球投资的恢复性增长将带来负面影响。

3.4.2 全球制造业智能化趋势明显，将重塑全球投资增长格局

全球范围内的产业革命,不仅直接影响了全球的产业布局,也深刻塑造了全球投资生产格局,其中智能制造的发展趋势将为未来的全球经贸合作创造新的空间,利于推动全球投资的复苏。例如,第一次工业革命推动了全球范围内的商品和原材料的贸易规模剧增;第二次工业革命加速了经济全球化进程,全球产业分工业加快呈现网络化趋势;第三次产业革命加速信息、技术和资本在全球流动,各国都在进行以智能制造为主的制造业升级优势培育,如美国实施"制造业回归"计划,德国推出"工业 4.0",日本探索"超智能社会",这些都代表未来制造业发展趋势。随着新一代通信技术加速向生产和消费领域全面渗透,全球生产方式和消费模式得以重新定义,全球范围内制造业智能化的趋势日渐明显,全球贸易格局也将悄然改变。总体而言,制造业高端化演进趋势将扭转制造业生产低迷态势,加快全球资本流动,为全球经贸复苏带来新活力。在智能制造发展的趋势下,各国的比较优势将有所改变,通过务实合作,增强全球投资和生产的包容性。同时,智能制造加速了制造业和服务业的融合,相应地推动了全球商品贸易和服务贸易的融合。在产业深度融合的领域,将会涌现出大量的创新创业活动,为世界经济新一轮增长带来活力。

3.4.3 "一带一路"建设带动全球投资,发展中国家引领作用增强

"一带一路"建设为各国投资和生产提供广阔且优良的投资平台,致力于加强各国经济增长动力,成为推动全球投资乃至世界经济增长的新动能,其中,中国对外投资也成为拉动全球对外直接投资增长的重要引擎。"一带一路"倡议实施五年来,中国与"一带一路"沿线 140 多个国家展开经贸往来,签署共建"一带一路"合作协议。国家统计局发布的《2017 年国民经济和社会发展统计公报》显示,"一带一路"沿线国家对华直接投资金额 374 亿元(折合 56 亿美元);对华直接投资新设立企业 3 857 家,增长 32.8%。中国对"一带一路"沿线国家直接投资额 144 亿美元,进出口总额 73 745 亿元,比上年增长 17.8%。虽然当下新兴市场国家经济增长普遍呈现放缓态势,但难以改变这些国家的整体发展潜力与经济活力。发展中国家在增长动能和投资回报方面具有较高的吸引力,仍将是全球资本大规模流入的必争之地。

第4章

世界百年未有之大变局及其应对

　　国际金融危机爆发至今已有十年,但世界经济依旧在逆全球化挑战中艰难前行,复苏之路曲折不断、变数增多。2017 年世界经济实现相对强劲复苏,呈现触底回升、复苏向好之势;但 2018 年来势汹汹的全球贸易纷争,让全球经济复苏前景再次变得扑朔迷离。OECD、IMF、世界银行等多个权威机构和组织都相继发出警示,贸易摩擦加剧将严重拖累甚至就此"终结"全球经济来之不易的复苏向好进程,贸易战阴云笼罩下的世界经济可能重新回到此前的低迷和"平庸"之态。

　　回望跌宕起伏的危机十年,世界经济发展中的确出现了不少值得期待的新动能、新亮点、新变化和新趋势。但更令人担忧的是,不稳定、不确定和不可预测因素亦明显增多,各种形式的"黑天鹅""灰犀牛"事件层出不穷。相比十年前,世界格局和国际秩序也已是天翻地覆,那个熟悉的"地球村"似乎正离我们渐行渐远,民粹主义、保护主义、单边主义在全球范围内沉渣泛起,自由贸易和经济全球化逆风劲吹,结构性改革进展缓慢,地区热点、恐怖主义、难民移民等问题和挑战此起彼伏。另一个值得关注的变化是,过去十年来,国际力量对比格局出现重大转折,国际规则、国际秩序、国际体系、大国关系也都在发生深层次的变化与调整。变动中的世界向何处去? 我们应当建立一个什么样的世界? 中国在这个变动中起到何种作用? 这是中国过去、现在和未来发展中的重大问题,也是国际社会关心和聚焦的重大问题。

面对乱云飞渡、变幻莫测的世界,习近平总书记高屋建瓴地指出,"当今世界正处于百年未有之大变局"。这一论断从世界大势和时代变革出发,深刻地揭示了转型过渡期国际形势的演变态势,概括了历史交汇期中国外部环境的基本特征,具有丰富内涵和重要意义。所谓世界大变局,其本质是世界秩序的重塑,而核心是世界权力的重新分配。我们认为,这一百年变局,既意味着对世界经济持续繁荣做出重大贡献的经济全球化进程已发生深刻转变,也意味着支撑全球经济长期稳定发展的多边主义体制正酝酿深刻调整,更意味着现有国际体系和全球秩序亟待深刻转型和重塑。

着眼于未来 30 年世界经济和人类社会的长远发展,历史性大变局带来的必然会是全方位、根本性的大调整大变革,将从技术、结构、规则、体系等各个层面深刻影响未来较长时期的世界经济走势和经济全球化进程,这种影响的深度、广度、力度也将是前所未有的。面对当今世界的发展变革,中国将继续高举经济全球化、贸易自由化大旗,以"一带一路"国际合作为平台和抓手,携手各国共同推动构建人类命运共同体和新型国际关系,为世界经济持续繁荣和全球化深入发展提供体现中国智慧的中国方案。对中国来说,世界大变局中"危"和"机"同生并存,总的来看,中国发展仍处于并将长期处于重要战略机遇期。

4.1 经济全球化进程发生深刻变化

世界变局百年未有,其中首要之变就在于过去数十年来对世界经济繁荣与发展做出重要贡献的经济全球化,在经历上一轮近 20 年的快速发展之后,目前陷入了逆全球化甚至反全球化等一系列问题的严重困扰和冲击。应当说,经济全球化作为社会生产力发展的客观要求和科技进步的必然结果,其发展的总体趋势没有变,引领发展潮流的作用没有变,促进各国经济发展的发动机作用没有变。[①]全球化仍然是发展大势所趋和历史潮流,不管是全球化的倡导者还是参与者,都获得了全球化发展所产生的巨大红利。但也不能否认,全球化进程正在发生前所未有的深刻

---

① 张磊：《经济全球化仍是世界发展大趋势》，《人民日报》2017 年 2 月 9 日。

转变,传统的全球化无论在内容和形式、规模和结构,还是速度和节奏、动力和机制等方面都将产生深刻调整。①未来经济全球化需要以新科技革命和新产业变革为契机重塑全球化发展的新动力,更需要对全球化发展模式进行一定的修复与调节,在不断修复、调节和创新中构建更加平等、开放、包容的全球化发展新机制,以此推动新一轮经济全球化的继续深化与发展。而这些重大变化无疑将对整个世界经济的运行机制、发展动力、演进路径及未来走向等带来深远影响。

4.1.1　经济全球化趋势正受到逆全球化现象的干扰和冲击

回望历史,虽然经济全球化发展的初期伴随着西方殖民主义的扩张与掠夺,但从客观上而言,经济全球化不仅推动了全球生产体系的兴起,带来了全球经济繁荣、财富逐步增长和民众生活的普遍改善,也成为促进世界经济社会发展、实现各国人民幸福安康的全球性路径。②

但是,本轮全球化在经历近 20 年快速发展后,出现了一股反对全球化的声音和思潮,经济全球化是否带来双赢甚至共赢的认识遭到不断质疑和挑战。由于迄今为止的经济全球化模式主要由发达国家和传统跨国公司主导,一些传统的全球经济治理体系陷入制度性困境,甚至越来越无法适应全球化的深入发展和世界各国的普遍期待,因此不可避免地暴露出诸多弊端。经济全球化的不充分、不平衡发展不仅造成了新的社会贫困、冲突和不平等现象,而且也造成全球发展失衡加剧、贫富分化和分配不公增大、国际冲突风险上升、国内社会矛盾激化等负面影响,直接助长了极右翼政治力量的地区性崛起和民粹主义的全球性泛起。特别是当前全球经济面临增长速度迟缓,发展动能不足,普惠程度不够,不确定性不稳定性因素增多,经济下行的风险明显加大,多边主义与单边主义的较量趋于激烈。③

与原来反对全球化的力量主要来自发展中国家不同,当前主要是以美国为代表的发达国家纷纷出现了民粹主义和贸易保护主义现象。特别是在特朗普当选美国总统后,美国国内出现了贸易保护主义、退出 TPP 多边体系、走向双边乃至单边主义发展的新趋势。在“特朗普新政”冲击下,美国从原来鼓励企业进行全球化跨

---

① ③　权衡:《经济全球化发展:实践困境与理论反思》,《复旦学报》(社会科学版)2017 年第 6 期。
②　吴志成:《经济全球化砥砺前行》,《光明日报》2018 年 11 月 13 日。

国经营转向鼓励企业向本国回流,通过税收等措施推动制造业回归美国本土。作为这一轮全球化发展和自由贸易的主导者,美国正在转向贸易保护主义,这必然会给经济全球化、跨国公司国际投资、国际贸易发展等要素流动带来负面冲击和影响。[①]IMF 的数据显示,2015 年全球实施的限制性贸易措施达到 736 个,同比增加 50%,是自由贸易促进措施的 3 倍;从 2008 年到 2016 年,美国对其他国家共采取贸易保护措施 600 多项,大约每四天出台一项,位居世界之首。[②]这就充分说明,经济全球化和世界发展正在陷入贸易保护主义的困惑和陷阱。

无论如何,逆全球化现象既不符合世界经济发展的实践要求,也不符合经济学的逻辑。全球化从来都有积极和消极的两面性,当前背景下全球化的困局,其原因不在于全球化发展的本身,而是由于世界经济复苏缓慢甚至长期衰退引发的一系列问题和矛盾,且全球化机制使得这些问题和矛盾进一步放大。笔者认为,经济全球化进程中存在的不足并不能遮蔽其积极性和进步性,而是提出了需要解决的问题和促进经济全球化健康发展的着力点。发展失衡、治理困境、数字鸿沟、公平赤字等问题都是前进中的问题,我们真正需要的是正视并设法解决这些问题,而不能因噎废食。以全球化存在缺陷为借口而从根本上否定全球化,甚至把本国内部存在的矛盾和问题归咎于经济全球化或其他国家,显然是错误的,也很不合常理。[③]

4.1.2 经济全球化在形式和内容上将面临新的调整与修复

大量理论研究和实践均已表明,经济全球化的确是一把双刃剑,既为全球发展提供了强劲动能,也带来了一些新情况新挑战。特别是新一轮科技和产业革命正孕育兴起,国际分工体系加速演变,全球价值链深度重塑,这些都赋予了经济全球化发展新的内涵和意义。而正是因为上一轮全球化机制无力或没能解决好这些新挑战、新矛盾和新问题,才引发和导致全球化反对者日益增多。

第一,没有解决好世界经济增长动力不足的问题。近年来,全球经历了两次泡沫经济,一次是 IT 泡沫,资本的泛滥式繁荣使得科技创新泡沫化;另一次则是金融

---

① 权衡:《经济全球化发展:实践困境与理论反思》,《复旦学报》(社会科学版)2017 年第 6 期。
② 樊畅:《当今世界经济拒绝"逆全球化"》,《北京日报》2016 年 10 月 26 日。
③ 任理轩:《逆全球化违背时代潮流》,《人民日报》2018 年 10 月 18 日。

和房地产泡沫。其间，每一笔资本都面临着进入实体领域还是进军金融和房地产领域的选择。资本具有天生的逐利性，如果金融和房地产获利比实体经济领域丰厚，资本就会自然而然大量涌入金融和房地产领域。正因为如此，才最终导致了美国等西方国家经济和产业的日益空心化。人们都希望生活在一个越来越开放的国际环境中，但资本如果都涌入金融和房地产泡沫，世界经济增长的动力将不断衰竭，这也就意味着离新的危机不远了。①

第二，没有解决好全球性收入不平等和发展失衡问题。在本轮经济全球化发展进程中，全球性收入不平等和财富分配不公问题，不仅在发达国家与发展中国家之间进一步扩大，而且在发达国家内部、发展中国家内部同样也有所表现。法国经济学家托马斯·皮凯蒂在其《21世纪资本论》中分析指出，整个21世纪全球范围的不平等已经并将继续上升，尤其是美国、欧洲等发达国家和地区内部财富集中度日益增加。不仅如此，全球范围内，国家与国家之间，尤其是发达国家与发展中国家之间普遍出现的发展不平衡问题也日益突出。全球化加快世界经济增长，做大了世界经济"蛋糕"，但是全球化的"大蛋糕"和收益如何分配、如何在国家之间合理分配、如何在一国内部合理分配，显然是值得思考的现实问题。本轮全球化发展至今，之所以出现"逆全球化"思潮即反全球化趋势，关键问题就在于全球化的收益分配问题没有解决好，全球化发展加快的同时，发展失衡问题也日渐突出，全球化发展中出现的不平衡、不包容、不公平的问题，制约了经济全球化健康和持续发展。②

第三，没有解决好新兴经济体和发展中国家的国际权力分配问题。本轮经济全球化发展的最大特点之一，就是发展中国家被卷入国际分工体系和经济全球化进程中，经济全球化发展的规模和范围发生空前变化，特别是包括中国、印度等在内的金砖经济体、东盟经济体等许多新兴经济体的崛起和发展，使得更多新兴市场力量都参与到了经济全球化中。在此过程中，这些新兴经济体的利益诉求、国际地位、权利和义务以及它们和发达经济体之间的合作关系、力量对比等也逐渐发生变化，这必然会引发对现行国际政治经济秩序、全球经济治理体系等诸多影响全球化发展的深层次问题的思考。目前来看，随着中国、印度等大国的崛起及其他发展中

---

① 张燕生：《经济全球化没有解决好的三个问题》，《环球时报》2018年8月29日。

② 权衡：《消除全球性收入不平等，应对逆全球化思潮》，《社会科学报》2018年8月23日。

国家经济的快速发展,如何更好地体现它们在现行国际关系中应有的地位,如何发挥这些新兴经济体在全球化进程中的积极作用等,仍然尚未明确和定型。这也是经济全球化发展至今不得不正视和认真解决的重大问题,否则必然会影响全球化的健康和可持续发展。

第四,没有解决好全球化进程中日益突出的各种全球性问题。进入 21 世纪以来,一方面经济全球化发展进程继续加快,但另一方面,全球化发展中也不断涌现出许多新挑战和新风险,如全球性的人口老龄化、资源环境保护、能源发展等问题,这些问题造成全球化的可持续性面临不确定性;特别是全球水资源保护、世界能源转型、全球气候变暖、生物多样性保护、全球恐怖主义蔓延、互联网和新技术革命与人类未来发展等重大问题,都需要全球性的合作与发展。但目前看来,经济全球化对这些问题本身也带来了"双刃剑"作用。如何客观认识全球化自身发展带来的新问题,如何解决人类共同面临的全球性议题和发展的共同问题,也是经济全球化发展到今天面临的重大挑战。

上述这些都是上一轮全球化始终未能有效解决或没有得到充分重视的重要问题,也是新一轮全球化发展中无法回避的重要内容。因此,经济全球化未来的发展内涵、发展速度、发展结构亟待发生深刻调整,全球化发展模式需要修复,未来全球化发展的规模、速度和节奏需要进行一定的调节。尤其在理念上应更加注重开放包容,在方式上更加注重普惠平衡,在效益上要更加注重公正共赢,在调节、修复和完善中构建更加公平、更加包容性发展的经济全球化发展模式。

4.1.3 经济全球化发展动力和机制亟待进一步完善与创新

第一,新技术革命和产业变革重塑经济全球化发展新动力。全球化发展需要以创新为推动力。科技创新、制度创新等是推动经济全球化发展的内在动力。全球化主要是依靠跨国公司为主体,推动研发技术与科技全球化发展和扩散,形成技术、研发、人才、知识等高级生产要素在全球流动和配置,通过产品贸易、技术等服务贸易,不断扩大技术和知识的溢出效应,从而极大提高全球技术进步率,使得世界经济增长建立在提升全要素生产率基础上。历史发展表明,上一轮全球化之所以快速发展,直接的动力就来自两次世界科技革命。当前,世界经济正处在深度结构调整的关键时期,也是世界经济处在新旧周期之变的关键时期;信息技术发展以及互联网、云计算、平台模式、大数据、人工智能等正在孕育着新一轮技术革命;世界范围内的产业创新、升级转型,正在催生新产品、新产业、新模式和新周期的诞生,全球化发展亟待新的增长动力,亟待新一轮要素创新、产品创新、技术创新、管理创新、品牌创新,通过技术创新重新塑造驱动新一轮世界经济增长的生产函数和条件。[①]

互联网发展和新技术革命将重塑经济全球化的新动力。互联网时代,经济全球化发展将呈现新的形态和组织方式。如果说上一轮经济全球化发展主要以依靠跨国公司推动的生产一体化、贸易自由化和金融国际化为主要特征,形成全球化国际分工体系和全球价值链体系,那么未来全球化发展将依托互联网和信息技术、人工智能、平台经济、网络创新等重大技术革命,推动全球化资源配置方式发生深刻变化。经济全球化发展除了原有国际分工体系深化和市场机制的推动作用之外,互联网技术、大数据发展、平台经济、云计算等也会在全球化发展进程中影响资源配置和企业全球化生产经营战略布局;新技术、新模式将重塑未来经济全球化的内在动力和外在形态。世界经济将在新一轮经济全球化和新技术革命的推动下,进入新的康德拉耶夫长周期。

第二,全球经济治理体系及其完善有助于重构全球化发展新机制。经济全球化的可持续发展依赖于一个更加有效的治理体系。面对本轮全球化发展失衡及其诸多问题,除了经济全球化自身修复机制以外,更多的则是要建立一个更加公平合理、体现合作共赢的全球经济治理体系。全球治理体系及其完善有助于形成更加包容和可持续的全球化发展机制。当今世界需要建立一个互补性的全球化发展机制,包括尽快建立互补性而非替代性的全球投资、国际贸易和货币金融的新规则和新体系;需要创新全球治理机制,完善 G20 峰会、金砖国家峰会、世界银行与国际货币银行等机构与组织的协调机制,确保全球化发展真正对世界发展有利,对各国经济和社会群体有利,尽可能减少全球化的反对者,扩大全球化的支持者。

[①] 权衡:《经济全球化的内在规律和发展方向》,《学习时报》2018 年 11 月 30 日。

此外,新兴经济体和发展中国家在全球治理体系中的话语权不断提升,将在未来经济全球化发展中进一步发挥有力推动作用。未来,新兴经济体和发展中国家仍然是加速全球化发展的重要推动者和参与者。随着世界经济多极化发展趋势,经济全球化的动力必将更加多元化,尤其是发展中经济体的崛起及其参与经济全球化,必然会继续成为未来经济全球化的推动者。要推动发展中经济体转变经济发展方式,从要素驱动型经济增长走向创新驱动型经济增长,以更加具有国际竞争力的增长方式参与并推动经济全球化,为全球化发展提供新的可持续动力。与此同时,随着发展中国家的整体性崛起,国际体系和大国力量对比将会发生新的变化,未来的全球化发展规模、速度等必将适应和反映这种新的国际力量的崛起和对比特征,未来经济全球化发展将更加平衡、更具有活力。

4.2　多边主义规则体制出现重大转向

当前,世界百年变局中面临的另一历史性重大转变,就在于作为第二次世界大战后国际秩序重要基石、全球治理关键支柱、和平与发展重要保障的多边主义规则和自由贸易体制,正随着美国等部分发达国家重拾单边主义、孤立主义和保护主义而遭遇巨大挑战,国际经贸投资规则和全球经济治理框架日益呈现出深度调整与加速重构的发展态势。这一历史性的深刻变化,不仅加剧了全球经济增长的不确定性,对现有国际秩序和治理框架也会造成诸多负面冲击,必将给世界经济发展和全球化进程带来重大调整和变革。尤其是在世界面临百年变局的当下,多边主义是否已经失效? 国际规则体系何去何从? 世界究竟需要什么样的规则和秩序? 这些重大问题尤其值得我们进行深入思考和反思。

4.2.1　美国接连"退群"使多边主义面临退潮风险

自第二次世界大战以来,世界经济实现了前所未有的快速发展,而世界贸易增速又快于世界经济的增长速度,说明贸易交换是世界经济增长的发动机,也是经济全球化的主要推动力。世界贸易的快速发展主要源于两大支柱的支持:一是基于开放发展的国别政策;二是以规则为基础的多边贸易体系。前者的核心理念是开放和参与可以获益,有助于经济发展;后者的功能则是多边体系下的交易有章可循。①多边贸易规则的基本原则,一是非歧视性,即市场开放对所有成员适用;二是遵守规则,出现贸易争端可以借助多边机制加以解决。这些原则有助于防止成员采取差别性贸易政策和单边保护措施。尽管全球范围内也曾出现过不少贸易战,但多边体系的基本框架总体是受到维护的,且在多边框架下,通过多轮贸易谈判,使世界市场的开放度越来越大,规则的涵盖范围也越来越广,扩及与贸易有关的投资行为。正因如此,多边主义原则越来越成为国际社会的共识,对世界和平与发展具有重大意义。

但冷战结束尤其是 2008 年金融危机爆发后,传统西方强国的发展面临不少困难,而新兴市场国家和发展中国家发展速度加快、综合实力和国际影响力不断上升。面对经济全球化中出现的问题和国际力量对比的变化,一些西方国家将国内经济衰退和社会矛盾激化归咎于经济全球化和自由贸易,单边主义和贸易保护主义抬头,甚至回归狭隘的国家主义,国际合作意愿开始减弱。②特别是特朗普就任以来,美国陆续退出 TPP、联合国教科文组织、联合国人权理事会、《巴黎协定》、万国邮政联盟、伊核协议等多项国际协定和多个国际组织,还质疑或威胁退出 WTO、《中导条约》、北约组织等。此外,美国放弃在多边体系下协商的方式,开始同贸易伙伴重新展开一对一谈判,并单方面挑起同中国、欧盟、日本等全球众多伙伴国的贸易争端。由此看来,从多边主义后退已成为美国外交的显著特征。

美国等部分西方国家的"退出主义"行为和保护主义行径,在某种程度上意味着全球正进入一个全面收缩阶段。政治的力量在切割过去几十年来所形成的全球经贸有机联系。其背后的原因是在原有经贸体系中各国的收益不对等,特别是美国认为中国是最大受益者而美国没有实现预期收益和最大利益。因此,美国开始抛弃原来的体系,另起一个体现"美国第一"的经贸框架。其目标显然主要是针对中国,既对中国直接施压,又与其他经济体达成双边协定,从而将中国排斥出美国主导的经贸体系,同时在同其他国家的双边经贸关系中占据先手。

---

① 张蕴岭:《如果没有了多边体系规则,将会怎样》,《世界知识》2018 年第 8 期。
② 吴志成:《多边主义是人心所向》,《人民日报》2018 年 10 月 8 日。

表 4.1　特朗普上任以来美国"退群"情况一览

协议名称	签署时间	美国的行为
《中导条约》(IFT)	1987 年	威胁退出
《巴黎协定》	2015 年	退　出
《跨太平洋伙伴关系协定》(TPP)	2016 年	退　出
《美韩自贸协定》(KORUS)	2012 年	重新谈判
《北美自贸协定》(NAFTA)	1994 年	重新谈判
七国集团(G7)	1975 年,2014 年	要求俄罗斯加入
联合国人权理事会	1946 年	退　出
联合国教科文组织(UNESCO)	1945 年	退　出
伊朗核协议	2015 年	退　出
北大西洋公约组织(NATO)	1949 年	质　疑
世界贸易组织(WTO)	1995 年	威胁退出

随着美国单边主义和保护主义的抬头,多边主义作为全球治理的关键支柱,正面临退潮的风险。其中最关键和根本的原因恐怕还在于,现有的国际多边规则体系的确越来越难以适应当前世界经济发展的新形势。尽管其中一些基本原则仍然像过去一样有力,例如以多边而非双边方式解决问题的原则为基础,但另一些原则已经明显与当前的时代要求脱节。比如,现代的全球价值链和跨国服务贸易高度复杂、精细,而既有的国际贸易谈判流程已经无法处理其中的问题。再如,根据发展水平对各国进行分类的做法也逐渐失效,因为一些国家既有一流的跨国企业也有落后的经济区域。此外,多边规则和体制在客观上缺乏灵活性和弹性,单个国家的利益难以完全体现。这也是为什么 WTO 多哈谈判屡遭失败,TPP 也因特朗普认为"美国在多边体制让步太多"而遭否定,更是英国寻求脱欧的原因所在。①反过来,如果退回到双边体制,则会因为双边协定中大国与小国的地位不平等而难以体现公平谈判,难以形成真正合理、公平的规则和治理体制。

尽管现有多边体制和框架存在这样或那样的问题,但无论如何,多边主义和国际组织并未过时,依然是进行国际合作和解决全球问题的基本路径。国际社会是

---

① 权衡:《经济全球化发展:实践困境与理论反思》,《复旦学报》(社会科学版)2017 年第 6 期。

由制度、文化、信仰多样化的国家组成,多边主义和国际组织有利于反映和体现大多数成员国的利益与诉求,最有可能达成国际共识。同时,多边主义和国际组织有利于凝聚各方力量与资源,在应对全球性挑战和威胁时采取共同行动,达成"最大公约数"。①所以才要旗帜鲜明地反对单边主义和孤立主义,坚持规则导向,完善治理体系,为全球化健康发展保驾护航。

4.2.2　国际经贸规则呈现深刻调整与重构趋势

国际金融危机以来,世界经济格局进入结构调整和制度变革共同推动的转换时期。作为全球经济治理体制变革的重要内容,国际经贸投资规则体系面临深刻变革,正经历着自 1994 年乌拉圭回合结束以来最大的一轮改革与完善。②总体来看,美国的系列政策举措成为改变国际经贸规则的主要源头。尤其是 2018 年以来,美国采取保护主义、单边主义和构建新型经贸规则"三箭齐发"的政策组合,推动国际经贸规则酝酿深刻调整和重构。

1. 推动市场更加开放依然是规则重构的基本取向

过去 20 多年来,全球价值链的深入发展大大改变了世界贸易的形态和本质。全球价值链的发展增加了国际商业的复杂性,各国间的贸易投资关系变得更加密切和复杂,各国贸易政策和国内政策之间的边界也变得更为模糊,从而产生了政策合作的需要,以及制定新规则和新纪律的需要。新一轮国际贸易规则重构就是通过新的贸易谈判,扩大贸易规则调整范围,提高贸易规则约束水平,以回应全球价值链的发展对制度的新诉求。

在新一轮规则重构中,推动市场进一步开放、削减贸易与投资壁垒仍是规则制定与完善的基本方向和核心。总体来看,当前国际贸易规则重构的趋势是积极的,代表着经济全球化迈向更高阶段的发展要求,是以调整和变革来适应、应对经济全球化的新形势与新挑战,其基本目标在于进一步降低或取消各种市场壁垒,维护一个更加自由开放的国际经贸体系。继续消除各种贸易与投资壁垒,推动全球贸

---

① 张贵洪:《美国单挑多边主义终将失道寡助》,《环球时报》2018 年 6 月 5 日。
② 陆燕:《在全球价值链中寻求制度性话语权——新一轮国际贸易规则重构与中国应对》,《人民论坛·学术前沿》2015 年第 23 期。

易投资自由化和便利化,对于金融危机后各国经济及世界经济贸易发展具有重要意义。

2. 新一轮规则调整重构的范围不断扩大

回顾国际经贸规则演进史不难发现,随着全球化深入,国际经贸活动内容不断拓展,贸易规则调整范围也不断扩大:从关税减让到削减非关税壁垒;从货物贸易到服务贸易;从单纯的贸易到与贸易有关的投资措施、知识产权保护等。新一轮贸易规则重构依然体现了这一趋势,但引入了更多更广泛的议题,呈现"宽领域"的特点。所谓"宽领域",意味着规则涉及的议题更广泛,调整的内容更丰富,既包括对现有规则的完善与改革,也包括对新规则的谈判和建立。这些正在谈判中的议题可分为三大类[①]:

第一类是传统的市场准入议题,包括货物关税、服务贸易壁垒、政府采购的歧视性政策,以及外国投资保护等。第二类是边境后措施议题,包括监管一致性、知识产权、贸易便利化、竞争政策等。第三类是面向"21 世纪的议题",如电子商务、环境保护、劳工问题等。这些新议题在一定程度上反映了国际贸易投资自由化的新要求和新趋势,在贸易规则重构中备受瞩目。但这些议题体现出很强的针对性和进攻性,一旦达成新规则,客观上将增加发展中国家所承担的义务和成本。

3. 新一轮规则重构更加强调高标准高水平

如果说传统的市场准入议题面临的是提高标准的挑战,那么"边境后措施"议题及"21 世纪新议题"涉及的是创设新规则的挑战,最终目标都是继续推进高标准的市场开放。目前全球各地的新贸易协定谈判都着力于使开放力度和广度超过WTO 现有规则及现有的自贸协定。在全球多个已签署的自贸协定和多边贸易协定中,由美国主导而后又退出的 TPP 无疑是标准最高的,TPP 制定了史上最严格的劳工标准和环境要求,提出的诸如竞争中立、电子商务等议题在 WTO 规则中也很少涉及。

新一轮国际经贸规则重构强调高标准,更多体现了发达国家的优势,显示了美欧所希望的贸易新规则谈判要与时俱进,反映出西方发达国家抢占未来世界经济

---

① 陆燕:《在全球价值链中寻求制度性话语权——新一轮国际贸易规则重构与中国应对》,《人民论坛·学术前沿》2015 年第 23 期。

发展和国际竞争的制高点、确保其竞争优势的目的。发达国家在全球化中的政策关注更多地从货物贸易转向服务贸易、从最终产品转向价值链、从获取资源转向要素整合,通过推进制定国际贸易新规则和新标准,进一步维护其利益与诉求。

4. WTO 框架下的多边谈判进展愈显艰难

战后以来,GATT/WTO 体制下的多边贸易谈判在国际贸易规则的形成与调整中发挥了核心作用,是推进贸易自由化的主渠道。多哈回合自 2001 年启动至今已十余年,但一直无法达成最后的一致。多边谈判久拖未决,而自贸协定谈判则不断取得突破,严重伤害了多边贸易体制在规则重构中的领导力,使其在国际贸易体系中的中心地位受到挑战。随着各国热衷通过自贸协定实现双边或区域贸易与投资的深度一体化,WTO 规则成为仅维持保障最低共同标准的一揽子承诺。从现实看,WTO 虽然占据了多边主义优势,但却不能为制定宽范围、高标准的全球贸易规则提供动力,国际贸易规则重构难以在 WTO 框架下完成。与此同时,美欧开始积极谋求规则制定路径的多元化,通过双边或区域、诸边及多边贸易谈判,推动新规则和标准的制定。[①]

总体来看,虽然国际经贸规则调整表现出许多积极的方面,但随着单边主义和保护主义的上升,新一轮规则重构也呈现出保守化、碎片化、排他性的新倾向。

一是保守化。美国抛开 WTO 框架下的反倾销、反补贴等措施,更多采取基于国内法的"301 调查""232 调查"等,对进口商品增加关税壁垒,下一步不排除对技术等出口施加更多管制。美国的保护主义加上其贸易伙伴的普遍反制,将显著提高各种关税和非关税壁垒,导致国际贸易自由化水平出现严重倒退。这不仅严重违背了 WTO 的基本原则,使 WTO 争端解决机制的权威受损,也破坏了基本的国际贸易秩序。[②]如果多边规则陷入停顿和无力状态,任凭单个成员任意升级保护主义,世界贸易和经济将陷入新的混乱,其深远后果无可估量。

二是碎片化。美国政府奉行单边主义,期望通过"一对一"的施压和谈判达成有利于美国的系列经贸协定。在美国的影响下,国际金融危机爆发后就已出现的区域贸易协定缔结浪潮呈愈演愈烈之势。总体来看,世界正在出现区域经济一体

---

①　陆燕:《直面国际贸易规则体系的深刻变革》,《上海证券报》2016 年 8 月 18 日。
②　徐明棋:《美单边主义正损害 WTO 多边贸易机制》,《文汇报》2018 年 7 月 1 日。

化的明显趋势，这将对以 WTO 为核心的多边贸易体制造成巨大冲击，国际经贸规则的"意大利面条碗"效应将日益明显。

三是排他性。美国与墨西哥、加拿大达成新的贸易协定，在规则标准方面较 TPP 有过之而无不及。美国等发达经济体在 2018 年 7 月 WTO 关于中国的第七次贸易政策审议中，就国有企业、知识产权、技术转让、产业政策、补贴政策等诸多议题提出质疑，关注的议题范围之广前所未有，这些议题被纳入 WTO 改革中或成大势所趋。[1]虽然新一轮国际规则重构总体上朝着推动市场更加开放的方向发展，但规则制定权主要掌握在以美国为首的发达国家手中，这些规则主要是从发达国家已经达到的高水平和经济发展需要出发，并未能考虑到各国经济发展的现实差异，要求全面实行高水平的贸易投资自由化和服务业开放，诸如服务业的大幅度开放、对政府干预的限制以及严格的环境标准、社会责任标准、知识产权标准等，对新兴经济体和发展中国家构成巨大压力。

4.2.3　不断完善以 WTO 为核心的全球多边体制

世界经济和全球化发展需要规则治理，这是引领和保障全球化继续前行和世界经济持续发展的基本条件。全球化发展背后的逻辑是市场化驱动和市场决定资源配置，但"市场也不是万能的"，因此"弥补市场失灵"与"提供公共产品"必然成为全球化健康发展不可或缺的组成部分。另外，全球化发展还面临各参与方遵守什么规则以及如何遵守规则的选择问题，否则，以生产一体化、贸易自由化、金融全球化为特征的经济全球化发展必然会出现失序，全球投资、贸易和金融发展必然会发生混乱。实践发展表明，经济全球化和世界经济发展最快的时期，也是以 WTO 为代表的多边主义规则体系在发挥引领作用最好的时候，正是对多边主义规则和体系的遵循，才推动了全球投资便利化、贸易自由化以及全球营商环境的改善，世界经济和全球化发展由此进入了新的历史阶段。[2]

多边主义和国际组织既具有工具性，又具有价值性。国际组织既是开展国际合作的平台，也是践行多边主义的体现。长期以来，中国积极参与全球多边组织

---

① 杨长湧：《世界经济 2018 年形势和 2019 年展望》，《丝路时评》2018 年第 11 期。
② 权衡：《经济全球化的内在规律和发展方向》，《学习时报》2018 年 11 月 30 日。

和机制,坚定维护多边贸易体制和规则,成为支持和推进多边主义的重要力量。中国设立中国—联合国和平与发展基金,支持联合国一系列维和行动,坚定不移维护联合国宪章宗旨和原则,维护国际公平正义与世界和平稳定。中国提出构建人类命运共同体,倡导各国共同掌握世界命运、共同书写国际规则、共同治理全球事务、共同分享发展成果,反对单边主义和贸易保护主义,推动世界多极化和国际关系民主化进程。除了参与并维护现行的全球多边组织和机制,中国还积极主导或参与上海合作组织、"一带一路"建设、金砖国家合作等新型多边区域组织和机制,为多边主义发展注入新动力。值得一提的是,这些新型多边区域组织和机制都不是封闭排外的"小圈子",而是以开放包容的姿态不断吸引更多成员加入,为多边机制更好发挥作用、促进区域乃至世界和平与发展奠定越来越坚实的基础。

虽然世界现行的多边机制及其运行并不完美,还存在一些不公正、不合理之处,但我们应看到,多边主义符合时代潮流,是人心所向、大势所趋,只要现行国际秩序以规则为基础、以公平为导向、以共赢为目标,就不能为一己之私无理舍弃,更不能推倒重来,而是要持续推进全球治理体系变革,不断完善多边机制。①为坚持和发展以 WTO 为核心的多边主义,中国支持对世贸组织进行改革,以增强其权威性和有效性。2018 年 11 月 23 日中国商务部发布的《中国关于世贸组织改革的立场文件》中,明确提出了关于世贸组织改革的三个基本原则和五点主张。三个基本原则包括:第一,世贸组织改革应维护多边贸易体制的核心价值,中方认为,非歧视和开放是世贸组织最重要的核心价值;第二,世贸组织应保障发展中成员的发展利益;第三,世贸组织改革应遵循协商一致的决策机制,规则应由国际社会共同制定。五点主张包括:第一,世贸组织改革应维护多边贸易体制的主渠道地位;第二,世贸组织改革应优先处理危及世贸组织生存的关键问题;第三,世贸组织改革应解决贸易规则的公平问题并回应时代需要;第四,世贸组织改革应保证发展中成员的特殊与差别待遇;第五,世贸组织改革应尊重成员各自的发展模式。

---

① 吴志成:《多边主义是人心所向》,《人民日报》2018 年 10 月 8 日。

4.3 国际体系格局处在深度转型调整中

当前，国际形势正在发生显著而深刻的变化，国家间相互依赖程度不断加深、西方世界出现分裂、东西方文明冲突加剧、非传统安全威胁与传统安全威胁交织、大国战略博弈也呈现出一系列新特点新态势。纵观近十年来国际战略形势发展，无论是国际力量格局还是全球治理体系，无论是亚太地缘战略棋局还是大国博弈模式，都发生了显著、深刻、历史性的变化。[①]世界百年大变局的核心和本质之变，恰恰就在于大国关系和国际体系正随着国际力量对比的深刻变化而处在前所未有的深度转型、调整和重塑当中。这些重大变化极大地促进了全球治理变革的进程，也必将对经济全球化的速度和方向以及未来全球治理的演进产生重要影响。

4.3.1 国际力量对比出现重大转折

按照西方的界定，真正具有现代意义的民族国家组成的国际体系自 1618—1648 年欧洲三十年战争及签订《威斯特伐利亚和约》之后才开始逐渐形成。五百年来，国际体系在不断演变发展，但主导力量始终是欧美等主要西方大国。当前国际力量格局的变化与历史上相比则有明显不同。从历史上看，大国权力转移都是在西方国家内部进行的。从最先崛起的西班牙、葡萄牙、荷兰，到后来陆续崛起的英国、法国、德国、俄国、美国、日本，到第一次世界大战前夕，已经形成了包括英国、法国、德国、俄国、美国、日本、奥匈帝国、意大利在内的西方强国群体。1913 年，这些国家在世界制造业产量中占据 81.5％ 的份额。第二次世界大战结束后的 1953 年，美国和欧洲的制造业产量占世界的 70.7％。但目前的情况已发生了巨大变化，根据 IMF 的数据，2007—2017 年"西方七国"（美、加、日、英、法、德、意）GDP 总量占世界的比重从 54.82％ 下降为 46.38％。相比之下，一批新兴市场国家和发展中国家呈现出比较快速的群体性的梯次崛起态势。其中，"金砖五国"（中国、印度、俄罗斯、巴西、南非）的经济发展虽不同程度地面临困难，但整体实力持续提升。2007—

---

① 刘万侠、方珂：《大国关系与世界格局新变化》，《前线》2018 年第 10 期。

2017 年,五国 GDP 总和占世界 GDP 的比例从 13.79% 增长到 23.09%。这种巨大的变化在历史上前所未有。尤其是 2008 年金融危机后,新兴大国群体性崛起成为东西方实力对比发生重大变化的重要标志,其在国际机制中的投票权和话语权不断提高,开始参与国际制度的顶层设计,在全球治理中发挥着越来越重要的作用。[①]

另外,从权力流散趋势看,主权国家仍是国际体系中最重要的行为体,也是国际事务最重要的权威来源。但是享有权力、权威以及能影响国际事务的行为体不断增多,包括各类国际组织、企业和个人等私有权威迅猛发展。[②]但是,此类非国家行为体主要是对既有体系和权力空白领域的补充,并未从根本上动摇现有国际体系。[③]

新兴大国的群体性崛起,被认为是权力转移和全球治理变革的重要动因。[④]因此,国际体系的转型既要求全球治理机制的相应变革,反映国际权力分布的动态变化,也要求新的全球治理安排更加公平、合理。

4.3.2　大国博弈互动关系更趋复杂

大国在全球治理中发挥关键作用,大国关系推动着世界格局的演变,并决定全球治理体系变革的方式与趋势。随着国际力量对比的深刻变化,国际体系也进入深度转型调整,大国互动关系更为复杂,国家间竞争更趋激烈。特别是随着美国对外政策的不断调整,美欧关系、美俄关系、中美关系等都经历着新的考验,中国与外部世界的关系也在发生新的变化。大国关系调整呈现出新态势、新特点,将深刻影响世界格局的演进和走向。

1. 欧美关系裂隙增大,昔日同盟面临考验

"欧美同盟弱化"成为近年来大国关系中的一个重要变化,特朗普当选美国总统后,欧美同盟更是呈现出逆向演变的趋势。特朗普自上台以来,一味强调"美国

① 吴志成、董柞壮:《国际体系转型与全球治理变革》,《南开学报》(哲学社会科学版)2018 年第 1 期。
② Hall, Rodney Bruce, and Thomas J.Biersteker. *The Emergence of Private Authority in Global Governance*. Cambridge University Press,2002:9—18.
③ 刘丰:《国际体系转型与中国的角色定位》,《外交评论》2013 年第 2 期。
④ Murphy, Craig N. "Global Governance Over the Long Haul", *International Studies Quarterly* 58(1),2014:216—218.

优先",屡次无视欧洲利益和关切,不断触及欧洲"底线",直接导致美欧关系纷争不断,矛盾增多。经济上,美国政府以"国家安全"为由挥动关税大棒,以迫使欧洲做出让步;安全上,美国要求德国等欧洲国家提高军费,在北约框架下承担更大责任。面对美欧关系变局,欧洲谋求更大的"战略自主",即军事上发展独立的防务力量,经济上摆脱美元霸权,外交上寻找新的伙伴等,从而在对美关系中获得更大回旋空间。另外,欧洲以"有效的多边主义"原则制约美国的单边主义也是美欧矛盾之一。虽然美欧在历史上也曾有过分歧,但此轮矛盾显然更为深刻,双方不仅产生了现实利益之争,更有价值观之争。

总体上,美欧关系盘根错节,利益共同点大于分歧,短期内难以脱钩。但随着跨大西洋离心力加大,美欧关系的变化将给西方世界以及国际地缘政治格局带来长远影响。

2. 美俄关系跌入冰点,短期之内恐难转圜

特朗普上任以来,美俄关系不仅未能"解冻",反而进一步跌入"冰点",美国对俄罗斯持续加重制裁,双方的"外交战""媒体战"和在中东的地缘政治争夺日趋激烈。美俄两国在诸多领域针锋相对、激烈较量,使两国关系跌入了冷战结束以来的最低谷。"通俄门"事件、叙利亚问题和乌克兰问题始终是横在美俄之间的隔阂和困局。在未来相当长时期,"有限对手"(the limits of opponent)或将成为美俄关系的"新常态"。①

3. 中美关系深度调整,持续动荡难以避免

特朗普上任以来,美国对华政策发生了巨大变化,且很可能是转折性、长期性的变化。2017 年年底以来,美国官方发布的多份报告都把中国定位成"对手"。过去 40 年美对华政策主基调为接触和防范,并以接触为主,而目前已变成以防范甚至是遏制和对抗为主。贸易争端更是激活了两国间的内在矛盾。无论贸易摩擦的结局如何,最终都将淡化或超越经济范畴而进入更深刻广泛的政治领域。

中美关系当前正处于一个关键而危险的十字路口,这很可能是 1972 年尼克松访华以来最糟糕的状态。首先,中国要实现民族伟大复兴,美国也要让使自己变得

---

① 冯玉军、尚月:《美俄关系新发展与中国的政策选择》,《国际问题研究》2018 年第 4 期。

更伟大。中美两国战略目标貌似雷同却又相互排异,认为对方的目标是伤害自己的猜疑加剧。其次,中国希望维持中美关系稳定,但美国综合战略焦虑症导致动作走形,攻击性上升。再次,中美战略竞争已涵盖各个领域,各个领域的作用也在发生变化。经济从"压舱石"到冲突点,政治领域的相互战略定位还在漂移。安全关系特别是军事关系互有防范,但是尽量避免对决。[①]

总体来说,虽然贸易争端已暂时停歇,但中美关系动荡很可能仍将持续一段时间,未来"竞争"甚至是"较量"也可能会越来越激烈。而两国能否"以建设性方式管控分歧",努力构建"不对抗、不冲突、相互尊重、合作共赢"的新型大国关系,事关全球战略格局的演变。

4. 中欧关系持续深化,国际合作大有可为

中国和欧盟是维护世界自由贸易体系和多边主义的重要力量。2018 年是中国与欧盟建立全面战略伙伴关系 15 周年。法国、英国、德国等欧盟成员国领导人相继访华,呈现"中欧关系热";习近平主席访问西班牙、葡萄牙,进一步将中欧关系推向新高潮,为新时期中欧关系发展激发了新活力,为共建"一带一路"开辟了新空间。

2017 年 9 月中欧四大智库联合发布《中国—欧盟经济关系 2025:共建未来》报告,指出尽管中欧在文化、制度、发展阶段和具体国情等方面存在差异,但中欧是重要战略合作伙伴而非竞争对手,并提出了 8 条建议:尽早达成中欧双边投资协定;启动中欧自由贸易协定谈判;借助"一带一路"平台进一步扩展双边贸易和经济合作;深化中欧能源安全与气候变化合作;在新一代信息技术、网络安全等领域"双赢"合作;支持中欧深化金融领域合作;继续推动构建开放型世界经济;探索中欧与美国之间的经济合作机制。可以预见,中欧在未来的国际合作中将大有可为。

5. 中俄关系行稳致远,成为新型国际关系典范

牢固的互信是中俄政治关系的本质属性和最重要特征。习近平主席高度评价中俄关系:"中俄建立和发展的全面战略协作伙伴关系树立了相互尊重、公平正义、合作共赢的新型国际关系的典范",并指出要"引领中俄关系在高水平上行稳致远"。

[①] 杨毅等:《中美关系向何处去》,《环球时报》2018 年 12 月 13 日。

4.3.3 两大历史陷阱问题日益凸显

新变局中大国关系的调整也引发了一系列新争论。特别是近年来,随着中国不断发展,唱衰中国的"崩溃论"开始消退,揣测中国国际动向的"陷阱论"悄然登场。[①]一种论点认为,中国发展起来以后必将在国际舞台上示强,引起美国的恐惧,使得中美冲突乃至战争不可避免,从而落入"修昔底德陷阱"。另一种论点则认为中国发展起来以后的动向可能不是示强,而是示弱,即不愿承担目前美国无力继续担负的重要国际公共产品的供给,从而使世界陷入领导力空缺、危机四起的险境,掉进"金德尔伯格陷阱"。能否克服这两大历史陷阱,成为当下中国面临的严峻而复杂的历史性挑战。

"修昔底德陷阱"是基于历史作出的判断,但历史并非是循环往复的。即使历史上真的出现过所谓的"修昔底德陷阱",也不代表未来中美之间就会重复历史老路。我们认为,尽管中美关系的外在形态某种程度上似乎符合"修昔底德陷阱"的条件,但当代及未来的中美关系更为复杂、更为敏感,不能直接套用所谓的历史"定律"来预判中美关系。无论是从"修昔底德陷阱"的内在逻辑本身,还是其在当下国际政治中的适用条件来看,都不能武断地预言未来的中美关系必将陷入"修昔底德陷阱"。[②]但值得指出的是,如果中美两国始终处于相互猜疑状态,就极有可能导致战略误判,从而使本不存在的"修昔底德陷阱"成为自我实现的预言。

事实上,中国对美国发生战略误判的可能性较小,也不会主动使自己跌入"修昔底德陷阱"。而美国对中国的战略误判不断,经常将中国视为假想敌。正因如此,中国领导人呼吁,西方大国应抛弃二元对立观,避免在世界上制造冲突、隔阂与对抗导致两败俱伤,要走和平共荣的道路,建立新型大国关系和国际关系。从全局和长远来看,建设不冲突不对抗、相互尊重、合作共赢的中美新型大国关系不仅对中美两国有利,而且对世界各国也有利。对中国而言,在新时代外交思想指引下的中国将致力于通过建设性的实践活动推动中美关系良性发展,使跨越"修昔底德陷阱"成为大概率事件。

[①] 郑振清:《中国为世界提供更多国际公共产品》,《人民日报》2018 年 1 月 7 日。
[②] 胡宗山、余珍艳:《"修昔底德陷阱"与中美关系》,《社会主义研究》2017 年第 6 期。

"金德尔伯格陷阱"的实质是指没有国家有能力或者虽然有能力却没有意愿和手段来领导世界、承担国际公共产品的成本。近年来,随着实力和能力的下降,作为世界唯一超级大国的美国提供国际公共产品的意愿也在快速下降。特别是特朗普当选美国总统后进一步加剧了这种趋势。[①]中国一直为维护世界和平与促进共同发展不遗余力地贡献自己的智慧和力量,积极提供与自身实力相匹配的国际公共产品。中国通过自身的和平发展,让 13 多亿人过上越来越好的生活,这本身就是对世界和平与发展的最大贡献。中国经济的持续健康发展,也为全球经济稳定和持续增长提供并强继续提供强劲动力。同时,中国提出"一带一路"倡议,成立金砖国家开发银行、亚洲基础设施投资银行等,就是中国承担更多国际责任、完善全球经济治理体系、提供国际公共产品的建设性举动。习近平主席在多个场合提出,欢迎其他国家搭乘中国发展的快车、便车。这些都体现了中国的责任担当。但当今世界事务如此复杂多样,不可能仅靠一个或某几个国家承担提供所有国际公共产品的责任,而是需要各国通力合作维护世界和平与促进共同发展,推动构建人类命运共同体,才能跨越"金德尔伯格陷阱"。

4.3.4　国际体系转型呼唤全球治理变革

现有全球治理机制赖以建立和维持的权力结构已经开始调整,原因在于有效治理供给不足日益凸显,全球治理变革势在必行。特别是权力转移进程中面临的众多全球性问题,更加迫切地要求国际社会因应国际体系转型,加强和改善全球治理。

现有全球治理机制的滞后性主要体现在以下两个方面:一是公平性愈显不足。现有全球治理机制既未充分反映新兴国家的诉求,也没有顾及弱势国家和群体的利益。在全球化竞争中的弱势群体处境艰难,被剥夺感增强,易于促发反全球化运动,增加国际社会的不稳定性,也会助长全球治理的不公正不合理。[②]二是领导权不清晰。由于广泛的利益分布和超强的实力,美国通常被视为全球治理的领导者,同时美国也将全球治理看作其全球战略的组成部分,对全球治理的态度受其在经济

---

① 梁亚滨:《中国一直在积极承担国际责任》,《人民日报》2018 年 1 月 7 日。
② 吴志成、何睿:《全球有效治理缘何如此艰难》,《当代世界》2013 年第 7 期。

全球化中获益能力的影响。如果全球治理机制安排不符合美国利益,美国国内对全球化的消极态度就会传导至对外政策上,这种基于美国霸权的全球治理领导权存在潜在的不稳定性。同时,当今国际体系面临的威胁与挑战日益复杂,国际社会应对挑战的方式也在不断变化。全球治理变革迫切需要稳定的负责任的推动者和组织者,要求更多对现有机制持积极态度的国家参与变革。

随着国际体系转型,权力的转移和流散催生了新的国际行为体,现有全球治理机制也面临着有效性难题。随着全球化的深入,国家、社会、个体的全球性联系日益密切,全球治理行为体、对象和方式更加复杂多样,国家对全球性经营活动的监管难度日益增加。首先,工业技术发展推动了全球市场的形成,市场规模远超单一国家所能控制的范围;其次,全球市场联系不再是层级结构,而是无中心的网络结构,内部关系错综复杂;最后,市场开始向互联网等虚拟空间发展,摆脱了地理位置限制。这表明生产要素的流通和全球经济合作的深化已突破国家领土范畴,跨国经济行为一方面依然受国家和国际组织的管理监督,另一方面已超出国家和国际组织的治理能力,并反过来影响其治理行为,使国家对跨国经济活动的掌控大为减弱。①

同时,在应对繁多且日趋复杂的全球性问题时,以往传统全球治理机制"已经失去前进的动力",治理赤字日益扩大,形成事实上的治理失灵。②一方面,面对各类全球性问题,现有国家主导的全球治理机制无法作出及时反应,或者不可能面面俱到处理所有议题,甚至无法达成有效合作。另一方面,国家间合作质量低下,如西方国家以"保护的责任"为名实行对外干涉,破坏了国际社会在人权保护方面的合作;部分现有机制频繁失效、进展有限,如世贸组织在多哈回合谈判中停滞多年,新的全球性贸易安排难以进步。

完善和变革全球治理体系,首先要推动公平参与。必须解决新兴大国在全球治理中的公平参与问题,使现有机制反映力量对比的变化。其次要包容不同理念。无论在西方国家还是在新兴国家,有效并负责任地解决全球性问题的导向应该优先于价值导向,全球治理机制变革应当倡导和体现对不同价值理念的包容。再次,

---

① 吴志成:《全球治理对国家治理的影响》,《中国社会科学》2016 年第 6 期。
② 秦亚青:《全球治理失灵与秩序理念的重建》,《世界经济与政治》2016 年第 4 期。

要倡导全球主义理念。在权力转移的背景下,新兴国家与发达国家理应避免历史上崛起大国与守成大国的互动老路,构建"不冲突、不对抗、相互尊重、合作共赢"的新型大国关系。最后,要提升全球合作层次。随着国际体系转型,经济多极化必将推动政治多极化,技术层面的全球治理也需要向更高层次过渡。新兴大国需要探索与欧美发达国家新的合作形式,而非仅仅加入现成机制,补充性机制建设以及处理新旧机制的关系将成为重点。[①]

4.4　应对世界百年未有大变局的中国方案

今天的世界,正在经历前所未有的大变革大调整;今天的中国,正处在"两个一百年"奋斗目标的历史交汇期。面对世界百年未有之大变局,世界将何去何从? 站在中国与世界交融发展的路口,中国将为世界作出怎样的贡献? 习近平主席多次提出要推动构建人类命运共同体,携手建设持久和平、普遍安全、共同繁荣、开放包容、清洁美丽的世界。中国也多次通过 G20 峰会、金砖国家峰会、APEC 峰会、上合组织峰会、世界经济论坛、博鳌亚洲论坛等平台不断发出全球经济治理改革的中国声音。同时,中国所提出的"一带一路"倡议和倡导建立的亚投行、新开发银行等在世界范围内的影响力日益显著。这些都是中国面对世界大变局,向国际社会提出的中国理念、中国智慧和中国方案,无疑将对世界经济、国际秩序与中国自身发展产生极其长远而深刻的影响。

4.4.1　以"一带一路"为平台,共建人类命运共同体

人类的命运应由全世界人民共同掌握,世界事务应由各国人民共同治理,世界安全应由世界各国共同维护,国际规则应由世界各国共同制定,发展成果应由各国人民共同分享,这是历史发展的必然趋势和全世界人民的强烈呼声。[②]构建人类命运共同体,是习近平主席把握历史规律和时代潮流,着眼人类共同和长远利益,为人类未来擘画的美好蓝图,为各国携手共应百年未有变局、推动世界经济健康发展

---

① 吴志成、董柞壮:《国际体系转型与全球治理变革》,《南开学报》(哲学社会科学版)2018 年第 1 期。
② 赵龙跃:《以"一带一路"推动构建人类命运共同体》,《光明日报》2018 年 9 月 8 日。

指明了前进方向。

当然,构建人类命运共同体不只是空泛的口号,更不是乌托邦。中国不仅提出这一理念和方案,更是通过加快"一带一路"建设为构建人类命运共同体提供合作平台和实践路径。中国提出"一带一路"倡议,就是要实践人类命运共同体理念。五年来,"一带一路"倡议始终坚持共商共建共享原则,不断促进全球经济的开放与发展,增进世界文明的对话与交流,参与全球生态的治理与完善,不断应对人类社会的各类问题与挑战,取得一系列重要成果,不断为构建人类命运共同体添砖加瓦。政策沟通奠定构建人类命运共同体的政治基础,设施联通夯实构建人类命运共同体的物质基础,贸易畅通扩大构建人类命运共同体的利益交集,资金融通强化构建人类命运共同体的金融支持,民心相通筑牢构建人类命运共同体的群众基础。[1]

总之,"一带一路"国际合作是实践构建人类命运共同体理念的重大举措,是通向构建人类命运共同体的重要桥梁和纽带,而构建人类命运共同体的宏伟目标也赋予了"一带一路"倡议以高度的历史使命感。在全球政治经济局势晦暗不明、人类社会再次处于十字路口的关键时刻,中国将"一带一路"打造为最广泛的国际合作平台,积极倡导包容性全球化和构建人类命运共同体,具有至关重要的意义。未来发展中,只有推动共建"一带一路"走深走实、在保持健康良性发展势头的基础上向高质量发展转变,才能改善全球经济治理体系、促进全球共同发展繁荣,进一步推动人类命运共同体的实际构建与不断巩固。[2]

4.4.2 以开放包容为方向,引领全球化深入发展

面对经济全球化进程的深刻变化以及逆全球化浪潮带来的风险和不确定性,党的十九大报告明确指出:"要同舟共济,促进贸易和投资自由化便利化,推动经济全球化朝着更加开放、包容、普惠、平衡、共赢的方向发展。"这代表了中国政府继续坚持对外开放的坚定决心,同时也为经济全球化的未来发展指引了正确方向。

一方面,中国反对一切形式的保护主义,始终是经济全球化的倡导者、支持者、推动者。世界已经形成你中有我、我中有你的地球村,各国利益交融,命运与共,保

---

[1] 邹磊:《"一带一路"国际合作推动构建人类命运共同体》,《学习时报》2018年6月25日。

[2] 张蓓:《"一带一路"建设:推动人类命运共同体的实际构建与不断巩固》,《光明日报》2018年9月24日。

护主义保护不了自己，单边主义更是缘木求鱼。全球产业链断不开，各国利益关联分不开，经济全球化进程挡不住。正如习近平总书记所指出的："我们应该建设开放型世界经济，继续推动贸易和投资自由化便利化。保护主义政策如饮鸩止渴，看似短期内能缓解一国内部压力，但从长期看将给自身和世界经济造成难以弥补的伤害。"

另一方面，中国以实际行动为经济全球化注入新活力。在美国等西方国家频频挥舞保护主义大棒之时，中国主动扩大开放，包括大幅度放宽市场准入、创造更有吸引力的投资环境、加强知识产权保护、主动扩大进口等在内的一系列重大举措已经或即将落地。1 500 种消费品关税大幅下调，进口汽车关税已从 25％降到 15％，发布新的外商投资准入负面清单，在汽车、船舶、飞机等 22 个领域推出取消外资股比限制等进一步重大开放措施。中国已举办世界首届国际进口博览会，未来五年将进口 8 万亿美元商品，吸收 6 000 亿美元外来投资，中国对外投资总额将达到 7 500 亿美元。此外，中国"一带一路"倡议始终秉持包容性发展的理念，强调推动全球化更加包容和平衡发展，也是在用事实和行动应对逆全球化思潮，为全球化发展指明继续前进的方向。①中国持续推进改革开放，不仅将为开放型世界经济发展提供动力，而且也将积极推动全球化朝着更加开放、包容、普惠、平衡、共赢的方向发展。这彰显的不仅是中国坚定不移推动解决经济全球化难题的勇气、诚意与决心，更是实实在在的理念、思路和方案，展示的是中国在全球化发展中的责任和担当。②

4.4.3　以合作共赢为核心，构建新型国际关系

中国是一个开放程度较高的大型经济体，并以前所未有的广度与深度融入国际体系，这决定了中国与国际秩序的关系并非对抗性的，而是互利互惠的。当前，国际体系的转型与重塑已经开启，"修昔底德陷阱""金德尔伯格陷阱"等针对中国的各种质疑和忧虑不断。面对国际形势的深刻变化和世界各国同舟共济的客观要求，中国从政治、经济、安全、文明、国际合作、全球治理等多个方面提出一系列新理

---

① 权衡：《"一带一路"开辟全球化新纪元》，《经济日报》2017 年 5 月 13 日。
② 罗建华：《"开放"关键词缘何赢得世界点赞》，《北京青年报》2018 年 4 月 12 日。

念,推动构建新型国际关系和合理公正的国际新秩序。

一是提出"构建相互尊重、公平正义、合作共赢的新型国际关系和人类命运共同体"的目标,超越西方国际关系理论的局限。二是坚持"公平、开放、全面、创新"的新发展观。G20杭州峰会第一次将发展问题纳入全球宏观政策协调框架之内,构建"创新、开放、联动、包容"型世界经济的"中国方案"备受关注。三是奉行"共同、综合、合作、可持续"的安全观。四是推行"对话而不对抗、结伴而不结盟"的国家新交往观。中国提倡的伙伴关系,具有与以往传统国际关系理论不同的鲜明特征:寻求和平合作、坚持平等相待、倡导开放包容、强调共赢共享。五是树立"推动开放、包容、普惠、平衡、共赢"的经济全球化观。六是树立世界文明观,即"要尊重世界文明多样性,以文明交流超越文明隔阂、文明互鉴超越文明冲突、文明共存超越文明优越"。七是树立坚定的国家利益观。八是确立"共商、共建、共享"的全球经济治理观。

概而言之,就是要通过打造富有活力的增长模式、开放共赢的合作模式、公正合理的治理模式以及平衡普惠的发展模式来解决世界经济增长、治理、发展模式存在的问题,推动全球化健康发展,推动世界格局包容有序,推动国际规则公平公正。只有这样,才能真正跨越"修昔底德陷阱"和"金德尔伯格陷阱",推动构建新型国际关系,才能打破单边主义的狭隘,冲破文明冲突的咒语,也才能最终构建人类命运共同体。在这一长期过程中,中国特色大国外交体现了中国担当,必将成为重塑国际关系新格局的重要力量。

4.4.4　以多边机制为基础,完善全球治理体系

历史和现实都表明,狭隘民族主义、保护主义是死胡同;多边主义是维护和平、促进发展的有效路径。在2018年金砖国家工商论坛上,习近平主席准确把握未来10年全球治理体系深刻重塑的大势,明确提出"坚持多边主义,完善全球治理"的主张,为金砖国家乃至世界各国积极参与推动全球治理变革、构建新型国际关系指明了方向,彰显了中国作为现行国际体系参与者、建设者、贡献者的责任担当。作为多边体制的积极参与者、坚定维护者和重要贡献者,中国倡导通过加强合作、平等对话和协商谈判来解决国际贸易中的问题,在各类场合多次阐明了中方支持多边

贸易体制、推动建设开放型世界经济的坚定立场,在世贸组织内也积极倡议,与多数成员发出反对单边主义和保护主义的共同声音。

中国也一直是多边主义的践行者。中国一直倡行自由贸易理念,支持以规则为基础,开放、透明、包容、非歧视等基本原则,不断完善社会主义市场经济体制,全面切实履行入世承诺,以实际行动维护多边贸易体制的权威性。入世后,中国主动行使权利,全面参与世贸组织各项工作,推动世贸组织更加重视发展中成员的关切,为推动世贸组织更好发挥贸易谈判磋商、贸易政策审议和争端解决三大功能做出了重要贡献,有力促进了全球贸易和投资的自由化便利化。[①]中国发起的共建"一带一路"、亚洲基础设施投资银行、"16＋1 合作"等国际和地区合作倡议,为多边主义合作带来创新活力。此外,在联合国这一多边舞台上,斡旋国际热点、应对气候变化、参与维和行动、大力减贫扶贫、助力其他国家落实 2030 年议程等方面,中国的行动也越来越有力。正如联合国秘书长古特雷斯所说,中国已经成为多边主义的重要支柱。在可以预见的将来,中国将更加坚定地与全球化和多边主义同行。

最后需要强调的是,大变局也意味着中国的外部环境必定风云变幻,不可避免地会遇到各种风险挑战。但世界变局中危和机同生并存,总的来看,中国发展仍处于并将长期处于重要战略机遇期。从国际来看,一方面,经济全球化仍然是世界经济发展的必然趋势和客观规律,应顺应市场化、全球化发展大势,积极推动全球生产要素流动和资源配置效率提高,促进全球经济增长和全要素生产率提升;另一方面,经济全球化发展过程出现的失衡问题、全球收入不平等问题、全球经济治理体系亟待完善等问题,也为正在日益走近世界舞台中央的中国提供了前所未有的新机遇和新空间,为中国参与全球治理、做出中国贡献、提供中国方案带来了新的战略机遇。这个机遇是中华民族强起来、实现伟大复兴的机遇,是中国特色社会主义道路理论制度文化更加成熟、更具引领力感召力的机遇,是中国人民创造美好生活、走向共同富裕的机遇。

从国内来看,中国特色社会主义进入新时代。中国经济正处在从高速增长转向高质量发展的关键时期。当前由于受到短期的内外因素影响,中国经济出现了

---

① 王受文:《坚定维护多边贸易体制　积极参与全球经济治理》,《求是》2018 年第 18 期。

一些经济转型期的"结构调整的阵痛"和"增长下行的压力"。但是，以"三去一降一补"为重要抓手的供给侧结构性改革正在发力和见效，供给侧质量体系正在不断提高；科技创新正在成为新时代中国经济发展的新动能；全面深化改革正在不断释放新的制度红利；构建全方位开放新格局正在塑造高水平开放型经济体系；乡村振兴战略的实施、京津冀一体化发展、雄安新区建设、长江经济带建设、粤港澳大湾区建设、长三角一体化上升为国家战略，共建"一带一路"以及"三大攻坚战"的日益见效，等等，都为新时代中国经济迈向高质量发展提供了新动力、新空间和新布局。①

---

① 权衡：《用好重要战略机遇期要"富于创造"》，《文汇报》2018 年 12 月 23 日。

第 5 章

中国经济:稳中求进,增长处于合理区间

　　2018 年中国经济增长表现可以总结为稳中有变,全年 GDP 累计增长率为 6.6%,低于 2017 年的 6.8%①,其中第三季度 GDP 增长率为 6.5%,第四季度增长率为 6.4%,为 2009 年第一季度以来的最低值。中国当前处于外部环境变化与内部结构调整双

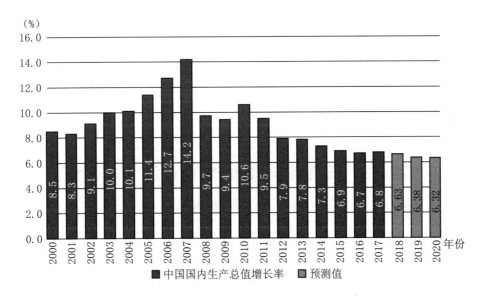

图 5.1　中国 GDP 增长率及预测(2000—2020 年)

资料来源:国家统计局;本报告预测。

---

① 根据 2019 年 1 月国家统计局最新修订数据,2017 年中国 GDP 增长率为 6.8%,较初值下调 0.1 个百分点。

重周期叠加阶段,前者主要包括中美贸易摩擦、世界经济增长见顶,后者主要包括经济去杠杆、金融市场防风险、房地产去库存、财税改革转动能等多方面。综合来看,受外部环境快速变化影响,中国未能延续 2016—2017 年经济持续回暖的表现,经济面临下行压力,预计未来两年中国经济将呈现小幅调整的局势。据本报告预测,2019 年和 2020 年中国经济增速分别为 6.38% 和 6.32%。

从 2018 年中国经济表现来看,需求侧"三驾马车"中投资、消费放缓较为明显,主要受基建资金来源收紧、车辆购置税优惠政策停止、经济增长预期放缓等影响;而在厂商"抢出口"刺激下,2018 年中国进出口贸易仍维持较快增长,中美贸易摩擦将会对 2019 年中国出口增长造成压力。从供给侧来看,供给侧改革成效继续显现,如产能利用率保持稳定、规模以上企业持续"降成本""去杠杆"等;但是从发展趋势来看,2018 年工业与服务业增长都出现放缓势头,后者正是近年来拉动新增就业重要动力,这也促使中国迅速推进"稳就业"措施以应对挑战。

2019 年为新中国成立 70 周年,2020 年则是全面建成小康社会的时间节点。这是对中国具有重要意义的两个年份,中国也将应对内外部的诸多挑战。从政策方向来看,2018 年 12 月的中央经济工作会议中首提"稳中有变、变中有忧",中国政府对外部和内部复杂严峻的经济形势有充分理解与准备,并且从 2018 年 7 月起就开始全面推行"六个稳"相关政策,维持经济稳定将成为工作重点,通过财税改革、金融体制改革,为经济提供持续增长动力。此外,中国快速改善的营商环境、持续扩大开放政策方向持续吸引全世界投资进入中国市场。

5.1 需求端:"三驾马车"增长放缓,经济面临下行压力

5.1.1 基建投资下滑明显,制造业投资反弹成年度亮点

2018 年 1—11 月中国固定资产投资完成额累计同比增长 5.9%,低于 2017 年同期 7.2% 的增速,延续了 2011 年以来的国内投资增长放缓趋势。

从细分项来看,基础设施投资增长放缓是拖累 2018 年固定资产投资增速的主要原因。2018 年以来中国基础设施投资额增速出现加速下滑趋势,1—11 月基建投

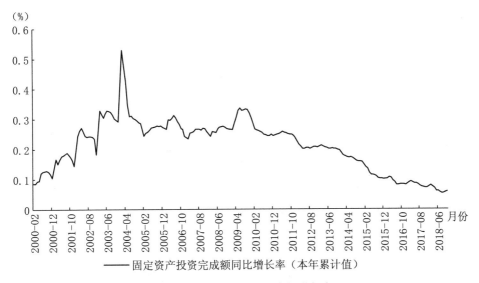

图 5.2　全国固定资产投资额增长率

注:图中固定资产投资增长率均为名义值。
资料来源:Wind 数据库。

资(不含水电煤)累计增长率已降至个位数,仅为 3.7%,远低于 2017 年同期基建投资增速(20.1%),亦不及 2015—2017 年三年基建投资平均增速(17.9%)[1]。基建投资放缓的主要原因是基建资金来源受限。2018 年中央为控金融风险,严查地方政府违规举债,并提出"终身追责"要求,导致地方政府投资积极性下降。此外,政府规范 PPP 项目、土地出让收入下滑等因素也产生相应影响。考虑到 2019 年可能实施的减税降费相关政策,政府资金预算将持续收紧,防范债务风险仍是地方政府主要工作目标。在"稳投资"的引导下,预计 2019 年中国基建领域投资将小幅反弹至 5%—6%,但仍维持在较低增速。

与基建投资相对,制造业投资和房地产投资均出现回暖,制造业投资反弹成为 2018 年经济亮点。从整体情况来看,受益于 2017 年企业利润回暖、2009 年时购买设备集更新替换等因素影响,2018 年全国制造业投资出现较快增长趋势,1—11 月全国制造业累计投资额同比增长率为 9.5%,与 2017 年同期增速 4.1%、2016 年同期增速 3.6%相比,反弹幅度较大,成为 2014 年以来制造业投资增长最快年份。另外,制造业投资结构也表现出持续改善的趋势,高技术制造业和装备制造业投资增

---

[1]　2015—2017 年全年累计基础设施建设投资额同比增长率分别为 17.2%、17.4%、19.0%。

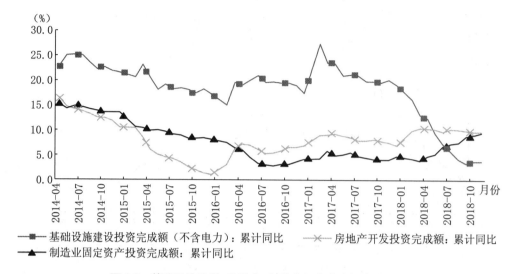

图 5.3 基础设施建设、房地产、制造业固定资产投资增长率

注：图中各项固定资产投资增长率均为名义值。
资料来源：Wind 数据库。

长突出，2018 年 1—11 月增长率分为 16.1%、11.6%，高于制造业行业平均值。
2019 年受中美贸易摩擦影响，出口预期下滑，制造业投资增长面临压力，考虑到政
府将进一步推进减税降费等"稳投资"措施，预计 2019 年制造业投资增长率将维持
7%—8%的增速。

房地产投资则稳中有进。2018 年 1—11 月全国房地产投资累计完成额同比增
长率为 9.7%，高于 2017 年同期增速 7.5%、2016 年同期增速 6.5%，但 2018 年的房
地产市场高投资可能是房地产企业为应对债务压力、加快回款周期采取的施工"抢
跑"行为。考虑到 2018 年以来商品房销售增速下滑趋势明显、未来金融"去杠杆"政
策持续、政府房地产调控决心较大等因素影响，2019 年房地产投资下行压力较大，
可能出现见顶回落，预计 2019 年中国房地产投资增长率将在 6%—7%。

最后，从投资来源来分，2018 年民间投资需求持续增长[①]，国有部门投资增
速明显下滑，年度投资增长主要靠民间投资拉动。近三年中国的投资结构变化
较快：2016 年时民间投资增长触底，固定资产投资基本依靠国有部门刺激；2017
年民间投资增长复苏，国有部门则开始小幅下滑；2018 年国有企业受基建需求下

---

① 2018 年 1—11 月民间投资同比增长率为 8.7%，超过 2017 年增长率 5.7%、2016 年增长率 3.1%。

滑影响,投资出现较大幅度跳水,2018 年第三季度名义增长率更是一度低至
1%—2%。与此相对,2018 年中央支持民营经济发展政策快速落地,民营企业信心
得到提振,1—11 月民间投资增速高于 2017 年同期近 3 个百分点。未来如何协调
国有部门和民间部门投资协调增长、互补短板,仍是中国经济发展难题和重大
机遇。

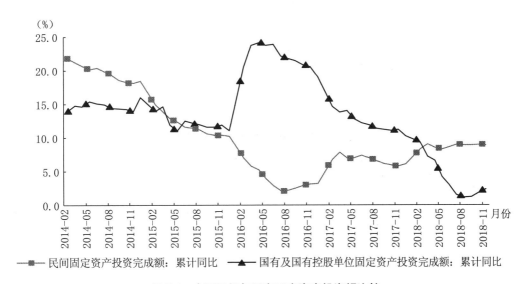

图 5.4　中国民间与国有固定资产投资额比较

注:增长率为当月累计值与上年同期相比,投资额系名义值计算。
资料来源:Wind 数据库。

5.1.2　消费对经济贡献比重增加,个税改革利好消费增长

2018 年 1—11 月中国社会消费品零售总额名义增速为 9.1%,略低于上年同期
增长率 10.3%,延续了 2008 年以来中国消费需求增速缓慢下滑的趋势。[1]在投资增
长放缓加剧的情形下,2018 年消费增长对经济的拉动作用继续凸显,2018 年前三
季度最终消费对经济增长贡献率均在 70% 以上,三季度平均贡献率高达 78.0%[2],
比上年同期提升约 13.5 个百分点。

---

　①　2018 年前三季度社会消费品零售总额增速为 2004 年以来最低值(2002 年、2003 年社零增长率分别为
8.8%、9.1%)。

　②　2018 年前三季度最终消费对 GDP 贡献率分别为 77.8%、79.2%、76.9%,这里采用简单平均值计算。

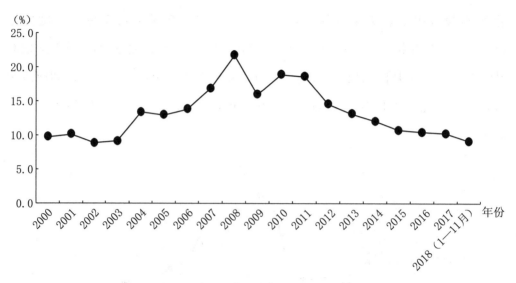

图 5.5 中国社会消费品零售总额增长率

注:消费额增长率采用名义值计算,2018 年 1—11 月为累计值。
资料来源:Wind 数据库;国家统计局。

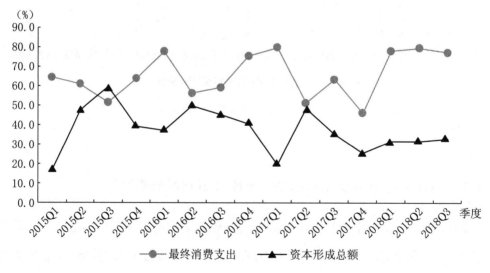

图 5.6 最终消费对季度 GDP 贡献率

资料来源:Wind 数据库;国家统计局。

从细分项目来看,汽车消费下滑是造成 2018 年社会零售品消费增速放缓的重要原因。根据对限额以上企业统计结果,1—11 月中国汽车类商品累计零售额同比增长率为－1.6％,而 2017 年、2016 年同期均有正增长率,分别为 6.0％、9.5％,其中

2016—2017 年实施的车辆购置税优惠政策①提前释放了购车需求可能是主因。2018 年房地产关联类消费增长也呈下滑趋势,其中 1—11 月全国家用电器、家具、建筑及装潢材料类累计零售额增长率分别为 8.3%、9.8%、8.1%,相较上年同期增长率下降约 1—2 个百分点。②此外,受油价下跌影响,2018 年 11 月以来国内石油制品消费额增速也出现下滑趋势。2018 年 10 月底至 12 月中旬,国内成品油价格开启"四连跌",每吨汽油、柴油的零售指导价分别下跌 1 550 元和 1 495 元③,导致 11月当月石油及制品类同比增速仅为 8.5%,相比 2018 年 1—10 月平均增速(15.1%)接近腰斩,对未来消费增长带来压力。

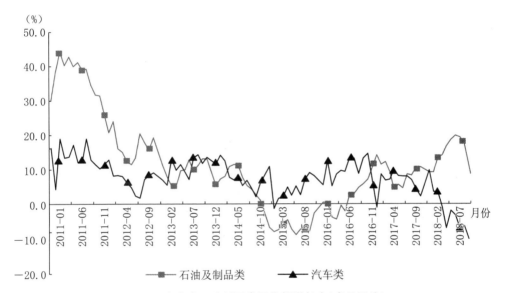

图 5.7　汽车类石油制品类零售额增长率(当月同比)

资料来源:Wind 数据库;国家统计局。

受益于个税改革,预期 2019 年消费增长有望企稳。本次个税改革着力于减轻中低收入人群税负,一方面将个税起征点从 3 500 元提升至 5 000 元(2018 年 10 月起已实施),另一方面还增加了教育、医疗、住房等税前抵扣项(2019 年 1 月起实

①　2015 年 10 月起到 2017 年 12 月,中国对购置 1.6 升及以下排量乘用车实施车辆购置税优惠政策(如 2017年为 7.5% 的车辆购置税),2018 年起恢复 10% 的车辆购置税。

②　2017 年 1—11 月家用电器、家具、建筑及装潢材料类累计零售额增长率分别为 9.4%、12.8%、10.9%。

③　根据中国最高零售指导价,2017 年 12 月 29 日汽油和柴油价格分别为 7 725 元/吨和 6 710 元/吨,2018 年10 月 20 日达到 2018 年最高值 9 160 元/吨和 8 100 元/吨,再到 2018 年 12 月 15 日油品价格则分别下滑至 7 610元/吨和 6 605 元/吨,已经低于 2018 年年初价格。

施)。个税改革预期提高中低收入人群可支配收入,促进商品和服务消费增长,拉动内需。考虑到当前政府已经着力"稳就业",若2019年失业率能维持大致稳定,消费增长率将出现企稳趋势,预计2019年社会零售总额指标增速为9%—10%。

5.1.3 抢跑效应拉动进出口增长,对外贸易维持较快增长

2018年中国进口、出口额保持较快增长,维持了2017年以来的反弹趋势。2017年1—11月,中国进出口累计额为4.24万亿美元,同比增长率为14.8%,相比2016年提升近3个百分点;①其中,进口同比增长18.4%,出口同比增长11.8%。尽管2018年全年中国进出口仍维持较快增长,但2019年需要着重关注中美贸易摩擦可能带来的影响。

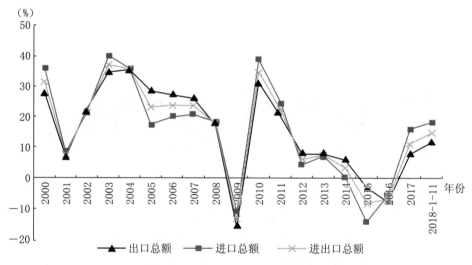

图5.8 中国进出口总额同比增长率

注:图中进口、出口总额指标均为美元计价的名义值。
资料来源:Wind数据库;国家统计局;中国海关总署。

厂商"抢出口"行为拉高2018年出口贸易额,中美贸易摩擦是否升级仍存在不确定性,可能会对2019年中美贸易额增长造成压力。2018年3月以来,中美贸易摩擦不断升级,国内厂商出于规避更高关税风险,存在加速出口"抢运"行为,客观拉高了2018年中国外贸增长速度,考虑到2018年中国对美出口贡献度仅为0.4%,

---

① 2017年1—11月进出口总额(美元计价)增长率为11.8%。

低于其他国家和地区，美国加征关税的影响将逐步出现，预计 2019 年上半年中美贸易将进一步见底。

世界经济期望增长放缓，影响 2019 年中国整体外需环境，政府积极减税降费拉动出口。2018 年全球经济复苏良好，客观上促进了中国外需环境改善，1—11 月中国对美国进出口额增长 10.9％，对欧盟进出口额增长率为 12.2％，对韩国进出口额增长率为 13.9％，对日本进出口额增长 9.7％。然而，受贸易保护主义兴起、中美贸易摩擦等影响，世界经济增长见顶，IMF 在 2018 年 10 月的报告中大幅下调了 2019—2020 年全球经济增长增速预期，将 2019 年全球经济增速预期值从前值 3.95％[①]下调至 3.65％，2020 年预期值从前值 3.76％下调至 3.66％，世界银行也相应下调了 2019 年美国、欧盟、日本、韩国等经济体的预期增长率。2018 年以来，中国政府 7 次下调部分商品进口关税、2 次上调部分商品出口退税税率，通过积极的减税降费应对外需放缓压力。

5.2　供给端：供给侧改革成效显著，产业转型亮点显现

5.2.1　工业企业利润面临下行压力，工业品价格增速回落

2018 年 1—11 月中国规模工业增加值累计同比增长率为 6.4％，略低于上年同期增速 6.6％，其中汽车制造业、通用设备、电气机械、运输设备等制造业行业产出下降较为明显。从国家统计局公布的 2018 年前三季度指标来看，供给侧改革成效继续显现。首先是工业产能利用率稳定，2018 年前三季度中国工业产能利用率基本维持在 76％以上，与 2017 年大致持平[②]，国内产能过剩问题基本得到缓解；其次是工业企业"降成本"明显，通过政府减税降费政策，规上工业企业每百元主营业务收入成本从 2015 年 9 月的 86.11 元下降至 2018 年 9 月的 84.31 元[③]，可比口径下资

① 前值为 2018 年 4 月预测值，可参见 IMF 网站世界经济展望数据库（World Economic Outlook Database）2018 年 4 月。
② 黑色金融冶炼、煤炭开采洗选等部分行业产能利用率还有小幅提升。
③ 2016 年 9 月、2017 年 9 月规模以上工业企业每百元主营业务收入成本 85.87 元和 85.56 元。

产负债率也有所下调①。

表 5.1　中国工业季度产能利用率情况（％）

季　　度	工业整体产能利用率	黑色金属冶炼及压延业产能利用率	煤炭开采和洗选业产能利用率
2016 年第四季度	73.8	73.0	60.7
2017 年第一季度	75.8	73.7	65.4
2017 年第二季度	76.8	75.7	67.7
2017 年第三季度	76.8	76.7	69.0
2017 年第四季度	78.0	77.0	70.5
2018 年第一季度	76.5	76.9	71.2
2018 年第二季度	76.8	78.5	72.9
2018 年第三季度	76.5	78.7	70.1

资料来源：Wind 数据库。

　　受钢铁、煤炭、有色金属等国际大宗商品价格增长放缓、国内投资需求下滑影响，2018 年工业品价格增速出现快速回落，1—11 月 PPI 同比增长 3.8％，较上年同期回落了 2.6 个百分点，这也造成 2018 年 PPI 与 CPI 剪刀不断收窄，工业企业利润面临较大下行压力，亏损企业数量和亏损总额有所增长。从统计数据来看，2018 年 1—10 月中国规模以上工业企业利润总额累计同比增长率为 13.6％，较上年同期增速（21.9％）下滑明显；1—10 月规上工业企业中亏损企业家数同比增长 6.2％，亏损额同比增长 7.4％，汽车产业亏损尤其突出。

　　预计 2019 年仍将延续工业品价格增速减弱趋势，并且存在 PPI 通缩风险，未来 1—2 年内工业行业增长面临下行压力，2019 年规上工业企业增加值增长率将在 4.5％—5.5％。在本报告关注的 2019—2020 年间，供给侧结构性改革应当更着力于"补短板""降成本"，通过完善市场环境、引导政策预期，防止企业在环保、社保、融资等领域成本过快增长，并通过已落地的各类减税降费措施、切实减轻企业负担，为中国经济中长期发展积蓄动力。

------

　　①　根据国家统计局采取的可比口径，2018 年 8 月规模以上工业企业资产负债率为 56.6％，相比上年同期下降 0.5 个百分点。

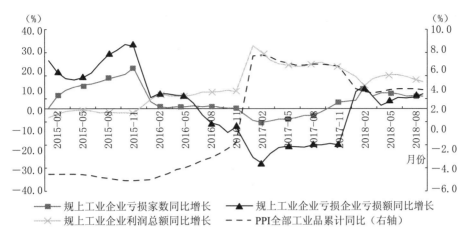

图 5.9　中国工业品价格与规上工业企业利润增速变化

注:图中同比增长率均采用名义值计算,规模以上企业经营数据均为当年累计值。

资料来源:Wind 数据库;国家统计局。

5.2.2　服务业增长趋势有所放缓,结构转型升级持续推进

2018 年服务业占中国经济中比重持续上升,前三季度中第三产业对国内经济增长平均贡献率为 60.9%[①],略高于 2017 年全年 60.0% 的贡献率。根据国家统计局数据,2018 年 1—11 月中国服务业生产指数累计增长率为 7.7%,低于上年同期 8.2% 的增速。

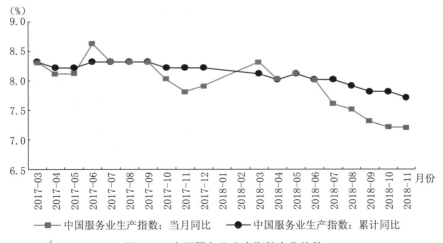

图 5.10　中国服务业生产指数变化趋势

资料来源:Wind 数据库;国家统计局。

---

① 根据国家统计局测算,服务业在 2018 年前三季度对国内经济增长贡献率分别为 61.6%、60.5% 和 60.8%。

从月度表现来看,2018 年上半年中国第三产业增长较为平稳,服务业生产指数增长率基本稳定在 8.0%—8.1%,8 月份起服务业同比增长率下滑较为明显,增速放缓趋势开始出现。[①] 从细分产业来看,尽管增长放缓,服务业结构优化仍在持续进行,战略性新兴服务业、科技服务业、高技术服务业表现较好,2018 年 1—10 月间这三类产业对应的规模以上服务业企业累计营业收入增长率分别为 15.3%、15.3%、13.8%,高于 11.8% 的服务业行业平均增速。考虑到需求侧动力不足,预计短期内中国服务业增速下滑趋势仍将延续,预计 2019 年服务业生产指数将维持在 7%—8.0% 上下波动。

5.2.3 下半年就业压力增大,"稳就业"预防经济风险

2018 年中国各项失业率指标总体平稳,下半年新增就业压力有所显现。2018 年 4 月起,国家统计局首次发布中国城镇调查失业率,1—11 月均值为 4.9%,未触及年初政府工作报告中提出的 5.5% 目标值,全年表现基本稳定。从城镇登记失业率来看,2018 年前三季度末已降至 3.82%,2017 年末值为 3.90%,处于近年来低点。

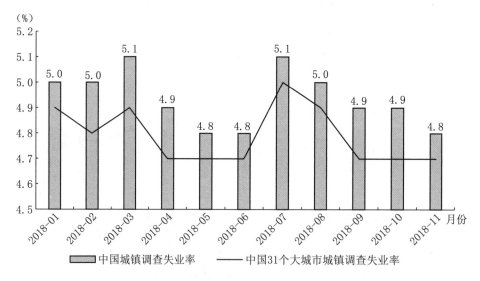

图 5.11　2018 年中国调查失业率变化趋势

资料来源:Wind 数据库;国家统计局。

---

① 2018 年 11 月,中国服务业生产指数单月同比增长率降至 7.7%。

2018 年 1—11 月间,全国城镇新增就业 1 293 万人,同比增长 1.02％,低于上年同期 2.5％的增速,特别是 8 月开始,单月新增就业人数都不及上年同期值,服务业增速回落是重要解释因素。在 2018 年 7 月召开的政治局会议中,"稳就业"被放在首要位置,体现了政策的前瞻性,并且此后政策也多次强调稳就业,在 12 月出台的《关于做好当前和今后一个时期促进就业工作的若干意见》中,提出对不裁员或少裁员企业返还部分就业保险费等举措,切实减轻企业负担、提振劳动力需求。预计 2019 年新增就业情况将持续放缓,但在政策支持下国内失业率波动小,总体形势稳定。

5.3　2019 年中国经济新风险与新动力

5.3.1　贸易谈判前景不明, 中美关系面临重塑

2018 年中国面临宏观外部环境快速变化,标志性事件是从 3 月起不断升级的中美贸易摩擦,美国基于"301 调查"结果宣布将对中国进口的商品加征高额关税,涉及规模从 500 亿美元商品 25％的税率(已征收),扩大至对 2 000 亿美元商品的 10％关税(已执行),这部分商品在 2019 年还有可能面临 25％的关税。据 2018 年 12 月中美双方元首在阿根廷 G20 峰会磋商的结果,中美将在 90 天谈判期内暂停互加关税。从短期来看,2018 年中美贸易摩擦等外部风险因素对中国经济实质性伤害有限[①],主要是对中国未来经济增长预期变化造成了影响,首先表现为汇率、股市等金融市场大幅波动[②],进而影响实体经济中企业部门投资扩张、住户部门消费升级的决策选择,带来宏观经济表现疲软。当前中美贸易谈判仍在推进中,能否达成协议存在不确定性,中国出口企业切实面临关税大幅增长、盈利下滑的风险,外需回落与中国内部结构调整周期重叠将使得 2019 年中国经济面临下行压力。

从长期来看,随中国经济高速增长、转型升级稳步推进,中国重点产业和出口产品已经与美国出现重叠和竞争,不再是过去完全互补的状态,因此中美贸易关系的改变可能是长期性的。当前中国在高端制造、创新科技等领域距离美国仍有较

---

① 可参见本小节需求侧分析,2018 年 1—11 月中国整体出口仍然保持了较快增长。

② 如 2018 年内人民币兑美元汇率大幅贬值,A 股大幅下跌至历史低点等。

大差距,仍然需要不断对内深化改革,对外扩大开放,化外部风险为转型动力,以获得更大发展机遇和动力。

5.3.2 债务问题出现新特点,杠杆风险仍需警惕

2018 年以来,中国宏观债务基本延续了上年变化趋势。首先是金融部门持续去杠杆,实体部门杠杆率则小幅上升。根据国家金融与发展实验室研究报告数据,中国金融部门杠杆率从 2017 年末的 69.7% 下降至 2018 年上半年的 64.3%,同期,实体部门杠杆率从 2017 年末的 242.1% 小幅上升至 242.7%。其次,实体部门中的居民部门杠杆率上升较快,政府部门杠杆率稳中有降。从 2017 年末到 2018 年第二季度,居民部门杠杆率从 49.0% 上升至 51.0%,中央和地方政府总杠杆率从 36.2% 下降至 35.3%[①],其中居民部门杠杆率主要由消费贷款增长拉动,考虑到住房贷款增长已经放缓,预计 2019 年居民部门杠杆率增速也将出现回落。

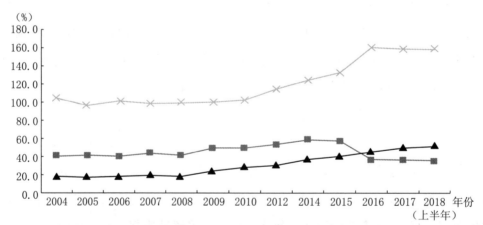

图 5.12 中国各部门杠杆率变化趋势

资料来源:Wind 数据库;中国社会科学院;国家金融与发展实验室。其中,2004—2017 年数据均来自 Wind 数据库;2018 年上半年各部门杠杆率数据来源于《经济参考报》2018 年 9 月 19 日发布的国家金融与发展实验室国家资产负债表研究中心报告《去杠杆政策转向了吗——中国去杠杆进程报告(2018 年 2 季度)》,http://dz.jjckb.cn/www/pages/webpage2009/html/2018-09/19/content_47008.htm。

---

① 根据国家金融与发展实验室发布的 2018 年二季度中国去杠杆进程报告数据,从 2017 年第四季度到 2018 年第二季度,中国地方政府杠杆率从 19.9% 下降至 19.4%,中央政府杠杆率从 16.2% 下降至 15.9%,均出现了小幅下降。

最后,实体部门中非金融企业部门杠杆率也保持下降趋势,债务占 GDP 比重从 2017 年末的 157.0% 下降至 2018 年上半年的 156.4%。虽然当前国有企业资产负债率仍然高于民营企业,但是 2018 年已经出现了国企去杠杆、民营企业加杠杆的新特点,需要特别关注民营企业债务风险。从国家统计局对规模以上工业企业统计数据来看,2018 年 1—9 月间中国国有控股企业资产负债率下降趋势明显,从 2017 年 12 月的 60.4% 降至 59.0%,下调了 1.4 个百分点,去杠杆效果较好;与此相对,私营企业经营压力较大,资产增速小于负债增速,导致私营企业平均资产负债率从 2017 年末的 51.6% 上涨至 2018 年 9 月的 56.1%。受中央支持民营企业发展政策利好影响,中国民营企业资产负债率 10—11 月间有所回调[①],整体风险仍处于可控范围内。

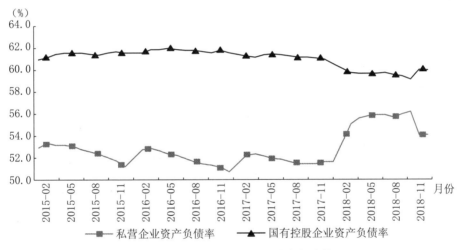

图 5.13　工业企业资产负债率变化趋势

注:图中均为规模以上工业企业,每月均显示全年累计值。
资料来源:Wind 数据库;国家统计局。

5.3.3　股价下跌带来质押风险,汇率面临贬值压力

受中美利差缩窄、贸易摩擦等因素影响,2018 年人民币汇率总体呈现贬值趋势,汇率低点出现于 10 月 31 日,当日美元兑人民币即期汇率为 6.97,一度逼近 7 元

[①]　根据国家统计局数据,2018 年 10 月和 11 月中国规模以上私营企业累计杠杆率为 54.0%、54.0%,规模以上国有控股企业资产负债率为 59.9%、59.8%。

关口,相比年初贬值幅度超过 7%。①在 11 月底的阿根廷 G20 峰会后,中美贸易摩擦暂时缓和,美元兑人民币汇率出现小幅反弹,截至 2019 年 1 月 25 日已经回升至 6.76。值得注意的是,2018 年以来人民币相对美元贬值主要是外部因素导致(即美元走强),从国际市场来看,大部分新兴市场国家货币兑美元汇率也出现了不同幅度贬值,其中阿根廷、土耳其、俄罗斯、印度等国货币贬值幅度远超中国。②

2018 年以来,中国外汇收支基本保持稳定,截至 11 月外汇储备为 30 616.97 亿美元,与年初相比小幅下降③,大致与 2017 年 6—7 月水平相当。考虑到美联储 2019 年有加息可能,届时中美利差将进一步缩减,中国将面临资本外流、人民币贬值双重压力,但风险整体较为可控,预计美元兑人民币汇率将维持在 6.8—6.9 企稳运行。

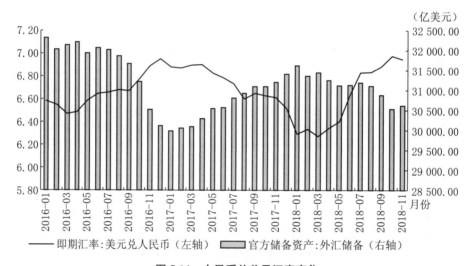

图 5.14　人民币兑美元汇率变化

资料来源:Wind 数据库;国家统计局;国家外汇管理局。

此外,2018 年中国股票市场指数出现较大波动④,短期内需要加强防范股价下跌带来的股权质押风险;长期来看,中国已出台了一系列支持政策,如推行注册制、

① 根据 Wind 数据库,2018 年 1 月 2 日美元兑人民币即期汇率为 6.496 7,贬值幅度达到 7.29%。

② 2018 年以来,阿根廷、土耳其、俄罗斯、巴西、南非、印度等主要新兴市场国家货币相对美元均出现贬值,且贬值幅度超过人民币。

③ 根据国家外汇管理局数据,2017 年 12 月中国外汇储备总额为 31 399.49 亿美元。

④ 2018 年全年沪市上证指数下跌 24.59%,深证成指下跌 34.42%,跌幅位居世界前列。

严格实施退市制度、鼓励上市公司回购、在上交所设立科创板等,这将进一步规范市场运行,激发市场活力,推动我国资本市场保持健康平稳发展。

5.3.4   政府调控力度仍大,房地产去库存持续承压

从房地产销售数据来看,近年来中国供给侧改革"去库存"成效较为显著,2018年 1—11 月商品房待售面积持续累计增长率为 −11.7%,延续了 2016 年 11 月以来的负增长趋势。但是,2018 年中国房地产销售放缓,房企还存在加速开工"抢跑"现象,预计短期内房地产"去库存"势头将会放缓。受经济增长放缓、政策调控偏紧、市场观望预期形成等因素影响,2018 年 1—11 月间中国商品房累计销售面积、销售额同比增长率分别为 1.4% 和 12.1%,低于上年同期 7.9%、12.7% 的增速,出现放缓趋势。此外,为在销售进一步转弱前"抢跑"回款,2018 年房地产企业加速开工现象明显,1—11 月房屋新开工面积增长率为 16.8%,与此相对,2017 年同期增速仅为 6.9%,这将给房地产库存增加压力。此外,2019 年棚改货币化安置比例收紧[①]可能带来三四线城市房地产需求进一步下降。

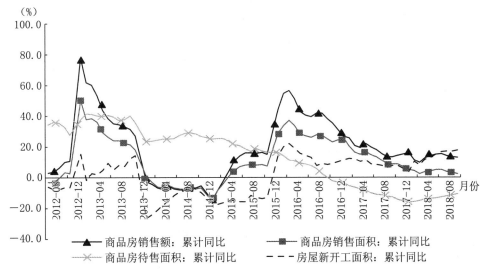

图 5.15   房地产去库存趋势

资料来源:Wind 数据库;国家统计局。

---

① 2019 年政府购买棚改服务模式将取消,转以发行专项债为主,支撑大部分三四线城市购房需求的棚改资金将持续缩减。

当前,中国政府对房地产市场的整体调控力度仍然较大,预计 2019 年政府调控放松程度将较为有限。如 2018 年 7 月召开的中央政治局会议上就提出"坚决遏制房价上涨",并要求加快建立促进房地产市场平稳健康发展长效机制;2018 年 12 月的中央经济工作会议上则再次强调"房子是用来住的、不是用来炒的"。此外,为应对"去杠杆"带来的资金压力,短期内房地产企业放缓拿地、成交土地溢价率降低的趋势已经出现,预计 2019 年财政收入增长将进一步承压。

5.3.5 民企融资压力加大,政策支持力度不断增强

在金融去杠杆、政府严监管大背景下,2018 年银行惜贷情绪明显,尽管央行四次降准[①]、增强市场流动性,国内信贷整体仍然呈现收缩趋势,民营企业及中小企业融资压力增大、普遍存在融资难问题。根据统计数据,2018 年 1—11 月间中国社会融资规模存量和 M2 增长率分别为 9.9％和 8.0％,创历史新低,放缓趋势明显,2018年以来民营企业债券违约现象也时有出现。

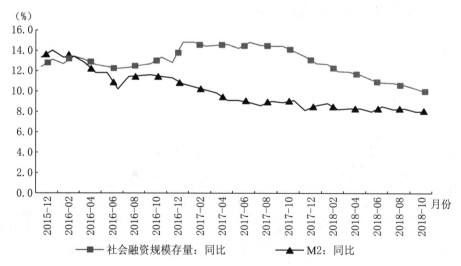

图 5.16 社融融资规模与 M2 增长趋势

资料来源:Wind 数据库;中国人民银行。

2018 年 10 月以来,国家高度重视民营企业融资难问题,各部门集中出台了一系列支持民营发展的政策,着力提高民营企业金融可及性。首先是拓宽债券融资

---

① 2018 年,中国人民银行分别于 1 月 25 日、4 月 25 日、7 月 5 日、10 月 15 日四次降低准备金率。

渠道,帮助有竞争力的民营企业实现债券融资,如中国人民银行宣布设立民营企业债券融资支持工具①、证监会设立专项公司债券发行绿色通道等;其次是提高银行贷款中民营企业比重,使民营贷款份额与经济比重向匹配,银保监会主席郭树清提出初步考虑对新增贷款比重制定"一二五"目标、银保监会发文允许保险资管公司设立专项产品为民营企业提供长期融资支持等②;最后是营造良好市场环境,激发民营企业活力,如司法部的 20 条意见③等。通过落实民营企业发展支持政策、促进民营企业蓬勃发展,中国经济增长将获得长期动力。

5.3.6　减税措施成效初现,积极财政政策助力高质量发展

2018 年以来,中国开始转向以"减法"为主要突破口的积极财政政策,实施了较大规模的减税降费,有助于拉动内需、提高产品竞争力以及降低实体经济负担。其中已实施的几项重要税收改革为:(1)2018 年 5 月以来的增值税改革,将原本 17％、11％两类税率下调至 16％、10％,覆盖行业包括制造业、交通运输业、建筑、基础电信服务等;(2)2018 年 9 月以来将企业研发费用税前加计扣除比例提高到 75％;(3)2018 年 10 月起实施的新个税改革,包括提升起征点以及对子女教育、继续教育、大病医疗、租房还贷、赡养老人等的专项扣除;(4)2018 年 9 月起两次上调部分产品出口增值税退税率,年内下调降低部分商品进口关税等。据测算,2018 年中国整体减税降费总额将超 1.3 万亿,高于年初 1.1 万亿减税目标。④

预计 2019 年中国将延续积极的财政政策,进一步深化财税体制改革,实施更大规模的减税降费。未来中国还将继续研究增值税"三档并两档"改革、降低社保费率等诸多方案。在减税降费为经济提供动力的同时,2019 年中国财政收入平衡压力增大,赤字率可能有所上升,突破 3％关卡。

---

① 2018 年 10 月 22 日,中国人民银行发布题为《设立民营企业债券融资支持工具,毫不动摇支持民营经济发展》的公告,具体可参见 http://www.gov.cn/xinwen/2018-10/22/content_5333617.htm。

② 即在新增的公司类贷款中,大型银行对民营企业的贷款不低于 1/3,中小型银行不低于 2/3,争取 3 年以后,银行业对民营企业的贷款占新增公司类贷款的比例不低于 50％。采访内容参见新浪财经 2018 年 11 月 9 日转引自《金融时报》的新闻报道,http://finance.sina.com.cn/roll/2018-11-09/doc-ihnprhzw9416458.shtml。

③ 2018 年 11 月 11 日,司法部发布《关于充分发挥职能作用为民营企业发展营造良好法治环境的意见》,参见 http://www.moj.gov.cn/news/content/2018-11/10/bnyw_42385.html。

④ 参《华为街见闻》2018 年 11 月 9 日发布的中国社会科学院世界经济与政治研究所国际金融室副主任肖立晟研究报告《2019 年中国减税规模测算与分析》,https://wallstreetcn.com/articles/3435290。

5.3.7 营商环境持续改善，有助于激发社会创新创业活力

中国政府长期深化"放管服"改革,在企业开办、电力接入、施工许可获得、不动产登记、进出口通关等多个领域中切实缩减流程环节、办理时间和费用成本,不断改善营商环境。根据 2018 年 10 月世界银行发布的最新一期《营商环境报告》(Doing Business),中国整体营商环境在全球 190 个经济体中位列第 46,相比上年排名上升 32 位,首次进入全球前 50。2018 年中国营商环境指标大幅提升,既是软实力和国际竞争力的体现,也为中国市场创新创业活动创造了良好基础。

根据国家市场监管总局公布的数据,2018 年中国市场活力持续提高、新设市场主体数量持续增长,前三季度全国共新设企业 501.2 万户,同比增长 11.1%,平均每天新设 1.84 万户,其中新设私营企业占比 93.6%。[①]从产业分布来看,新兴服务业增长表现突出,新设教育、卫生和社会工作、文化体育和娱乐业企业数量同比增长率分别为 56.4%、45.4%、21.8%。近年来中国新创立企业占市场总量比重已超过七成,营商环境改善对国内企业创新创业活动的重要作用得到充分体现。

5.3.8 进博会彰显开放决心,为扩大对外开放注入新动能

首届中国国际进口博览会于 2018 年 11 月在上海举办,共有 172 个国家、地区和国际组织参加,3 617 家境外企业参展,展览面积达 30 万平方米,130 多个参展国家实现成交,成交总额超过 578 亿美元。[②]习近平主席在进博会开幕式上发表题为"共建创新包容的开放型世界经济"的主旨演讲,深刻阐述了中国扩大与各国开放合作的政策主张和务实举措。

进口博览会向世界展示了中国持续扩大开放的决心。从具体政策来看,2018 年以来,中国持续放宽市场准入,6 月发布了全国版与自贸区版《外商投资准入特别

---

① 国家市场监管总局公布 2018 年前三季度全国共新设私营企业 469.4 万户。
② 《钟山部长〈求是〉刊文:新时代高水平对外开放的里程碑——写在首届中国国际进口博览会圆满闭幕之际》,国家商务部网站 2018 年 11 月 18 日,http://ir.mofcom.gov.cn/article/ciie/201811/20181102807628.shtml。

管理措施(负面清单)》,进一步缩减负面清单中产业限制,在金融、汽车、飞机、船舶、铁路等领域持续扩大开放(如取消外资股比限制等)。预计未来中国还将在放宽市场准入标准、加强知识产权保护、改善营商环境等领域持续深化改革,扩大开放程度。通过引入更多有国际竞争力的企业和产品,加强中国市场竞争,激励国内企业钻研探索、更快更好发展。通过改革和开放,为中国经济增长长期提供发展动力。

第 6 章

美国经济：“特朗普景气”及其隐忧

2018 年，美国经济延续了持续复苏的势头，经济增长、通货膨胀、失业率等重要经济指标均处于金融危机以来的最好水平。特朗普政府的国内减税和咄咄逼人的对外经济政策刺激了国内需求，同时也加剧了世界经济的动荡。但是，2018 年底以来出现的股市下跌、利率倒挂等现象可能预示着，“特朗普景气”①已经基本见顶，2019 年美国经济可能面临隐忧。

6.1 “特朗普景气”下的美国经济表现亮丽

6.1.1 美国主要经济指标处于历史较好水平

2017 年 1 月就职以来，此前并无从政经验的特朗普总统不按常理出牌，在美国国内推行有利于富人阶层的减税法案和实施美国“再工业化”战略，在国际通过退出 TPP、重新谈判北美自由贸易区等政策谋求更加有利于美国的国际经济环境。这些新政策与 2008 年金融危机后奥巴马政府推行的调整政策后续效应叠加，推动

① “特朗普景气”是相对于“奥巴马景气”而言的。2008 年以来靠低利率、转移杠杆、资产负债表修复、页岩油气技术革命等推动的美国经济复苏被市场人士称为“奥巴马景气”。“奥巴马景气”本来应该在 2016—2017 年前后筑顶，但特朗普减税进一步拉长了复苏周期，市场称为进入了“特朗普景气”的阶段。

美国经济开启了近十年来最强劲的一波增长。

如图 6.1 所示,进入 21 世纪以来,美国经济大体经历了三个周期。2000 年第二季度,美国"新经济"泡沫破裂,再加上"911"恐怖袭击,GDP 季度同比增长率从 5.3％一路下降到 2001 年四季度的 0.15％,几乎陷入衰退边缘。此后由于反恐战争引致政府开支扩大,安全形势的改善逐渐恢复了私人消费和投资的信心,GDP 季度同比增长率回升到 2003 年四季度的 4.33％。这个增长率接近美国经济的潜在增长率,美联储于是开始加息,试图将增长率控制在 2％左右的水平。但是,2008 年 8 月爆发的次贷危机和金融危机直接将美国经济拖入谷底,2009 年第二季度的同比增长率为－3.92％。面对衰退的危险,美联储开始实施非常规的量化宽松(QE)政策,通过直接购买政府长期国债压低长期利率,刺激国内需求和对外出口。2010 年第三季度,美国季度同比增长率恢复到 3.18％,初步摆脱了衰退。此后直到 2016 年第二季度,美国季度同比增长率大体在 1％到 3％之间波动,美联储认为货币刺激政策的功效已经完成,开始逐步实施退出 QE 的措施。2016 年第二季度以来,美国经济开始了新一轮强劲的增长,季度同比增长率从 1.3％持续上升到 2018 年第三季度的 3.04％。

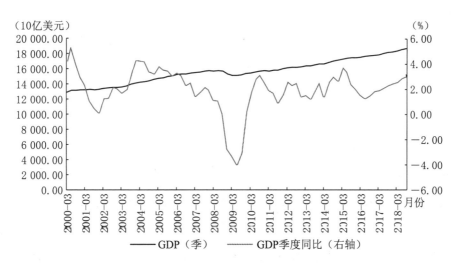

图 6.1 美国的季度 GDP 及其同比增长率

资料来源:Wind 数据库。

美国的就业数据表现更加抢眼。如图 6.2 所示,美国上一次失业率降到 4％以下还是在 21 世纪初的"新经济"时期,2000 年 4 月达到最低值 3.8％。此后,即使在

2006 年经济形势最好的时候,失业率也只达到过 4.5%,此后便一路上升。金融危机爆发后,美国失业率在 2009 年 11 月达到 21 世纪以来的最高值 9.9%。在量化宽松等政策的刺激之下,美国失业率逐步下降,2016 年 5 月为 4.7%,已经接近自然失业率水平。这也是美联储决定逐步退出量化宽松货币政策的重要考量因素。但特朗普政府上台后,美国失业率在 4.8% 的基础上开始了又一波下降趋势,2017 年 12 月降至 4.1%,2018 年 9 月起连续 3 个月保持在 3.7% 的超低水平,比"新经济"时期的最低值 3.8% 还要低。这也是美国经济的本轮增长被称为"特朗普景气"的重要原因。

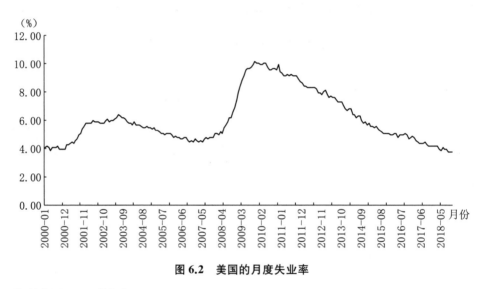

图 6.2　美国的月度失业率

资料来源:Wind 数据库。

除了高增长、低失业率外,"特朗普景气"的第三个表现是适度的通货膨胀率。如图 6.3 所示,美国的月度消费者价格指数(CPI)历史波动还是比较大的,高的时段如 2005 年 9 月接近 5%,低的时候如 2015 年 3 月接近 0%,接近 4% 或 1% 的次数就更多。在 2008 年金融危机前后,月度 CPI 曾经从 2008 年 8 月的 5.4% 断崖式下降到 2009 年 7 月的—2.1%。但是,2017 年 1 月特朗普政府就职以来,美国月度 CPI 开始在 2.9%—1.9% 之间的狭窄幅度内波动,波幅不超过 1 个百分点。当前的美国经济既没有严重通货膨胀之忧,又不必担心通货紧缩,进入了一个教科书式的宏观经济发展态势。

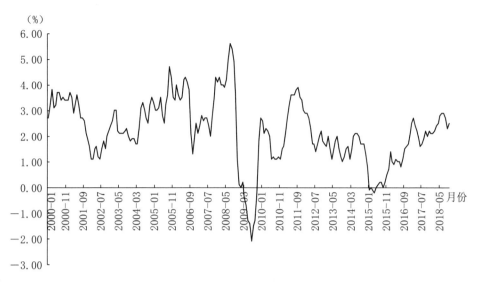

图 6.3　美国的月度 CPI

资料来源：Wind 数据库。

6.1.2　"特朗普景气"主要是政策性因素所致

美国经济在当前的世界经济中表现抢眼，其背后的原因既有周期性的，也有政策性的。从周期性因素看，美国经济经过 2008 年金融危机后的深度调整，已经进入了一个新的上升趋势，这个趋势从奥巴马总统第二个任期的后半段也就是 2014 年中期就已经开始了。但是在 2014—2016 年间还出现过几次调整，直到 2017 年后才确立了上升的势头，这与特朗普政府所采取的"新政"是直接相关的，也是当前美国经济被称为"特朗普景气"的原因。

特朗普"新政"的核心措施是通过大规模的基建投资（5 500 亿美元）和大幅度减税（将企业所得税率从 35％降至 15％，并给予海外资金回流税收优惠），以及放松金融监管和采取贸易保护政策来实现更快的经济增长目标。与此同时，独立执行货币政策的美联储继续其退出量化宽松的政策节奏，也在客观上配合了特朗普的"新政"。特朗普"新政"，具体包括：

一是税改政策。特朗普在竞选期间就着力推动税收制度改革，它有几个重要的目标：第一，降低企业负担，刺激投资，创造就业岗位，提升国内产出水平；第二，简化美国现行税制，降低庞大的联邦税收系统和报税制度的社会成本；第三，落实

"美国优先",提升美国企业的全球竞争力。税改是特朗普总统"让美国再次伟大"的竞选口号的直接表现。2017 年 12 月 2 日,美国参议院以 51 票对 49 票通过税改法案。2017 年 12 月 22 日,特朗普总统签署《减税与就业法案》。2018 年 12 月 19 日,美国财政部长史蒂芬·姆努钦就税改法案通过一周年发表声明,称在税改的支持下美国经济在过去一年里表现强劲,2005 年以来美国经济增速首次突破 3%,就业市场健康,失业率维持在 3.7% 的历史低位。税改的具体内容包括:其一,在个人所得税方面,将联邦个人所得税率从最高 39.6% 降至 37%。个人所得税边际税率下调较小,是由于个人所得税占美国税收的近一半,小幅下调的影响就很大。其二,将企业所得税从 35% 大幅降至 21%,每年减少企业所得税约 1 200 亿美元。不少企业在 2018 年伊始便宣布将把部分税收红利以工资、奖金等形式发放给员工。其三,吸引海外利润回流美国,提升国内投资水平。美国财政部长史蒂芬·姆努钦提到的"非常有竞争力"的"一次性"海外利润汇回税带有一定的优惠性质,将吸引美国企业将离岸利润留存汇回美国。特朗普税改是希望通过简化税法、降低公司税、为中产阶级减税、鼓励美国企业将囤积在境外的利润汇回国内的四大税改目标来提振美国实体经济。

二是基建投资政策。特朗普总统在 2018 年 1 月 21 日所发表的国情咨文中表示,要求国会未来通过至少 1.5 万亿美元的基建投资法案。为此,特朗普政府简化了环境审查和批准基础设施的进程,加强了联邦各机构之间在基础设施批准和环境审查方面的政策协调。相对于移民、税改等有较高政治属性的政策,基建计划可以直接造福美国经济,更容易在两党之间达成共识。基建计划的最大不利因素是扩大基建必将增加美国的政府赤字,并且受制于国会的批准。目前引起最大争议的基建投资计划是在美国与墨西哥边境修建隔离墙,预计需要 57 亿美元预算。由于中期选举后由民主党控制的国会众议院拒绝批准包含隔离墙的预算案,在 2018 年圣诞节后曾导致美国联邦政府历史上最长的一次关门事件,相当一部分联邦政府雇员被迫"停工"。

三是贸易保护政策。贸易保护是特朗普从竞选伊始就一直强调的经济政策,并且在当选后立即着手实施。特朗普在竞选时就明确表示,一旦当选,将废除奥巴马政府签署的跨太平洋伙伴关系协定(TPP)、对已经实施 25 年的美加墨三国间的北美自由贸易协定(NAFTA)进行重新评估、对美国认为进行"不公平倾销和补贴"的国家提升关税以及采取更严厉的贸易制裁措施,这些措施在 2017 年里都继续得到实施。就职仅三天,特朗普总统就在 2017 年 1 月 23 日签署行政命令,宣布美国正式退出 TPP,并表示美国将很快与加拿大和墨西哥就 NAFTA 重新谈判。美国的谈判策略是各个击破,首先向实力较弱的墨西哥施加压力,使墨西哥首先作出让步。2018 年 8 月 27 日,美国与墨西哥的谈判代表就修订 NAFTA 中的关键部分达成了一项新的协议。此后,特朗普总统一直给加拿大施压,不断通过推特向加拿大喊话,希望加拿大能在最后时刻接受协议,否则将被排除在 NAFTA 之外。2018 年 10 月 1 日,加拿大在最后关头同意加入美国与墨西哥之间的贸易协定。这个新协定的名称为"美墨加协定"(The United States-Mexico-Canada Agreement,USMCA),全面取代目前的北美自由贸易协定。除了开放投资、降低关税等贸易协定中通常的措施外,USMCA 还包括一项特别的"非市场经济条款",规定如果美加墨三方中的任何一方要与所谓的"非市场经济国家"谈判自由贸易协定,那么,缔约方应在与该"非市场经济国家"启动谈判前提前三个月通知其他缔约方,并尽早将缔约目标告知其他缔约方;在与该"非市场经济国家"签署自由贸易协定前的至少 30 天,应将拟签署文本提交给各缔约方审查,以便其他缔约方评估该文本对 USMCA 的影响;在与该"非市场经济国家"签署自由贸易协定后的六个月内,允许其他缔约方终止并替换 USMCA 的相关条款。由于部分西方国家拒不承认中国的市场经济地位,这个条款的针对性是不言而喻的。

四是金融监管政策。与此同时,独立执行货币政策的美联储继续其退出量化宽松的政策节奏,也在客观上配合了特朗普的"新政"。特朗普金融改革的目标是放松金融监管,提高银行业盈利能力,推进资金脱虚向实。2010 年 7 月,美国经济刚刚爬出金融危机的谷底,时任总统奥巴马签署了《多德—弗兰克华尔街改革与消费者保护法案》,旨在有效控制系统性风险,维护金融稳定。但这也不可避免地对银行房贷业务产生了消极影响。特朗普认为过于繁琐的监管阻碍了美国复兴,因此金融"去监管"是特朗普竞选期间的重要政策主张。2017 年 6 月,国会参众两院已经分别通过《金融选择法案》(Financial Choice Act),修改了《多德—弗兰克法案》中的部分内容。2017 年 11 月 2 日,特朗普提名美联储理事杰罗姆·鲍威尔出任下届美联储主席,并于 2018 年 1 月 23 日获得国会参议院批准,2 月 3 日正式就职。美国法律规定联储的决策不受政府干预,但通过提名对放松金融监管持开放态度的新任联储主席,特朗普可以间接地影响美联储的货币政策,以使其更好地配合自己的"新政"。

五是移民政策。移民政策本身并不属于经济政策,但特朗普政府对待移民的大幅政策转向会对经济产生影响。上台伊始,特朗普总统就颁布行政令,暂时禁止全球难民和西亚非洲七国的公民入境。虽然这引起全球许多国家的批评和国内一些州及地方法院的反对,但 2018 年 6 月 26 日,美国联邦最高法院裁定,特朗普颁布的移民限制令符合总统职权范围。特朗普还宣布在美国墨西哥边境修建隔离墙、打击非法移民、取消奥巴马政府的"童年入境者暂缓遣返计划"(DACA)和"临时保护身份"(TPS)项目等,导致来自萨尔瓦多、海地、洪都拉斯和尼加拉瓜的超过 30 万在美中美洲人面临被驱逐出境的境况,27 万个未成年人家庭可能"骨肉分离"。受特朗普移民政策影响最大的是美国的就业市场,美国企业雇用外国移民的意愿下降,加剧了劳动力市场的紧张。

六是能源政策。过去三年低油价期间,美国页岩油气压裂技术不断取得进步,开采成本持续下降,如今已成为增长最快的能源生产国。特朗普任职美国总统后,其能源政策向传统化石能源倾斜,改变了过去美国政府多年扶持清洁能源的政策方向,特朗普的目标是在 2020 年前后,让美国实现能源独立。为此,2017 年 1 月 21 日,特朗普上台第二天就提出了《美国能源优先计划》。2017 年 6 月 1 日,为避免对发展传统能源产生干扰阻碍,特朗普正式宣布退出《巴黎协定》。未来几年,在特朗普的大力推动下,美国化石能源产量有望加速增长。这不但是发展地方经济、迎合选民的需要,也有助于美国扭转全球贸易逆差。

需要指出的是,美国的"特朗普景气"虽然在国内造成了高增长、低通胀、低失业的向好局面,但是其外部性是相当负面的,是一种损人利己的"景气"。特朗普总统就职以来采取的国际税收竞争、退出已经加入的国际组织、以贸易报复作威胁与贸易伙伴重新进行谈判、打压其他国家的科技进步等做法,增加了世界经济中的不确定性,给其他国家的经济发展造成了困难,不利于世界经济的稳定增长,最终也会损害美国自己的利益。

6.2　美国"特朗普景气"的国际外溢影响

作为世界最大的经济体和现行国际规则的主要制定者,美国经济对全球都具有重要的影响。美国"特朗普景气"主要通过以下几个渠道对国际经济和其他国家产生影响。

6.2.1　美国贸易逆差扩大带动其他国家出口上升

特朗普政府减税和扩大投资的政策刺激了美国的国内需求,使其国际收支进一步恶化。美国商品和服务的净出口(季度,折年数)从 2016 年底以来保持了逆差扩大的趋势。2017 年第一季度,美国净出口逆差折年数为 8 455 亿美元,到 2018 年第三季度净出口逆差扩大为 9 458 亿美元。由于美国是世界最大的单一出口市场,美国贸易逆差的扩大意味着世界其他国家获得了更多的出口机会。

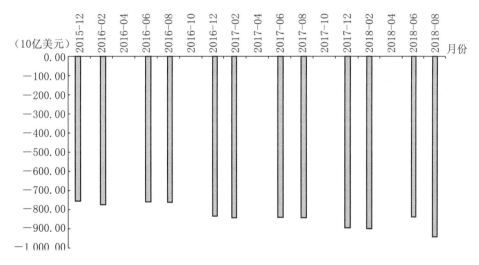

图 6.4　美国的季度净出口(折年数)

资料来源:Wind 数据库。

2017 年 1 月特朗普政府上台以来,美国对前十大贸易伙伴的货物贸易逆差不断扩大。由图 6.5 可知,从 2017 年 2 月的逆差 418 亿美元上升到 2017 年 10 月的611 亿美元。此后虽有小幅波动,但 2018 年 3 月起又开始迅速增加,2018 年 9 月逆

差已经扩大到 696 亿美元。2018 年前三个季度美国对前十大贸易伙伴的货物贸易
逆差达到 5 738 亿美元,接近 2017 年全年的相应逆差额 6 376 亿美元。

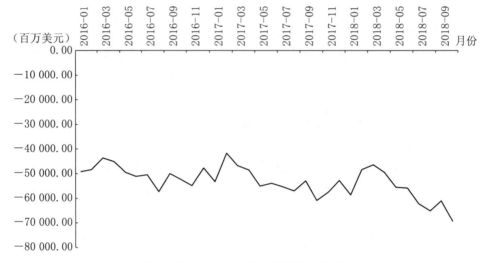

图 6.5　美国对前十大贸易伙伴的货物贸易逆差(当月数)

注:美国前十大贸易伙伴分别为加拿大、中国、法国、德国、日本、韩国、墨西哥、中国台湾、新加坡
和英国。
资料来源:Wind 数据库。

6.2.2　美元汇率走强诱发新兴经济体资本外流

美元是当今国际货币体系的主导货币,因此美元汇率的变化会直接对各国产
生溢出效应。

如图 6.6 所示,2013 年底以来,美元的贸易加权汇率指数总体上保持了上升的
趋势,这意味着美元汇率走强。2016 年底,美元贸易加权指数上升到近期的最高点
96.87。特朗普政府上台初期,由于市场对减税增支引发贸易逆差的担忧,美元汇率
指数一度下跌到 85 附近。随着特朗普逐渐兑现其竞选承诺,“特朗普景气”的出现
引发市场对美国经济前景的乐观预期,美元汇率重拾升势,到 2018 年 11 月底已经
上升到 92 左右,2018 年 12 月 28 日为 91.94。然而,美元升值意味着其他国家的汇
率相对贬值,虽然有利于刺激这些国家的出口,但是新兴经济体的汇率贬值又可能
导致其资本外流,甚至在极端条件下引发货币危机。

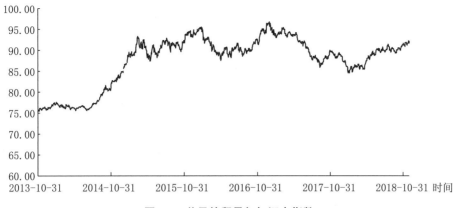

图 6.6 美元的贸易加权汇率指数

资料来源:Wind 数据库。

6.2.3 美国利率上调刺破部分国家的经济泡沫

美国的利率不仅影响其国内经济,更由于美国金融市场的高度开放性和美元的国际货币地位而对全球金融市场产生冲击。如图 6.7 所示,2000 年以来,美联储的目标利率即联邦基金利率经历了两个周期的变化。一次是在 2000 年 5 月,面对"新经济"造成的经济过热,美联储将联邦基金利率上调到 6.5%。"新经济"泡沫破裂后,经济开始下行,联储随即开始调低联邦基金利率,至 2003 年 6 月最低下调到 1%,推动了经济的复苏。此后,美国的房地产泡沫开始浮现,联储又逐步上调联邦

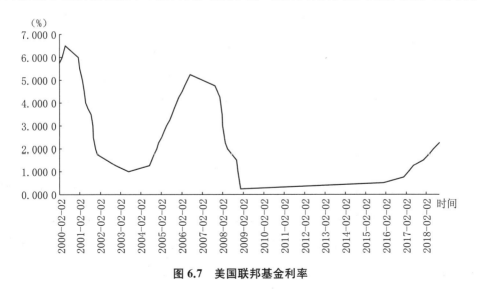

图 6.7 美国联邦基金利率

资料来源:Wind 数据库。

基金利率,到 2006 年 6 月上调至 5.25%。2008 年房地产泡沫破裂并引发全球金融危机,美联储迅速于 2008 年 12 月将联邦基金利率下调到 0.25% 的历史最低水平。直到 2015 年 12 月,美国经济已经基本走出金融危机的冲击并进入强劲增长阶段,联储才首次加息 0.25 个百分点,开始退出量化宽松政策。经过多次小幅的加息,到 2018 年 9 月,美国联邦基金利率已经上调到 2.25%。

美联储加息周期的开始直接刺破了一些国家的经济泡沫,典型的如委内瑞拉。进入 21 世纪以来,委内瑞拉凭借全球第五的石油储量和高涨的油价推行高福利政策,一度成为西半球的经济明星,并吸引了众多的外国投资。随着国际油价的回落和美联储的加息,外国资本纷纷撤出,导致委内瑞拉货币大幅贬值,进口商品价格飞涨。根据国际货币基金组织最新数据,到 2018 年年底,委内瑞拉的通货膨胀率将达到百分之一百万,即价格水平一年上涨 10 000 倍。委内瑞拉的通货膨胀已经到了一个可怕的地步,甚至出现了用纸币购物时不用数而是称重的局面。这样恶性的通货膨胀,在近代历史上也只有第一次世界大战结束后的德国曾经出现过,当时被迫偿还战争赔款的德国通货膨胀率达到了每月 2 500%。

6.2.4 美国吸引国际资本回流增加他国引资困难

在成功当选美国总统后,特朗普表示要通过减税和放松管制,将本土企业留在国内,吸引跨国企业回国。有外媒报道说特朗普总统还直接与苹果公司 CEO 蒂姆·库克联系,并建议他在美国本土生产苹果产品。除了鼓励美国的跨国公司将更多生产环节和就业留在美国境内,特朗普政府还通过吸引外商直接投资来促进就业增长。传统上美国主要吸引外国的证券投资,但过去十多年里外商对美国制造业的直接投资金额一直在快速增长,目前累计已经超过 1 万亿美元,成为全美第一大外商投资产业。

2008 年之后,美国吸引的外商直接投资额持续增长。如图 6.8 所示,2009 年第一季度美国的外商直接投资余额下降到近期的最低点 2.84 万亿美元,此后就开始上升。2015 年底之前,外商直接投资的波动还比较大,2016 年起就几乎是直线上升,直到 2018 年第一季度才出现一次小幅回调,然后又重拾升势。

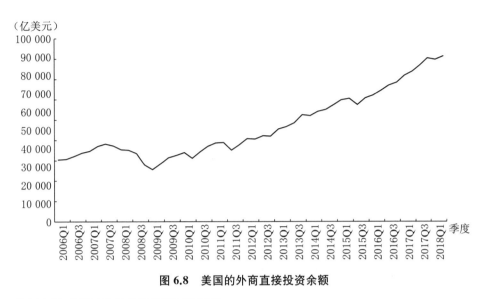

（亿美元）

图 6.8　美国的外商直接投资余额

资料来源：美国圣路易斯联储银行数据库。

6.3　"特朗普景气"难掩隐忧

美国"特朗普景气"可以说超出了许多经济学家的预期。作为一名此前并无从政经验且竞选期间面临诸多争议的总统，其经济政策的短期效果堪比 20 世纪 80 年代的里根总统，使美国经济在全球"一枝独秀"，不仅超过其他西方发达国家率先摆脱金融危机，甚至比多数"金砖国家"等新兴经济体更加抢眼。但是"特朗普景气"已经显露出一些隐忧，预计 2019 年结束景气转入衰退是有可能的。

6.3.1　利率倒挂凸显衰退隐忧

利率曲线倒挂是过去 50 年判断美国经济衰退可能性的重要参考指标。当短期利率高于长期利率时，就称利率曲线出现了倒挂，这反映投资者对经济的长期增长感到担忧，对长期资本的需求不足，并预示着收益率将进一步走低。2018 年 12 月 4 日，美国 2 年期国债收益率为 2.80%，高于当天的 5 年期国债收益率 2.79%，出现了利率倒挂的现象，引发市场的担忧，道琼斯指数重挫近 800 点。不过 3 个月期和 10 年期利率的倒挂更具有代表性。

如图 6.9 所示，2000 年初以来美国 3 个月期和 10 年期国债收益率出现了两次倒挂现象。一次是 2000 年 8 月到 2001 年 2 月,引发了"新经济"泡沫的破裂,导致美国经济衰退。另一次是 2006 年 8 月到 2007 年 10 月,引发了美国次贷危机和全球金融危机。从 3 个月期和 10 年期国债收益率来看,目前美国尚未产生利率倒挂现象,但两者的差异在明显收窄。2018 年 12 月 4 日两者分别为 2.42% 和 2.91%,差距只有 0.49 个百分点,是 11 年来最小的,这预示着未来衰退的风险在上升。

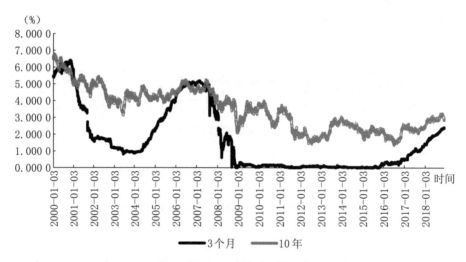

图 6.9　美国 3 个月和 10 年期国债收益率曲线

资料来源:Wind 数据库。

6.3.2　景气过热征兆初现端倪

2018 年前三个季度,美国的 GDP 同比增长率达 2.8%,这得益于良好的就业表现和强劲的税收刺激政策所引致的经济活动高涨。但是,有不少经济指标显示美国景气已经出现过热的征兆,企业生产面临着潜在能力的约束,在未来数个季度内即可能出现回落。

目前美国的失业率接近 21 世纪以来的低点。如图 6.10 所示,2000 年,在"新经济"泡沫的支撑下,美国核心的失业率 U1(代表失业了 15 周或以上的劳动力百分比率)曾在近一年的时间内维持在 1% 以下的超低水平。"新经济"泡沫破裂后美国失业率 U1 在 2003 年 8 月上升到 2.4%,此后在美联储的刺激政策下又下降到 1.5% 左右。在金融危机最严重的 2009 年,美国经济陷入低谷,失业率高达 5.9%。此后,随着美国经济的调整复苏,失业率逐渐下降,并且从 2015 年下半年起保持在 2% 左右的水平,基本上处于自然失业率水平,意味着美国已经实现了充分就业。特朗普政府上台后,持续采取刺激政策,导致美国失业率在 2% 的低水平上继续下降,2017 年 12 月降至 1.5%,2018 年 11 月降到 1.3%,2018 年 12 月保持在 1.3%。这说明就业市场处于高度的紧供给水平,可能会造成工资上涨的压力,增加企业的成本。

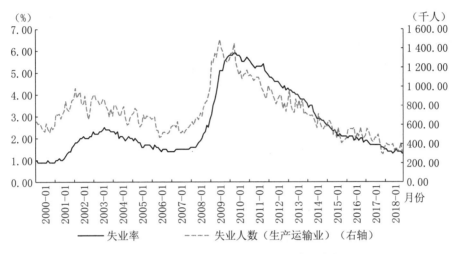

图 6.10　美国失业率和生产运输业失业人数

资料来源:Wind 数据库。

美国生产和运输行业的供给紧张最为明显。即使在 2000 年"新经济"泡沫时期,美国生产和运输行业的失业人数也有约 60 万人。在 2008 年 9 月,生产和运输行业的失业人数达到 148.7 万人。2017 年 1 月特朗普就职时,生产和运输行业的失业人数为 55.8 万人,已经处于历史较低的水平。但是由于特朗普政府的刺激政策,2018 年 11 月美国生产和运输行业的失业人数已经下降到 30.7 万人,这对于美国这么大的经济体来说是极小的失业数据。2018 年 11 月,美国国内的物流运输成本在仅仅三个月内就比 2018 年 9 月上涨了 8.3%,这反映了集装箱卡车和铁路运输等生产和运输部门的劳动力供给严重不足。

6.3.3　美股连跌预示经济或已见顶

美国股市在 2018 年第四季度以来的表现也印证了景气见顶的隐忧。2017 年 1 月起,美国股市在"特朗普景气"的带动下持续上涨,道琼斯工业指数从 2017 年第 1 周的收盘价 19 963.80 点开始,几乎一路上升到 2018 年 1 月 26 日的 26 616.71 点,此后虽有约 10％的小幅回调,但 2018 年 4 月起又持续上涨到 2018 年 10 月 5 日的 26 951.81 点,这也是自 2008 年金融危机以来的最高点。不过从此高位开始美国股市陷入连续 3 个月的深度调整,12 月 28 日最低点下探至 21 712.53 点,比 10 月 5 日的最高点下跌了近 20％。科技股为主的纳斯达克指数则在 2018 年 8 月 31 日达到最高点 8 133.30,同样在 12 月 28 日最低下探到 6 190.17 点,四个月内下跌了 23.9％。道指跌破 200 日移动平均线,即最近 200 个交易日收盘价平均值,技术上被认为是"牛熊分界线",被市场广泛解读为景气即将见顶。

美股大幅回调的直接原因是美联储不顾特朗普总统的反对继续其既定的加息步骤,并且投资者对景气见顶的担忧加剧了避险情绪。从中长期看,2008 年以来靠低利率、转移杠杆、资产负债表修复、页岩油气技术革命等推动的美国经济复苏本来在 2017 年前后筑顶,虽然受"特朗普景气"的支撑有所延长,但随着特朗普减税红利释放动能减弱、承诺的基建投资存在不确定性、贸易保护主义推高通胀预期、美国政府赤字扩大,未来两年美国经济周期筑顶、步入滞胀是有可能的。

展望 2019 年,选举周期下的美国经济或仍能保持平稳增长。虽然面临经济过热的压力和劳动力市场的约束,考虑到美国的选举周期,2019 年美国经济应能在高位保持平稳增长,不至于出现明显的回调。特朗普要成为像里根那样"伟大的"总统,在经济高涨的形势下必然希望谋求在 2020 年的大选中赢得连任。2018 年 11 月 6 日美国举行的中期选举中,虽然民主党获得了众议院的多数席位,但特朗普总统所在的共和党继续保持了在参议院的优势。由于美国宪法规定众议院拥有批准预算的权力,民主党控制下的众议院必须会增大特朗普政府的减税、基建等政策继续扩大的难度,但现有的政策应能保持。因此,美国经济可能加速见顶,但加速见顶不意味着快速回落,而是扩张动力将逐步减弱,而经济水平在两党平衡下会保持一段时间。

6.4 "特朗普景气"对中美经济关系的影响

中美是世界上最大的两个经济体,美国"特朗普景气"对中美经济关系有着全方位的影响。

6.4.1　短期内"特朗普景气"有利于中国稳增长

2016 年以来,随着中国经济步入"新常态",经济发展中不平衡、不充分、不可持续的潜在矛盾逐渐扩大,保持经济稳定较快增长面临较大的压力。在中国,消费受居民预期下降和房贷上升的影响增长空间不大,投资由于负债率已经较高而难有多大增长。而"特朗普景气"造成的美国需求增加传递到中国,刺激了中国对美国的出口上升,这对中国"稳增长"是一个重要的支撑因素。如图 6.11 所示,在特朗普政府刚刚上台的 2017 年 2 月,中美贸易额和中国对美国出口均跌入谷底,当月中国对美国出口仅 217.1 亿美元,进口则为 112.9 亿美元,当月中美贸易额 330 亿美元。此后,中国从美国进口大体平稳,出口则迅速增加,2017 年 11 月上升到 420 亿美元。虽然由于中国春节因素 2018 年 2 月又出现一个低点 306.9 亿美元,但随即恢复上升,2018 年 11 月中国出口到美国的商品和服务总计 462.2 亿美元。

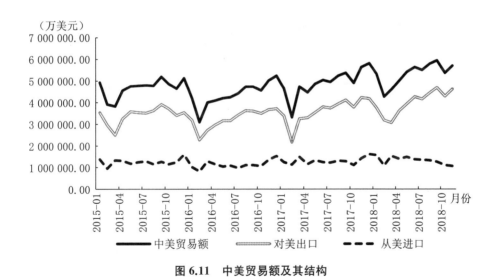

图 6.11　中美贸易额及其结构

资料来源:Wind 数据库。

如果对比美国、日本和欧盟三大经济体,可以更明显地看出美国市场对中国经济的重要意义。从图 6.12 中可以看到,中国对美国的贸易差额曲线始终在对欧盟贸易差额曲线的上方,而对日本的贸易差额大多数时间是负值(中国逆差)。2017年以来,中国对三大经济体贸易差额有明显增长的只有美国。特别是 2018 年 3 月以后,虽然中美之间的贸易摩擦加剧,但对美贸易差额却迅速增长,2018 年 11 月达到 355.5 亿美元,是对欧盟贸易差额 115.4 亿美元的 3 倍多。因此,保持与美国的正常经贸关系将为中国实现"稳增长、调结构"的目标创造较为有利的外部条件。与此同时,必须看到 2018 年 3 月以来中国对美国贸易顺差的增加有贸易商规避可能的加税政策而主动提前出口的因素在内,其持续性仍需观察。中国要提高出口产品结构,服务于高质量发展,也不能依赖于低端加工制造业的大量出口。

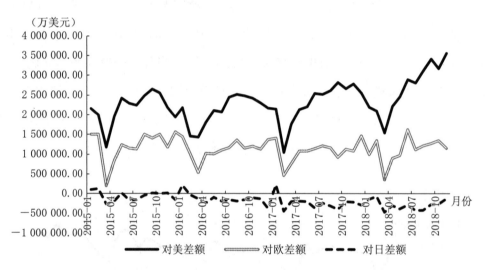

图 6.12　中国与美国、日本、欧盟三大经济体的贸易差额

资料来源:WIND 数据库。

6.4.2　中长期内美国经济政策对中国有较大压力

虽然在短期内美国经济的"特朗普景气"扩张了其总需求,有利于中国增加出口,但从中长期看特朗普政府单边主义、咄咄逼人的对外经济政策会对中国产生较大的压力。

首先是中美贸易摩擦在 2019 年将会持续发展。2018 年 3 月,美国发布了所谓"301 调查"报告,指责中国采用不公平贸易政策获取巨额对美顺差。7 月 6 日,美国不顾国内农场主等多方面反对和中国的严正交涉,对中国 340 亿美元输美产品加征 25% 关税。8 月 23 日,美国政府又宣布对另外 160 亿美元中国输美产品加征关税。此外,美国贸易代表莱特希泽宣布,拟从 2019 年 1 月 1 日起对中国 2 000 亿美元商品加征关税税率由之前的 10％上调至 25％。虽然经过中美两国领导人在阿根廷 G20 峰会时的会谈决定双方暂停加征关税,但最终是否加征关税仍要取决于双方对相关问题的谈判。美国拟加征关税的 14 个行业主要是:计算机、电子和光学产品制造业,2014 年对美出口 1 073 亿美元,占该产业中国对外出口总额的 19.1％;纺织、服装和皮革制品制造业,2014 年对美出口 534.8 亿美元,占该产业中国对外出口总额的 17.9％;家具及其他制造业,2014 年对美出口 246 亿美元,占该产业中国对外出口总额的 25.8％;化学品和化工产品制造业,2014 年对美出口 167.7 亿美元,占该产业中国对外出口总额的 17.2％;橡胶和塑料制品制造业,2014 年对美出口 95.1 亿美元,占该产业中国对外出口总额的 15.8％;以及金属制品制造业、基本金属制造业、其他运输设备制造业等中国重要的出口产业。

美国贸易代表办公室(USTR)在公布的《2018 年度国别贸易壁垒评估报告》中列举了中国可能存在的破坏公平贸易或违反 WTO 规则的主要贸易壁垒,这些贸易壁垒涉及产业政策、知识产权保护、服务贸易、数字贸易、农业、政策透明度、法律框架等共 7 大类,其中包括 47 个小类。USTR 对中国在贸易规则上的"指责"并不一定符合实际中美贸易关系状况,但能够反映真实的、美国政府对中美贸易规则的担忧或者看法。2018 年的评估报告中,强制技术转让等产业政策在美国的关注名单中的重要性提升。相较于 2017 年度的评估报告,2018 年 USTR 将产业政策放在了更加重要的位置,在报告中的顺序由第二大类提升至第一类。同时,在产业政策内部,强制技术转让、"中国制造 2025"计划、投资限制的顺序被大幅提前。由于这些领域涉及中国的自主创新,双方谈判的空间有限。如果双方谈判最终达不成协议,美国对 2 000 亿美元出口产业的关税增加将对中国的贸易收支造成严重的不利局面。

其次是人民币汇率保持合理均衡水平上的基本稳定面临较大的压力。如图 6.13所示,2008 年上半年,人民币汇率保持了 2005 年汇改后的上升趋势,从 1 月的兑美元 7.25 逐渐升值到 6.83。2008 年 8 月次贷危机爆发后,面对严峻的国际经济形势,人民币停止了升值的步伐,保持在 6.80 左右的水平,直到 2010 年 6 月起重拾升值势头。2015 年 7 月,人民币兑美元汇率升值到最高的 6.11。受国内外经济形势变化的影响,2015 年 8 月起人民币转为贬值,2016 年 12 月贬值到 1 美元兑 6.92 元人民币。由于中国人民银行的干预和逆周期因子的引入，市场逐渐稳定了预期，2017年起人民币汇率有所回升，到2018年4月升值到6.30。但是，中美贸易摩擦的加剧引发了市场的担忧，2018年5月起人民币汇率转为迅速下跌，2018年11月贬值到6.935 1，其间离岸市场人民币汇率数次破7。虽然由于阿根廷G20峰会上双方暂停加征关税的消息提振了市场信心，人民币汇率一度反弹到6.83左右，但基本面并不稳固。2018年12月人民币汇率月度平均为6.885 3，贬值压力仍然存在。

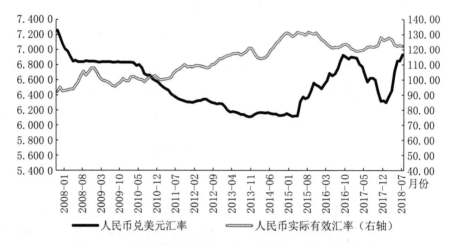

图6.13　人民币兑美元月度平均汇率和人民币实际有效汇率

资料来源：Wind数据库。

由于2019年美国仍处于加息周期，"特朗普景气"有引发经济过热的风险，预期美联储将继续其稳定的小幅加息政策。而中国经济稳增长的压力不减，货币政策将继续保持稳定中性，不可能跟随美联储采取加息政策。2019年中美两国利差的进一步收窄对人民币汇率将造成更大的压力。从人民币贸易加权的实际有效汇率看，虽然贬值幅度小于对美元的贬值，但2018年5月以来也从127下降到122，说明人民币对非美元货币也处于下行通道。如果市场形成人民币将长期贬值的预期，则外资和境内资本都可能设法流出以规避汇率风险，这将引起更大的贬值压力，形成一个"自我实现的预言"。因此，在稳增长的同时保持人民币汇率在合理均衡水平上的基本稳定，是中国货币当局的重要任务。

第7章

欧盟经济:增速回调与政治风险不断累积

在经历了 2017 年的快速增长后,2018 年欧盟经济增速有所回落,而且这种趋势可能延续至 2020 年。欧盟经济增速回调具有明显的周期性特征,欧盟是否因此而进入下降周期,则取决于其他影响因素的共同作用:包括欧洲央行货币政策转向的负面作用、英国退欧效应的逐步显现以及居高不下的政府债务水平。欧盟主要成员国也呈现出增速回调的经济特征:德国由于出口下降和劳动力短缺出现了 2015 年来的首次季度性萎缩;法国在财政赤字和政府债务高企的财政困境下改革举步维艰,竞争力短期内难以提高;意大利的民粹主义政党在大选中成为执政党,旨在提高竞争力的改革进一步受阻,经济增长趋于停滞;英国的消费和投资受脱欧进程所累,经济增长仍然较慢。

政治因素对欧盟经济的影响在逐渐增大,而且欧盟的政治风险在不断累积。首先,默克尔政府从政府组阁困境,到黑森州和巴伐利亚州的州议会选举相继遭受选举失利,马克龙政府则因"黄背心"运动受到重挫。法德轴心相继陷入执政困境,引起外界关于两国乃至欧盟政策连续性的担忧。其次,意大利 2018 年大选成为民粹主义政党在欧盟崛起的重要标志,成功组阁的意大利民粹主义政府很快就在难民和预算议题中与欧盟产生明显冲突。欧盟想在经济政策方面达成共识的努力将会越来越困难。最后一个重要的政治风险是英国退欧,虽然 2018 年底英欧双方艰难达成退欧协议,但英国议会对该协议的否决导致英国无协议退欧的风险进一步上升。

可能是出于对以上风险的对冲,欧盟 2018 年在对外经济政策方面表现较为主动:在与美国的贸易摩擦不断升级甚至可能爆发贸易战的压力中积极协调,与美国达成暂停贸易争端的共识。同时,欧盟明显加快与日本的经济协定进度,在进口关税安排和争端解决机制等方面主动让步并签署经济伙伴协定 EPA。欧盟同时注重同中国的沟通,虽然通过投资审查机制及新贸易防御法限制中国的贸易、投资,但在共同维护多边机制、反对贸易保护主义方面同中国保持沟通。

7.1　2018 年欧盟经济增速回调

与 2017 年的快速增长相比,2018 年欧盟的经济增速有所回落。根据欧盟统计局 12 月公布的数据,2018 年前三个季度欧盟的同比增长率分别为 2.3%、2.1% 和 1.8%;欧元区的经济增速放缓则更为明显,前三季度经济增长率分别为 2.4%、2.2% 和 1.6%。欧盟委员会的秋季经济展望也呈现了回调趋势,其预测欧盟 2018—2020 年的实际经济增长率将分别为 2.1%、1.9%、1.8%,欧元区的相应数据则分别为 2.1%、1.9%、1.7%。

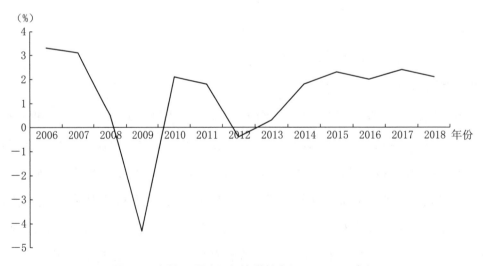

图 7.1　欧盟 28 国实际经济增长率(2006—2018 年)

注:2018 年增长率数据以 2018 年前三季度数据的平均值代替。
资料来源:欧盟统计局。

实际上,欧盟和欧元区 2018 年的经济走势符合预期,包括 IMF 在内的多家机构都曾在 2017 年底的经济预测中将欧盟 2018 年的经济增长率预期设定为低于 2017 年的水平,这是周期性调整与欧盟经济不确定性共同作用的结果。从图 7.1 也可以看出,欧盟 2018 年内经济增速虽然下滑,但从长期来看仍为较高水平。

7.1.1　欧盟经济增速回调的主要特征

欧盟经济增速放缓,既存在周期性回调的短暂性特征,也不能忽视背后的持续性特征,后者很可能导致这种回调的长期化。

第一,欧盟经济增速放缓具有周期性调整特征。自 2013 年第二季度以来,欧盟已经取得连续 21 个季度的持续经济增长,对于大型经济体而言已属不俗的经济表现。作为欧盟主要国家的大选年,2017 年成为了经济增长的分水岭:大选前,市场存在的观望情绪使得投资放慢进而经济增速缓慢,表现为图 7.1 中 2016 年经济增速的下降(还包括英国脱欧公投的不确定性),这些投资在大选结果确定后集中实现,造就了 2017 年经济的亮眼表现,但进入 2018 年后,随着前期积存投资的实现,投资及经济恢复平稳,在经济增速上出现下降趋势。可以说,2017 年的经济增速达到这一周期的顶峰,随后欧盟经济可能会进入较长时期的低速增长甚至衰退。而欧盟是否因此而进入下降周期,则取决于其他影响因素的共同作用。

第二,量化宽松货币政策的退出预期加强。欧洲中央银行自 2015 年 3 月起推出量化宽松货币政策,降低利率并扩大债券购买规模,至 2016 年 3 月达到月购债规模 800 亿欧元,利率则达到最低水平(主要再融资利率 0%、隔夜贷款利率 0.25%、隔夜存款利率 −0.40%)。2016 年 12 月,欧洲央行首次将购债规模缩减全 600 亿欧元,2018 年 1 月,购债规模下降至 300 亿欧元,后进一步下降至 150 亿欧元,并于 2018 年底结束购债。虽然利率并未调整,但外界普遍预期 2019 年将迎来欧洲央行的首次加息。

欧洲央行虽然在 2018 年延续了量化宽松的货币政策,其购债总规模仍在增加,利率并未调整,但其降低购债规模及宣布年底退出购债计划的举措释放出明显的货币政策转向信号。加上美联储 2018 年加息次数的增加及缩表的操作也使市场产生对照情绪,对于货币政策收紧的预期会使得投资趋于下降,进而使得经济增长率降低。虽然欧洲央行目前没有明确加息的时点,但市场预期为 2019 年 9 月现任欧洲央行行长德拉吉卸任之前。虽然欧元区的通货膨胀率自 2018 年 6 月至 10 月间都高于 2%,但主要是油价上升所致。目前,欧盟对于 2018—2020 年的通胀率预期都低于 2%。

第三,英国退欧效应逐步显现。英欧双方互为重要的贸易伙伴,与欧盟的贸易额占英国对外贸易总额的将近一半。英国去欧盟化,意味着双方在经贸方面都将承受损失。经过 2017 年下半年的艰难谈判,双方在 2017 年底就如何脱欧的第一阶段谈判达成一致,2018 年开始第二阶段即未来英欧关系的谈判。然而,这一阶段的谈判明显更难,至今并未达成明确协议,在 2018 年 11 月达成的脱欧协议中也仅仅表明,将尽力在脱欧过渡期内达成未来英欧关系的协议。欧盟方面态度强硬,坚持先完成脱欧,再谈未来英欧关系,过渡期至 2019 年 12 月 31 日结束。

英国脱欧谈判中的最大不确定性在于无协议脱欧,也就是说最终无法达成协议,或者英国政府与欧盟达成的协议无法通过英国议会或欧盟成员国议会的通过。无协议脱欧对于英国和欧盟来说都极为不利。可以肯定的是,双方即使达成协议,未来的贸易一体化水平也低于当前的水平,而英国退出导致资本金融市场的收缩使得欧盟实体经济在融资和结算上都会受到影响,英国脱欧的长期负面效应不容忽视。

第四,政府债务状况并未取得显著改善。希腊于 2018 年 8 月正式退出欧盟救助机制,标志着其长达 8 年的债务危机的结束。但从多个欧盟成员国的政府债务占GDP 的比重数据来看(表 7.1),重债国家的债务占比并未取得显著下降,比利时、希腊、意大利和葡萄牙的债务占比仍超过 100%,希腊的债务占比下降趋势甚至存在反复,2017 年的债务水平虽低于 2016 年水平,但仍高于 2015 年水平。意大利自 2014 年以来债务占比水平始终高于 131%,下降趋势不显著。葡萄牙、塞浦路斯、西班牙和爱尔兰债务下降趋势明显。法国是唯一的债务占比上升的国家,其 2017 年债务水平高达 98.5%,自 2008 年起持续上升,值得关注。

表 7.1 2008—2017 年欧盟主要成员国政府债务占 GDP 比重(%)

欧盟成员国	2008 年	2009 年	2010 年	2011 年	2012 年	2013 年	2014 年	2015 年	2016 年	2017 年
欧盟 28 国	60.7	73.3	78.8	81.4	83.8	85.7	86.4	84.4	83.3	81.6
欧元区 19 国	68.7	79.2	84.6	86.6	89.7	91.6	91.8	89.9	89.1	86.8
比利时	92.5	99.5	99.7	102.6	104.3	105.5	107.6	106.5	106.1	103.4
爱尔兰	42.4	61.5	86.0	110.9	119.9	119.7	104.1	76.8	73.4	68.4
希腊	109.4	126.7	146.2	172.1	159.6	177.4	178.9	175.9	178.5	176.1
西班牙	39.5	52.8	60.1	69.5	85.7	95.5	100.4	99.3	99.0	98.1
法国	68.8	83.0	85.3	87.8	90.6	93.4	94.9	95.6	98.2	98.5
意大利	102.4	112.5	115.3	116.5	123.4	129.0	131.8	131.6	131.4	131.2
葡萄牙	71.7	83.6	96.2	111.4	126.2	129.0	130.6	128.8	129.2	124.8
塞浦路斯	45.6	54.3	56.8	66.2	80.1	103.1	108.0	108.0	105.5	96.1
德国	65.2	72.6	81.0	78.6	79.9	77.4	74.5	70.8	67.9	63.9
英国	49.7	63.7	75.2	80.8	84.1	85.2	87.0	87.9	87.9	87.4

资料来源:欧盟统计局。

7.1.2 主要成员国经济增速出现回落

主要成员国的经济增速也表现出明显的回调特征,尤其德国作为欧元区经济火车头,经济出现明显减速,法国、意大利和英国出现同样的经济增速放缓。

1. 德国:出口下降及劳动力短缺导致经济下滑

欧盟统计局数据显示,德国 2018 年第三季度经济比上一季度萎缩 0.2%,是 2015 年以来首次萎缩。从实际经济增长率的同比数据来看(图 7.2),德国 2018 年前三季度的经济增速也呈明显的下降趋势。究其原因,一方面是在 2017 年取得 2.2% 的快速增长后,经济出现一定回调,另一方面,出口下降和劳动力短缺也具有重要影响。2018 年以来,特朗普政府对德国的出口多番指责,并一度宣布对欧盟的钢铝产品加征关税,还威胁对欧盟生产的汽车加征关税,虽然后来在欧盟的努力下美欧贸易争端暂停,但市场对于德国的出口预期悲观。劳动力短缺问题近年来一直困扰着德国,默克尔也正是因此改变了其难民政策,德国经济学家在 2017 年底也曾警告过热的经济在劳动力短缺下陷入减速的可能。

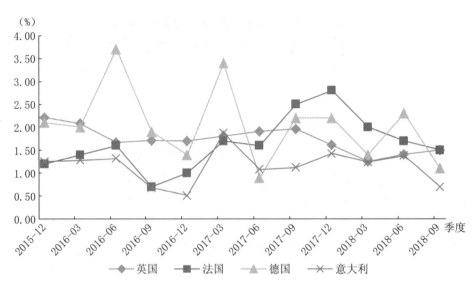

图 7.2　欧盟主要成员国实际经济季度同比增速

资料来源:欧盟统计局。

2. 法国:财政困境与改革困境束缚竞争力

法国 2018 年前三季度经济增速较高,增长速度快于德国,但同比增速则有所回落,同样存在高速增长后的合理回调因素。但是法国的经济结构调整一直不太理想,这也决定了其中长期经济增长速度有限。法国的财政赤字较高,其政府债务占 GDP 比重接近 100%,自 2008 年以来一直上升,除了在危机期间救助重债国的原因之外,法国的高福利并没有在危机中得以调整,而对于福利制度的改革使得萨科齐政府和奥朗德政府都止步不前,改革阻力之大可见一斑。节流不成的政府只能注重开源,高税收是法国的重要特点,2017 年法国税收占 GDP 比高达 46.2%,高于其他发达国家。高税收在增加政府收入增进二次分配的同时,也束缚了法国的经济竞争力。此外,法国的产业结构调整也同样面临困境,传统优势产业如高铁、核电等行业竞争力下滑,而新兴产业如新能源汽车尚未崛起,较为稳定的仍是奢侈品行业和旅游业。2018 年 12 月初发生的"黄背心骚乱"使得这些改革更为困难。

3. 意大利:民粹主义政党执政,增长几乎停滞

根据国际货币基金组织的数据,意大利是欧元区经济增长速度最慢的经济体之一,按照欧盟统计局 2018 年 12 月的估计,意大利第三季度的环比增长率为 -0.1%,前两个季度则分别为 0.3% 和 0.2%,意大利 2018 年以来的经济增长趋于停滞。与

2017 年同期相比,意大利第三季度的经济增长率约为 0.7%。

意大利经济停滞的主要原因是经济缺乏竞争力,其最大出口市场德国 2018 年经济增速下滑对其造成一定影响,劳动力市场不灵活及高福利使得劳动力成本高企,企业竞争力低下,而在统一使用欧元的前提下无法通过货币贬值来增加出口。阻碍意大利经济增长的另外两个问题分别是高企的政府债务和状况堪忧的意大利银行业。作为债务危机期间陷入危机的重债国家之一,意大利政府债务占 GDP 比重高达 131%,且 2014 年达到高位后没有取得显著下降,巨大的偿债压力使得政府财政压力巨大,不得不维持高税收政策,又进一步抑制了经济竞争力。2016 年至 2017 年初,意大利银行业几乎引发欧元区的银行业危机,虽然后来情况得以稳定,但意大利银行业的坏账规模并未明显下降。糟糕的银行业使得意大利的货币创造系统受损,金融、投资等领域受到抑制。2018 年 6 月上台的由五星运动党和北方联盟党联合组阁的民粹主义政府,并没有从这几个方面进行改革,反而力推增加预算以扩大福利开支,使得意大利经济恢复竞争力的路越走越远。

4. 英国:消费和投资受脱欧进程所累

脱欧进程的不确定是英国经济最大的障碍。脱欧效应的显现使得英国经济自 2017 年以来表现一直欠佳,经济增速较低,根据 IMF 预测,英国 2019 年的经济发展将陷于停滞,届时其经济排名也将可能滑落至第 7 位。英国经济增长缓慢的状况在脱欧尘埃落定之前都不会发生明显改变,因为脱欧进程的一波三折直接影响到消费和投资的信心,市场受观望情绪主导。这种效应在 2017 年表现得尤为明显,但随着 2017 年底双方在最后关头就第一阶段达成一致,市场信心略有恢复,表现为 2018 年以来经济增速逐渐回升,前三季度分别取得 1.1%、1.2% 和 1.5% 的同比增速。而且,与 2017 年其他成员国同步增长唯独英国经济下行的情形不同,2018 年英国经济在其他主要成员国经济增长减速的同时表现出一定的回升。英国经济走势与欧盟经济走势表现出越来越明显的背离。目前,虽然脱欧协议已经通过欧盟峰会和英国内阁,但英国议会否决了该脱欧协议,使得无协议脱欧或脱欧反转的可能性增加。目前,英国正在寻求同欧盟修改协议,但即使修改后的协议通过了英国议会,该协议也还需要获得欧盟其他 27 个成员国议会的通过,变数仍然存在。

7.2 政治风险累积影响欧盟中长期经济增长

近 10 年来,欧洲的政治风险对于经济的影响愈来愈明显,也越来越受到各界的关注。德国默克尔政府的执政危机、意大利民粹主义政党执政、英国的脱欧困局以及近期爆发于法国的"黄背心运动"等,不仅会影响短期的市场反应,而且也会对欧盟中长期的经济政策产生深远影响。

7.2.1 法德遭遇执政困境,政策连续性引担忧

虽然 2017 年的大选结果使得法国和德国这两个欧盟轴心国延续主流政党执政,但进入 2018 年后,两国政府的执政困境逐渐显现。

1. 选举接连失利打击默克尔政府

默克尔政府在 2017 年 9 月底赢得大选后,直到 2018 年 2 月才达成组阁协议,与社民党继续组建大联合政府,虽然保持了政策的连贯性,但也使得两大传统政党面临更大的选票压力,作为反对党的极右翼政党德国选择党、绿党因为抨击政府政策而逐渐得到选民青睐。为了挽留选民,社民党与联盟党,以及联盟党内的基民盟与基社盟之间纷争不断,2018 年 6 月,基社盟主席兼内政部长泽霍费尔甚至以辞职威胁默克尔收紧难民政策。联盟党总体支持率的下降及组阁困境也使得默克尔本人在党内影响力下降,9 月 25 日,联盟党联邦议院党团主席选举被认为是一次"黑天鹅"事件,默克尔属意的考德意外落选,显示其对议会的掌控力明显下降。10 月 14 日,基社盟在巴伐利亚州议会选举中虽然保住了第一大党的地位,但失去了往年的绝对多数,支持率下降 10%,对联盟党造成打击。10 月 28 日的黑森州选举中,基民盟虽然保住该州第一大党地位,但得票率从 5 年前的 38.3% 降到 27.2%。不过,在遭遇多重打击后,12 月 7 日,卡伦鲍尔顺利接任默克尔成为德国基民盟党的新一届党主席,使得默克尔任期得以保障,困境得以暂缓。

2. "黄背心"运动重挫马克龙政府

法国的情形则略有不同,与默克尔执政 16 年不同的是,马克龙作为政坛新秀在 2017 年以高支持率当选法国总统。然而,当他的政策逐渐展开时,挑战才真正开

始。法国长期的经济增长受困于僵化的劳动力市场和高福利,要想减少政府开支、降低福利、增加税收、推动劳动力改革,在法国是非常困难的。其前任萨科齐和奥朗德也曾力主推动改革,但最终只能在巨大的阻力面前放弃。马克龙政府2018年推动的改革包括修宪、减少三成国会议员人数、推动企业成长及转型行动计划、把失业保险给付导向促进就业、减轻法国国家铁路公司负债及追税等。①造成"黄背心"事件的改革只是前任奥朗德经济政策的推进。

马克龙至今饱受诟病的执政缺点有两个:一是危机公关应对不力。5月,马克龙的保镖班纳拉在劳动节游行中冒充警察,殴打民众,事后所受惩处过轻,处理过程也有失透明,7月发酵成为对马克龙领导能力产生质疑的"班纳拉事件"。此后重要内阁成员的相继离职也使得马克龙政府形象受损。12月1日发生的"黄背心"暴乱事件也是一个典型案例。燃油税的上调事前已经引起国内广泛反对声音,"黄背心"游行也在多地爆发,马克龙政府并未足够关注,而是采取冷漠处理,任由事态发展到暴乱事件而不可收拾。二是执政行动力不足。不论是移民政策,还是失业保险、退休金制度改革,马克龙都缺乏明确的观点取向,在很多场合说得好但是做得少,使得左翼和右翼政党都不满意。马克龙虽然不见得因为"黄背心"运动事件而下台,但2018年的执政过程使其民意支持率大幅下降,其推动的产业结构升级、气候大会上的主导权都因该运动而受到阻碍。目前,"黄背心"运动已经蔓延至荷兰、奥地利、德国、意大利等欧盟多个国家,从最初的经济利益诉求演变成为具有政治色彩的抗议运动。

7.2.2 民粹主义政党崛起,欧盟政治生态生变

近年来欧盟多个国家在政治选举中出现了民粹主义政党的崛起之势,法国的国民阵线党首次进入议会,而德国的选择党则成为了第三大党和最大反对党。英国的退欧也源自民粹主义政党英国独立党在2014年欧洲议会选举中的胜出。意大利2018年大选成为民粹主义政党崛起的重要标志。

1. 意大利大选产生民粹主义政府

2018年3月4日的意大利大选中,虽然中右翼联盟党获得最高支持率(37%),

---

① 佚名:《法国政府改组 马克龙称政策方针"不转弯"》,中国新闻网2018年10月17日,http://www.chi-nanews.com/gj/2018/10-17/8651740.shtml。

但按照 2017 年修改的宪法无法达到 40% 的单独组阁最低支持率要求，只能进行组阁。而民粹主义政党五星运动党获得 32% 的支持率，成为单独政党中的第一大党。而随着组阁谈判的拖延，中右翼联盟内部分歧严重，使得五星运动党成为事实上的第一大党。这在欧盟来说是首次，在意大利之前，还没有成员国出现民粹主义政党成为第一大党的情况。

经过 3 个多月的组阁谈判，由中右翼联盟中的极右翼党派北方联盟党和五星运动党经两次组阁后于 6 月 1 日成功组阁，总理由中间派人士孔特担任，五星运动党首迪马约为经济发展部长兼副总理，北方联盟党首萨尔维尼任内政部长兼副总理。其间，二者曾提名疑欧派人士为财长，被意大利总统否决，新任财长相对温和。新政府的政策旨在扩大政府支出刺激国内经济，保证最低收入、驱逐非法移民、减税和简化税制、取消退休金改革等，与欧盟的预算紧缩要求和移民政策存在明显冲突。

2. 在难民和预算议题中与欧盟冲突明显

新政府组阁不久，意大利就开始兑现其反移民承诺，6 月 10 日，意大利拒绝载有 600 多名难民的"水瓶座"号救援船靠岸，后明显收紧内部移民政策、对外屡次阻止难民登陆，并提出彻底修改欧盟难民分摊协议《都柏林协定》。根据该协定，难民抵达欧盟时首次登陆的成员国负责受理难民的庇护申请和安置。然而，在实际操作中，大量难民从地中海沿岸的国家登陆，而登陆后难民自行前往德国等其他成员国。德法等国为了控制本国的难民数量，强调首入国责任，而意大利、马耳他等地理位置决定的先天性首入国则认为其他成员国应该共同承担责任。这也正是欧盟峰会多次讨论难民问题，但仍争论激烈的原因。10 月，意大利与德国因难民遣返事件再次关系紧张，也显示出难民政策争端的长期性。

增加支出的承诺必然使得民粹主义政党为了兑现竞选承诺而增加政府预算，这与欧盟强调的财政纪律相矛盾，进而爆发预算风波。10 月 15 日，意大利向欧盟提交了赤字占比为 2.4% 的预算草案，该占比不仅高于其 2018 年 1.8% 的水平，而且远远高于上一届政府预计 2019 年 0.8% 的水平，因此 23 日被欧盟否决。资料显示，该提案内容包括将意大利最低月收入水平调整为 780 欧元，包括给退休人员的最低养老金水平（原来是 500 欧元每月），以及降低退休年龄、为企业规定单一税率等内容。①意大利新政府将国内经济低迷归咎于欧盟要求的紧缩政策,认为应该扩大公共开支,改善民生并刺激经济。而欧盟方面则担心意大利的债务可持续性,意大利的政府债务占 GDP 的比例高达 132%,财政赤字超过 2% 意味着负债率的增加并有可能陷入希腊那样的困境。②11 月 13 日,意大利向欧盟提交了调整后的 2019 年财政预算,但赤字占 GDP 的比重维持在 2.4% 不变,欧盟于 11 月 23 日正式否决该预算案。欧盟委员会认为意大利 2019 年预算案是"特别严重的违规案例",由于违反了欧盟财政规则,建议启动"超额赤字程序"(excessive deficit procedure,EDP),拟对意大利处以数十亿欧元罚款。12 月 2 日,意大利参众两院预算委员会决定将预算赤字目标下调至 2%。但在法国爆发"黄背心"运动后,法国财政赤字预计超过 3% 的上限,意大利以此为由不降低赤字的立场再次强硬。12 月 19 日,经过双方协商,欧委会最终同意意大利赤字目标为 2.04% 的 2019 年预算,预算风波至此结束。

7.2.3　脱欧谈判一波三折,前景更加扑朔迷离

自 2017 年 6 月启动脱欧谈判后,英欧双方经过多轮谈判终于在 2017 年底达成第一阶段即如何脱离欧盟的协议,在分手费支付方式、英欧公民权利及北爱尔兰不设硬边界三个核心问题上达成一致。进入 2018 年后,各方本以为英欧双方将就第二阶段即未来英欧关系展开谈判之际,第一阶段遗留问题似乎再次占据谈判主导议题,尤其是关于北爱尔兰边境问题的争论牵扯到多方利益,其间西班牙与英国在直布罗陀海峡几乎爆发冲突,谈判取得的进展甚为有限。

2018 年 2 月 28 日,欧盟单方面公布脱欧协议草案,涉及北爱尔兰边界和过渡期等问题。草案提出英属北爱尔兰在英国脱欧后继续留在欧盟关税同盟内,而脱欧过渡期设为 2019 年 3 月 29 日至 2020 年 12 月 31 日,其间英国须遵守欧盟法律以及在过渡期出台的新法,但不享有投票权或决策权。根据草案,欧盟法院对于脱欧协议相应的争议具有司法管辖权。

虽然草案受到了英国的强烈反对,但随后谈判的进展基本沿着该草案的内容

---

① 叶琦:《意大利与欧盟"预算之争"愈演愈烈》,《人民日报》2018 年 10 月 24 日。

② 王婧、陈占杰:《欧盟警告意大利债务风险》,《经济参考报》2018 年 10 月 8 日。

展开。2018 年 3 月 19 日,欧盟与英国就英国"脱欧"过渡期达成一致,"脱欧"过渡期时间设置与欧盟草案一致,对于英国的权利和义务要求也几乎一致,即过渡期内同意英国继续留在关税同盟和共同市场,接受欧盟法律管辖,但不能参与欧盟内部决策。此外,允许英国与其他贸易伙伴签署新贸易协定,但在过渡期结束后才能生效。①过渡期内迁至英国的欧盟公民待遇与过渡期前保持一致。

英国于 7 月 6 日提出的"契克斯方案",及 12 日发布的英国脱欧白皮书,既遭到硬脱欧派人士的强烈反对,也并未获得欧盟方面的支持。该方案的主要内容是提出在境内设立"货物自由贸易区"的构想,以保障脱欧后同欧盟保持货物贸易的自由流通,同时避免北爱尔兰与爱尔兰之间设立硬边界。货物自由贸易区还强调了货物属性,也就是说服务业进入欧盟市场将需要重新制定规则。此外,该方案明确要拿回司法管辖权和移民管控权。②该方案受到强硬派的反对,"脱欧"大臣戴维斯和外交大臣约翰逊先后宣布辞职,认为该方案实属"软脱欧",无法使得英国真正离开欧盟关税同盟和单一市场。

在多番沟通后,双方终于在 2018 年 11 月 14 日达成一致,随后脱欧协议艰难获得了内阁通过,但通过后多位内阁成员请辞,包括新任脱欧大臣拉布等人。11 月 25 日,欧盟成员国领导人正式通过此前与英国达成的"脱欧"协议。根据协议,英国需向欧盟支付的费用总额约为 390 亿英镑,在英国正式脱离欧盟后设置为期 21 个月的过渡期,双方将努力建立"自由贸易区"。③但英国国内对该协议的批评声音此起彼伏,在政府推迟议会投票日期后仍然被英国议会在 2019 年 1 月 15 日否决。

英国国内最为反对的是关于北爱尔兰的保障计划,或称为后备计划。根据该条款,如果在脱欧过渡期内,英国与欧盟仍未能达成新的贸易安排,那么在过渡期结束后,北爱尔兰地区将仍然遵从欧盟的贸易规则,以确保北爱尔兰与爱尔兰之间不出现硬边界。批评者认为,后备计划的存在可能使英国永远无法真正离开欧盟。

分析人士普遍认为,目前英国脱欧存在三种可能性,一是脱欧协议经修改后最

---

① 《欧盟与英国就"脱欧"过渡期协议大部分条款达成一致》,新华网 2018 年 3 月 20 日,http://www.xinhua-net.com/world/2018-03/20/c_1122561048.htm。

② 《英"脱欧"大臣辞职,不满政府谈判太弱》,新华网 2018 年 7 月 10 日,http://www.xinhuanet.com/world/2018-07/10/c_129910133.htm。

③ 强薇、仍彦:《英国"脱欧"谈判取得重要进展》,《人民日报》2018 年 11 月 26 日。

终为英国议会通过,二是无协议脱欧,三是再次公投。梅首相目前期望同欧盟就协议内容进行调整,但欧盟态度坚决,称已达成协议无法再进行谈判。2018年12月10日,欧洲法院明确英国可以单方面撤销退出欧盟的决定,无需其他27个成员国的事先同意。2019年1月,英国最大反对党工党党首表示支持二次公投。市场预期,目前三种方案的可能性分别是50%、10%和40%。

"无协议脱欧"是最糟糕的情形,意味着没有过渡期,关于法律适用和边界设置等方面可能出现混乱甚至纷争,英国和欧盟的贸易关系则会退回到世界贸易组织框架层面,显然关税水平和贸易壁垒都会增加。"无协议脱欧"对英欧双方均不利,双方均希望避免。据英国政府估计,该情况下,英国在脱欧的15年内GDP将会累积下跌9.3%。

7.3 欧盟对外经贸关系更为主动

欧盟在2018年9月的盟情咨文中提出,要致力于成为更积极的全球行为主体。而欧盟2018年的对外经贸关系则生动地体现了这一点,其在贸易政策协调、建立自贸区等方面更为积极主动。

7.3.1 积极协调:暂缓美欧贸易争端

欧盟是美国最大的出口市场和投资来源地,2017年占美国商品出口总额的近19%,2016年欧盟对美国的投资额则是对中国和对印度投资总额的8倍。但美欧之间的贸易结构则是以欧盟顺差为特征,2017年欧盟对美国的商品贸易顺差为1 208亿欧元,比2016年的1 131亿欧元增长6.8%。[①]因此,在特朗普政府采取贸易保护主义政策后,美国与欧盟之间的摩擦在所难免,2018年上半年大有剑拔弩张之势。

美国商务部2018年2月16日公布针对钢铝进口产品的"232调查"报告,认为进口钢铝产品严重损害了美国国内产业,并威胁国家安全,建议政府加征关税。欧

---

① 数据来源:欧盟统计局。

盟当时就提出抗议,并准备反制措施。3 月 8 日,特朗普提出对所有进口钢铁和铝产品分别征收 25% 和 10% 的关税,欧盟一方面研究报复关税清单,另一方面积极展开同美国的关税豁免谈判。3 月 22 日,在关税措施生效的头一天,欧盟同其他多个美国盟国获得 5 月 1 日前的关税豁免;4 月 30 日,美国政府宣布将欧盟、加拿大、墨西哥的关税豁免延长至 6 月 1 日,继续展开谈判;5 月 31 日,美国宣布自 6 月 1 日起对主要贸易伙伴加拿大、墨西哥和欧盟附加征收 25% 的钢铁关税和 10% 的铝关税;6 月 20 日,欧盟委员会宣布从 6 月 22 日起对自美国进口的价值 28 亿欧元的美国钢铝产品和农产品加征关税,并表示做法符合世界贸易组织规则。6 月 23 日,特朗普威胁对自欧盟进口的汽车加征 20% 的汽车关税,而且美国商务部 5 月已经以国家安全为由启动了对进口汽车及零配件的"232 调查"。美国是欧盟汽车出口的主要市场,其 2.5% 的关税税率也显著低于欧盟进口美国汽车 10% 的关税税率,因此,为了避免美国对汽车征税,7 月 26 日,欧盟委员会主席容克赴华盛顿与特朗普商谈并就暂停贸易争端达成一致:欧盟同意扩大对美国液化天然气的进口、降低双方的工业关税,并进口更多的美国大豆,对于非汽车行业,双方将努力就零关税、零贸易壁垒和零补贴达成一致。

可见,美国掀起贸易争端的根本目的在于逼迫对手就一些棘手的领域展开谈判。欧盟则在积极展开谈判的同时,主动寻求与美方避免贸易争端升级,同时从 2017 年 12 月开始构建美欧日三方联合声明,在贸易政策上积极协调。当然,美欧的贸易摩擦只是暂缓而非停止,因为双方的贸易分歧仍然广泛存在,这在当初的 TTIP 谈判中就已表现出来,如政府采购、农产品市场准入和金融监管等领域。况且,美国商务部针对汽车进口的"232 调查"结果于 2018 年 11 月中旬提交政府,后续美国政府是否会对进口汽车加征关税还取决于双方的进一步谈判。

7.3.2 主动让步:签署欧日经济伙伴关系协定

在 2016 年 10 月与加拿大签署谈判了 7 年的自由贸易协定《综合经济与贸易协定》(CEPA)后,2018 年 7 月 17 日,欧盟与日本签署了《经济伙伴协定》(EPA),被广泛认为是迄今经济规模最大的自由贸易协定。欧日经济伙伴协定谈判始于 2013 年 3 月,开始时双方在汽车关税、农产品领域、市场监管、政府采购及争端解决机制等多个领域存在分歧,谈判一度非常缓慢。但在2017年后议程明显加快:2017年12月7日双方宣布完成谈判;2018年4月,欧盟委员会贸易总司公布定稿EPA文本。在双方于2018年7月签署文件后,12月8日,日本国会批准协定,12月12日,欧洲议会表决通过该协定。欧日自贸协定于2019年2月1日正式生效。

该协定包括投资自由化和知识产权保护等规则。欧盟方面将取消从日本进口商品关税的99%,日本方面将取消从欧盟进口商品关税的94%,双方超九成商品品种将取消关税。此外,日本对欧盟产的奶酪设置了进口额度,为期16年,欧盟则对日本汽车关税设定了8年的期限。可见,双方在农产品和汽车出口问题上都作出较大让步,其中欧盟方面的让步更多。[①]

欧日之所以能够签署双边自贸协定,特朗普就任美国总统以来推动的贸易保护主义功不可没,但实际上,另一个重要因素在于英国脱欧,欧日自贸协定的生效日期在英国正式脱离欧盟之前,这在很大程度上缓解了欧盟内对于英国无协议脱欧的担忧。据欧洲行业组织估计,协定的签署将使得欧盟对日本出口将增加34%,日本对欧盟出口将增加29%。

7.3.3 加强沟通:中欧经贸分歧与合作并行

2018年以来,中欧双方在推进经贸继续合作的同时,双方的分歧也愈发明显。但双方在维护多边贸易体系、反对贸易保护主义、联合国气候框架等方面存在广泛的合作空间。

1. 投资审查机制及新贸易防御法下限制贸易投资

自2017年以来,中欧在投资和贸易领域都表现出一定的降温。2017年9月欧盟提出对外投资审查框架,旨在对外国投资设定欧盟层面的审查机制,但后来引起欧盟范围内的广泛讨论,在匈牙利、葡萄牙和希腊等国强烈反对下,该方案进行了一定调整。2018年12月5日,欧洲理事会批准了欧盟审查外国直接投资的草案,旨在应对外国投资于战略意义重大且敏感度较高的领域的情形,特别是当外国投资者为国有企业,或者投资对象为关键技术或基础设施时。新框架会建立一项欧

---

① 忻华:《欧盟建立"欧日经济伙伴关系"的战略机理探析》,《国际展望》2018年第6期。

盟范围内的类似建立数据库的合作机制,成员国有义务进行信息交流,欧盟层面也会提出预警建议等,但最终投资审查是否通过的决定权在成员国层面。在欧洲议会通过后,该框架很有可能从 2019 年初开始实行。修改后的投资审查框架虽有所缓和,但对于中国对欧盟的投资将具有明显的抑制作用。不过,中国对欧盟的投资不论是占中国的对外投资,还是占欧盟的外国直接投资的比例都非常低,所以对于投资的抑制对双方经济增长的影响可能很小。

在贸易方面,欧盟同样加强了对中国产品的反倾销与反补贴措施。2017 年 12 月,欧盟委员会正式发布修订后的新贸易防御法,引入了对国家干预导致经济扭曲的国家的倾销计算方法;同时欧盟委员会发布了《关于中国经济明显扭曲的情况》的报告。结果使得欧盟在对中国产品发起反倾销、反补贴调查时更为有利。2018 年 4 月 16 日,欧盟理事会确立了新的反倾销与反补贴法规。

2. 共同维护多边机制,反对保护主义

中国同欧盟保持通畅的沟通机制,2018 年 6 月 25 日召开第七次中欧经贸高层对话,7 月 16 日的第二十次中欧领导人会晤期间,双方交换了中欧投资协定清单出价,同意将中欧投资协定谈判作为最优先事项,标志着中欧投资协定谈判进入新阶段。

中欧双方多次声明,必须坚决反对单边主义和贸易保护主义,承诺共同维护以世贸组织为核心、以规则为基础的多边贸易体制,完善全球经济治理体系。

美国的单边主义行为实际上架空了 WTO,而且美国自 2016 年就开始阻碍 WTO 争端解决机制上诉机构大法官的遴选工作,使得上诉机构目前仅剩三名大法官,2019 年另外两名大法官到任后,上诉机构将无法继续运作。实际上,目前 WTO 争端解决机制收到大量的案件,而大法官却严重不足,为此,欧盟于 2018 年 9 月率先提出欧盟版的 WTO 改革方案,对于 WTO 规则制定、透明度及争端解决机制进行了详细的阐述。中国在争端解决机制问题上同欧盟紧密合作,2018 年 11 月 26 日,中欧主动发布关于争端解决上诉程序改革的联合提案。

3. 共同推动欧亚地区基础设施互联互通

2018 年 9 月 18 日,欧盟委员会公布了欧盟版的联通亚洲战略,题为"连接欧洲和亚洲——对欧盟战略的设想"。欧盟将在欧亚地区致力于打造欧盟版的互联互通模式,在今后的实施过程中将"基于规则"与亚洲的实际相结合,重点打造交通、能源、数字及人际交流网,与亚洲国家和组织建立互联互通伙伴关系,同时还要在双边、地区以及国际组织层面增进合作。

虽说欧盟这一文件的出台被广泛地解读为对中国"一带一路"倡议的回应,但欧盟领导人予以否认,并指出,欧亚大陆基础设施的互联互通需求巨大,欧盟提出自己的规划也可以更好地同一带一路进行对接合作。事实上,欧盟驻华使团在2018年初已经就出台欧盟联通亚洲战略事宜与中方保持沟通。

欧盟连接亚洲战略在联通的领域上与中国"一带一路"倡议的内容一致,但在具体项目的实施方法上有明显区别,欧盟更注重可持续性和规则性,并注重种子基金对社会资金的撬动作用,欧盟在欧洲投资计划的实施过程中积累了较好的经验,可以同中国"一带一路"倡议形成良好的合作与互补。

第 8 章

日韩经济:积极扩大对华合作,拓展经济发展新空间

综观 2018 年的日本经济走势,尽管经济增长起伏波动,但从股价、房价、物价等诸多宏观经济指标看,日本经济总体向好趋势基本未变。日本经济延续弱势复苏态势也反映出自 2012 年底日本政府启动实施的"安倍经济学"政策取得了一定的效果,日本经济开始步入经济缓慢扩张周期。尽管如此,2019 年日本经济因受制于人口老龄化、消费税上调以及特朗普政府的贸易保护措施等多重内外因素的困扰,故经济增长的不确定性有所上升。另一方面,伴随中日经贸合作关系的不断深化,日本经济将迎来新的发展机遇。未来中日两国在第三方市场的经贸投资合作前景广阔。

与日本经济相比,2018 年韩国经济表现差强人意。从拉动韩国经济的"三驾马车"的表现看,消费疲软、投资显著下滑,出口相对强劲。韩国经济的低迷导致就业堪忧。2018 年第一季度的失业率曾创下近十年来的最高水平。文在寅政府推行实施的"收入主导型的经济增长"政策未取得预期成效被认为是导致韩国经济不景气的重要原因。展望 2019 年,韩国经济增长前景依然不容乐观。一方面,特朗普推行的贸易保护主义成为导致韩国经济放缓的外部因素;另一方面,韩国七大支柱产业发展出现颓势、中韩产业间的市场竞争加剧以及依赖财阀经济的发展模式愈发难以维系等是影响韩国经济发展的内在因素。

不过,预计 2019 年中日韩三国将会进一步加强在贸易、投资、金融等诸领域的合作,共同推动中日韩自贸区谈判和区域经济一体化进程,RCEP 协议有望在年内达成。

8.1　日本经济增长态势未变

8.1.1　经济增长起伏有所扩大

从 2018 年的日本经济表现看,尽管前三季度的经济增长呈现一波三折的走势,但总体上依然延续了自 2013 年以来的温和增长态势。第一季度日本经济因受私人消费乏力、资本支出下滑、日元汇率走高等因素的影响(图 8.1),GDP 实际增速大幅放缓,环比增长下降0.3%,是自 2015 年末以来的最低水平;第二季度经济在私人消费与非住宅投资的拉动下出现强劲反弹,GDP 环比增速一跃转变成 0.7%,达到近三个季度的最高值;第三季度因强台风、强震和暴雨等自然灾害持续不断,导致内外需双双下降,私人消费时隔一个季度再度出现负增长,非住宅投资也大幅萎缩,导致三季度 GDP 环比增速下降 0.6%。与消费低迷相比,第三季度的日本房地产投

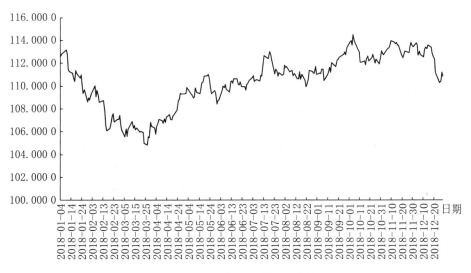

图 8.1　2018 年美元兑日元走势

资料来源:Wind 数据库。

资出现回暖迹象(图 8.2)。不过,据日本内阁府的数据显示,日本 10 月份的制造业
PMI 指数为 52.9,服务业 PMI 指数为 52.4,均已连续 24 个月处于经济扩张期,从而
也表明日本经济复苏态势没有发生改变(图 8.3)。第四季度日本经济出现反弹。
其中的主要原因是机械设备投资进一步扩大,住宅投资也有所改善。2019 年初开
始实施的消费税上调政策也可能会带来提前消费,导致消费增长。此外,日本对华
经贸投资关系逐步回暖。据日本内阁府 2019 年 3 月初公布的统计数据,2018 年日
本 GDP 实际同比增长 0.8%。

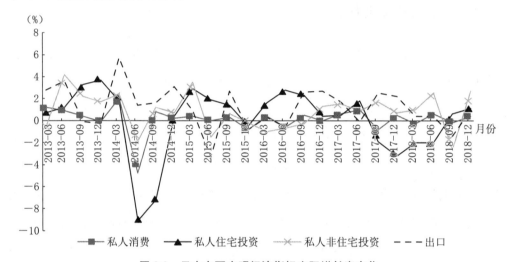

图 8.2　日本主要宏观经济指标实际增长率变化

资料来源:日本内阁府。

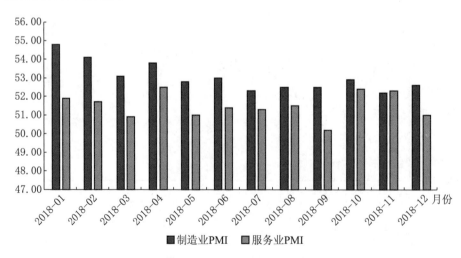

图 8.3　日本 PMI 指数走势

资料来源:Wind 数据库。

2018 年的日本股价、房价、物价的走势变化中不难看出日本经济复苏的信号。在安倍政府实施的宽松货币政策刺激下,股价呈现显著的上升态势。2018 年第三季度日经 225 指数较上季度均值上涨了 1.2％。10 月 2 日的日经指数创下自 1991 年泡沫经济破灭以来的最高值。但随着受美国股市宽幅震荡以及国际油价大幅下跌的外溢影响增强,第四季度以来日本股市呈现由强转弱格局(图 8.4)。日本地价也因就业好转、工资上升等因素的推动,时隔 27 年首次上涨。地价上涨和股市攀升也使日本居民的金融资产增加。据日本央行发布的数据显示,截至 2018 年上半年,日本家庭的金融资产总额同比增加 2.2％,达到近 1 850 万亿日元,已连续第八个季度上升(图 8.5)。在股价和地价创出 27 年历史新高的背后,是日本企业纷纷回归本土推动制造业景气高涨。日本国内外的生产成本差距缩小,成为了日本制造业企业重新调整生产布局以及日本失业率下降的重要原因。与此同时,物价涨幅回升,通胀有所改善。2017 年,日本 CPI 及核心 CPI 涨幅均为 0.5％。进入 2018 年,因受能源价格上涨影响,日本通胀水平持续改善。据日本央行数据显示,2018 年 10 月的 CPI 同比增长 1.4％,核心 CPI 同比增长 1.0％,均为日本 2015 年 4 月以来的最高水平。但此后物价上涨趋势受阻,11 月、12 月的 CPI 同比增长出现大幅下滑,分别仅为 0.8％和 0.3％。这离日本银行设定的 2％的通胀目标尚有很大距离(图 8.6)。为此,日本央行不仅修正了 2018 财年的通胀预期,从原先的 1.4％下调至 0.9％,而且也将 2019、2020 财年的通胀预期分别下调为 1.4％与 1.5％。

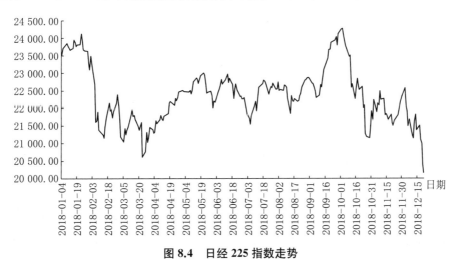

图 8.4　日经 225 指数走势

资料来源:Wind 数据库。

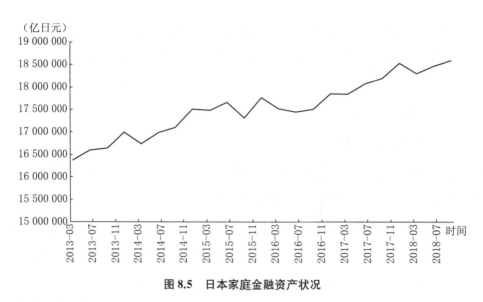

图 8.5   日本家庭金融资产状况

资料来源：日本银行。

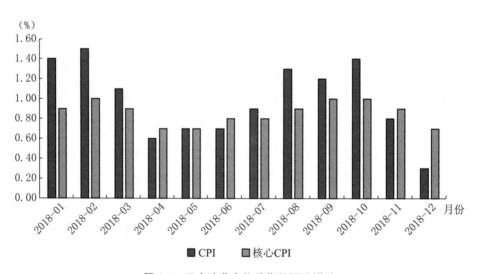

图 8.6   日本消费者物价指数同比增速

资料来源：Wind 数据库。

日本经济延续弱势复苏在一定程度上反映出"安倍经济学"的积极效果。"安倍经济学"自 2012 年底实施以来，在宽松的货币政策与扩张的财政政策的持续作用下，日本劳动力市场就业状况与企业经营利润及财务状况得到持续改善，资本支出呈上升趋势，从而提振了内需，促进经济增长（图 8.7）。随着安倍竞选连任获胜，确保了"安倍经济学"的延续性，使得经济刺激方案得以继续实施。由于通胀低迷，经济增速小幅放缓，故日本央行在 2018 年 9 月的货币政策会议上作出短期内维持超宽松货币政策不变的决定，并通过购买长期国债，让长期利率维持在零左右。日本央行同时认为经济正在温和复苏。综合来看，股价、地价和物价变动趋势与日本央行的宽松货币政策方向一致。

图 8.7　2017 年以来日本失业率状况

资料来源：Wind 数据库。

8.1.2　经济增长新动能逐渐形成

在过去的数十年里，日本科技创新能力的积累，将是未来日本经济增长的重要基础。无论是对科研人员的资金投入还是在创新性企业的成长培育方面，日本社会的 R&D 投资研发强度始终高于中国，甚至超过美国。日本长期的科技创新投入将促进科技成果的转化，提升经济效益和生产效率。从影响全要素生产率增长的因素看，私营部门用于研发投资的资本支出增长是关键的变量。据日本统计局的数据显示，从 2016 年的第四季度到 2018 年的第二季度，日本的实际私人资本支出已实现连续 7 个季度的持续增长，这也是自 20 世纪 80 年代末日本经济危机以来首次出现的持续性资本支出增长。不断上升的私人研发投资有助于推动日本全要素生产率的增长，为日本经济逐渐摆脱通缩、步入持续增长周期创造了有利条件。

与德国一样，日本是以"日本制造"作为立国之本。尽管日本并没有提出类似

德国"工业 4.0"的战略,但日本始终坚持发展制造业,其中装备制造是日本的主要
支柱产业之一。长期以来,日本依靠对外输出先进的装备设备促进本国经济发展。
据日本统计局的数据显示,2018 年上半年,日本对华装备设备出口延续前一年的增
长态势,其中机器人和自动化装备,尤其受到中国制造企业的青睐。日本的广大中
小企业借助与大型企业形成的装备产业链和上下游供应链,出口贸易规模也得到
扩大,凸显出日本独特的产业竞争优势。

在日本经济产业省(简称"经产省")发布的《日本制造业白皮书(2018)》(简称
"白皮书")里,日本经产省提出把"互联工业"作为日本制造的追求目标。据《白皮
书》称,目前,日本纯粹的自动化产品市场竞争非常激烈,难以形成高附加值。若以净
资产收益率(ROE)作为衡量附加价值的重要指标,则日本制造业的 ROE 水平长期
低于欧美企业。以 2016 年的统计数据为例,美国的 ROE 为 18.1%,欧洲为 13.4%,
而日本仅有 8.5%。持续较低的资产收益率成为了日本制造业发展面临的主要问
题之一。为此,《白皮书》认为,日本不应该仅仅注重追求通过机器人、信息技术、物
联网等技术的灵活应用实现业务的效率提升和优化,而更重要的是利用数字化工
具、人才培养和工作方式变革等手段,通过增强劳动力与机器之间的互动,加快自
动化与数字化的融合,进一步提高日本制造业的劳动生产率,获取新的附加价值。

8.2　2019 年日本经济变数增大

尽管越来越多的迹象表明,日本经济正在摆脱疲态,开始步入经济增长周期,
但在当前错综复杂的内外环境影响下,2019 年日本经济走势的不确定性有所上升。
根据 OECD 发布的《全球经济展望报告》,2018 年日本经济全年增速从原先预计的
1.2% 下调至 0.9%,2019 年的经济增速也从 1.2% 下调至 1%。该报告指出,由于日
本面临高企不下的政府债务风险,因而可能会导致投资者对日本财政可持续性的
信心动摇,造成日本金融系统和实体经济的不稳定,进而也可能对世界经济产生较
大的负面影响。尽管 IMF 在 2018 年 10 月发布的《世界经济展望:稳定增长面临的
挑战》的报告中也同样将 2019 年的日本经济增速下调,预计同比增长 0.9%,但不管
怎样日本经济的温和增长走势保持基本不变。

8.2.1 深受内外多重因素困扰

首先，对日本和许多亚洲新兴国家而言，人口老龄化是各国面临的一项重大的长期挑战。日本、韩国等早已失去了它们的人口红利，正面临"未富先老"的风险，换言之，亚洲许多经济体面临着当人口趋势转变为制约发展的不利因素时，这些经济体还未能达到收入增长的前沿水平。IMF 在 2018 年 11 月末发布的 G20 监测报告中称，未来 40 年里，日本因人口迅速老龄化而可能导致经济萎缩超过 25％，并且提出扩大女性和老人的劳动参与率以及外来劳动力的政策建议。事实上，2018 年日本对于外国就业者的需求已明显上升，来自中国、越南、菲律宾等国的研修生成为外来劳动力的主力。日本政府目前正在研究建立一个广泛接收、能马上发挥作用的外国人才机制。预计未来日本使用外国熟练劳动者的比例还将进一步增加。

一方面，近年来，越来越多的日本海外制造企业返回母国，日本国内企业投资支出不断增加，屡创历史新高，带动就业人口快速攀升。在此背景下，日本女性的劳动参与率水平也在不断提高。日本内阁府的数据显示，日本女性的劳动参与率从 2012 年的 63.4％上升至 2017 年的 69.4％，超过了美国 67.9％和 OECD 64.0％的平均水平。另一方面，国内劳动力不足也造成薪资增长较快。2018 年劳动者薪资上涨幅度刷新日本近 20 年的最高水平。未来随着人工智能、机器人和自动化技术的广泛应用，预计日本人口老龄化问题有望得到进一步缓解。

其次，政府上调消费税将对日本经济增长构成巨大压力。自 2018 年 10 月起，日本国内的消费税率将从目前的 8％提高至 10％。日本政府的这一举措虽有助于增加公共财政收入、提高政府财政调控能力，但同时也很可能会导致国内居民的消费支出下降，从而影响内需扩大拉动日本经济增长。为缓解消费税上涨带来的不利影响，IMF 建议通过取消汽车购置税、房屋购置税作为应对的政策选项，并代之以采用房产税来弥补税收损失。

再者，特朗普贸易保护主义的持续升级也将对日本经济产生负面影响。早在 2018 年 3 月，特朗普政府就宣布对铝和钢铁产品的进口加征 10％和 25％的不等关税，这或对日本的出口贸易造成较大的负面影响。不过，安倍政府在 2018 年 9 月访美期间，与特朗普政府就启动货物贸易协定（TAG）谈判达成了一致，双方同意将于

2019年初启动正式谈判。届时日美谈判的焦点在于如何在农业与汽车的关税问题上达成共识。作为启动谈判的条件,美国暂不对日本汽车加征进口关税。倘若日美谈判进展顺利,并最终达成双方经济合作事项,则将有助于日本真正摆脱经济长期低迷的阴霾。

此外,日本经济发展模式的缺陷也增加了在内外不确定环境下的经济下行压力。日本有限的国内需求不仅制约了日本经济发展的空间,而且也导致日本经济长期以来外需的发展模式。日本旺盛的制造能力与有限的国内需求形成了影响经济发展的一大矛盾。在此情形下,日本经济的对华依赖度很高,形成了所谓的"中国特需"。目前,中国已成为日本最大的出口目的国,对华贸易占日本贸易总量的近两成。因此,中国经济增长走势很大程度上影响日本经济发展。

此外,鉴于2019年日本经济增速可能小幅放缓,预计日本货币政策还将继续维持宽松基调。考虑到2019年原油价格的下行压力较大,能源成本对通胀的提振作用可能将有所下降。综合而言,2019年日本能否真正摆脱经济通缩、实现2%的通胀目标仍然是一个未知数。

8.2.2　EPA签署带来重大利好

2018年7月17日,日本与欧盟正式签署了经济伙伴关系协定(简称EPA协定)。EPA协定的谈判自2013年启动后,日欧历经4年的磋商,对该协定涉及的自贸条款达成共识。该协定计划在获得欧洲议会和日本国会的投票赞成后,于2018年的2月1日正式生效。届时拥有全球经济总量的30%,且覆盖世界6亿多人口的全球最大自由贸易区将诞生。该协议生效后,日欧双方的关税将被大幅消减直至全部取消。在当前特朗普贸易保护主义导致全球贸易局势紧张、日美贸易摩擦不断的情形下,EPA协定的签署将对安倍稳定政局、摆脱贸易困境产生积极影响。

从日本出口贸易的区域结构看,对欧出口贸易仅占日本出口总额的11%左右,而欧盟占全球经济总量的比重超过20%,从中反映出日欧贸易潜能并没有释放出来。日本通过与欧盟签署EPA协定,进一步降低双方的贸易投资壁垒,进一步提升贸易投资的自由化、便利化程度,从而推动对欧出口的快速提升,这无疑将对日本的经济增长产生积极的推动作用。据日本政府估计,一旦此项协议得到完全实施，将有助于大幅刺激双边贸易和直接投资，使日本经济增长率提高约 1 个百分点，增加约 5 万亿日元产值，创造 29 万个新增就业机会。鉴于近 30 年来，日本经济的平均增长率都维持在 1％左右，这也就意味着未来日本经济增速将有望大幅提升。具体而言，EPA 协议生效后对日本经济的积极影响表现为以下几个方面。

第一，一旦协议生效，日欧双方将会立即着手落实分阶段的减免关税措施。该协议涉及农林水产品、矿工业产品等的关税。按照此协议，日本对欧盟出口的约 99％的商品关税将被取消，同样欧盟对日出口的约 94％的商品关税也将被废除。双方存在差异的原因在于日本对大米等农产品的长期保护具有较强的政治敏感性，需要逐步取消。

第二，随着日本依据协议取消对葡萄酒、奶制品、猪肉以及皮革制品等商品的进口关税，这将大幅降低欧洲进口商品的价格，从而有利于刺激日本居民消费。同时，欧盟大幅取消对日进口商品的关税也将让日本的茶叶、海鲜品及机械零件在欧洲销售变得便宜。

第三，对日本而言更为有利的是，欧洲大幅降低对日产汽车的进口关税将大幅拉动日本对欧的汽车及其汽车零部件的出口。依据 EPA 协议，欧盟将在协议生效后的第八年全部免除对日本整车的进口关税，以及对日本产的汽车零配件中 92％的进口项目实施减免。届时，作为日本出口的中坚力量日产汽车将更加便利自由地流入欧盟市场，从而将目前仅占 10％的欧洲汽车市场份额大幅提升。

此外，EPA 协定还将与日本主导签署的 CPTPP 协议一起，共同推动和构建日本的跨区域自由贸易圈。伴随 CPTPP 协议、EPA 协定的相继生效，倘若 RCEP 协议也能在 2019 年末如期完成谈判，则不仅将对日本经济增长产生更大的积极影响，而且还有助于提升日本的国际地位和全球影响力。

8.3 中日关系改善迎来新机遇

8.3.1 中日关系迎来重大转机

2018 年是《中日和平友好条约》缔结 40 周年。该条约奠定了中日两国关系发展的基础。40 年来,中日关系虽历经曲折考验,但两国经贸往来总体上不断加强。特别是近两年,在全球贸易保护主义升级及中美贸易摩擦不断蔓延的背景下,日本对华经贸投资关系持续改善,两国经贸合作也在不断加强。

国家统计局的数据显示,中日两国贸易 2017 年已重回 3 000 亿美元,日资企业在华直接投资规模快速上升,同时中国对日投资也在日益增加,尤其在移动支付、跨境电商、共享经济等新经济领域。自 2017 年第一季度以来,日本对中国出口和从中国进口的同比增速均一直维持正增长,并且自第三季度以来,日本对华直接投资的同比增速也始终高于对全世界直接投资的平均增速水平。

中日经贸关系的持续回暖,为进一步深化两国合作关系创造了契机。2018 年中日领导人实现互访,又将两国经贸合作关系推向新的发展阶段。5 月,李克强总理为参加中日韩首脑会谈访日。双方就尽早签署本币互换协议达成原则共识,两国决定重新启动已中止 5 年的中日货币互换协议;中方允许日本金融机构作为人民币合格境外机构投资者(RQFII)投资国内资本市场,并同意给予 2 000 亿元的投资额度;中方支持在日本东京设立人民币清算行,授权中国银行东京分行从事在日本的人民币清算业务。同年 10 月,安倍正式访华,这是他任首相后近 7 年来的首次。安倍首相的此次访华,取得了一系列丰硕成果,进一步拓展了中日合作的空间,为两国经济注入新动力。安倍访华期间,中日两国的地方政府、金融机构及企业签署了 52 项合作协议,协议总金额逾 180 亿美元。未来中日双方可在以下五大领域寻求合作机会、挖掘合作潜力。

一是加快推进在节能环保和新能源等领域的务实合作。当前中国正在推动制造业向自动化、智能化、数字化的转型发展,加快构建清洁、低碳、安全、高效的绿色能源体系。日本拥有在节能环保、绿色循环经济和高科技等领域的世界领先技术,中日两国在这些领域的互补性强,合作潜力无限。

二是进一步拓展在旅游、文化、体育、健康、养老等服务业领域的合作。这些领域是中国加快各项民生事业发展的重点领域,将为日本的服务业企业创造无限商机。

三是携手推进在智慧城市建设、智慧农业发展和现代物流管理等方面的合作。日本不仅在智慧城市建设方面经验丰富,而且在智慧农业发展和现代物流管理方面技术优势显著，因而双方的合作前景广阔。

四是鼓励扩大双向投资，合作开发第三方市场。中国将进一步深化体制改革、扩大市场开放，同时不断完善营商环境，这将进一步增强对外资来华投资的吸引力，从而为日本企业扩大对华投资合作创造了契机。

五是加强在地区和多边经贸领域的合作，推动区域经济一体化进程。作为世界第二大与第三大经济体，中日合作对促进世界经济发展至关重要，两国要在推动中日韩 FTA 和 RCEP 谈判尽早达成协议方面发挥积极作用。

在 2018 年 11 月中国举办的首届国际进口博览会上，日本企业代表团的规模世界第一，成为最大的参展国，释放出日本政府推动中日合作的积极信号，也预示着中日经贸合作有望再上新的台阶。总之，日本经济的持续发展不仅为增强中日经贸关系提供了动力，对中国经济走势具有积极影响，而且更有助于维持亚太经济的稳定，同时还可以依靠中日双边及多边经贸合作，弥补美国贸易保护主义政策带来的损失。

8.3.2 第三方市场合作成亮点

在 2018 年 5 月李克强总理访日期间，中日签署了《关于中日第三方市场合作的备忘录》。两国均表示愿意在已有的高层对话机制下通过设立推进第三方市场合作机制以及举办第三方市场合作论坛等，积极推动两国第三方市场合作，促进中日关系重回正常轨道。

安倍首相曾公开表示，"一带一路"倡议是具有发展潜力的构想，愿意在更广泛的领域与中方加强合作，包括共同开拓第三方市场。虽然，此前中国也有和其他国家开展在第三国的市场合作先例，但像此次中日间开展如此规模大、数量多、领域广、涉及国家众多的项目合作还从未有过。按照已公布的中日第三方市场合作协议列出的项目清单看，涉及的合作产业覆盖能源、医疗、工程、电机、金融保险服务等众多领域，合作企业包括综合商社、银行、保险、各类企业及其行业协会、地方政府机构，等等。具体的合作项目如日本 JFE 工程等企业联合体与中国企业联合开发泰国智慧城市建设项目；富士通与中国企业携手推出面向老年人群的 IT 技术服务；日本国际协力银行（JBIC）与中国国家开发银行共同为第三方市场基础设施建设提供联合贷款；伊藤忠综合商社与中国中信集团联合开展对德国海上风力发电项目的投资等。日本之所以能够成为"一带一路"建设项目的中国合作方，是因为日本企业拥有独特的优势和许多有利条件。

首先，日本企业进入中国市场发展的时间较久，已与中国企业建立了多种形式的产业链、供应链的合作关系。这种合作关系可扩展至在"一带一路"沿线的第三方市场的中日民间经济合作。

其次，日本企业能够为中国企业在"一带一路"国家的基础设施建设提供高质量、高性能的机械设备与相关器材，是可供选择的采购对象和优质供应商。

再者，日本企业可以为中国企业传授各种经验。日本企业参与海外的基础设施建设的历史悠久，积累了丰富的经验，因而可以向中国企业提供工程承包、设备采购与销售以及设施运营等各方面的经验教训、管理模式和营销网络。

最后，日本在"一带一路"国家建立的数量众多的产业园区及其产业集聚优势可被中国企业利用。尤其是日本在中国"一带一路"投资的主要区域东盟的直接投资超过中国，且在制造业领域拥有明显的技术优势，同时在服务企业"走出去"方面具有相当成熟的经验。日本的综合商社为本国企业提供了与境外投资相关的配套服务，大大缓解了企业的后顾之忧。中国企业通过与日本企业合作，就可以获得这些优势与资源。

目前，中日两国在"一带一路"沿线的投资领域高度重合，两国企业在基础设施建设的投标方面竞争激烈，不乏为了项目中标开展不必要的成本竞争的案例，导致获得承包的工程项目的盈利空间大幅收窄。为此，中日两国清楚地认识到只有加强双方合作才能避免恶性竞争。在此背景下，日本企业希望以合作伙伴的形式参与中国企业在"一带一路"沿线国家的建设项目，并提供在出资参股、共同投标、共同建设、共同运营等诸方面的各种服务与支持。这也是日本企业在这些地区谋求更好、更快发展的捷径之一。

2019 年对中国而言是极富挑战的一年，而对日本来说或许是充满商机的一年。这是因为，一是中日关系的回暖有助于缓和两国政治关系助推经贸合作；二是中国地方政府的引资力度会进一步加大；三是作为日本支柱产业之一的汽车业的对华出口前景比较乐观；四是日本的高科技机械装备业如人工智能、机器人、自动化行业的对华投资前景良好;五是日本产的高端生活用品在中国内地仍保持较高的市场需求。中国国际进口博览会又为日本商品进入中国市场开辟了新的渠道。

总之,如果日本能够不受日美政治军事同盟的影响,不受美国政府的阻挠,积极寻求扩大对华合作,那么,今后数年中日经济合作将给日本经济带来巨大商机。

8.4 韩国经济呈现走弱趋势

8.4.1 2018 年韩国经济表现差强人意

2018 年以来,韩国经济增长持续放缓。韩国央行公布的数据显示,2018 年第一季度 GDP 环比增速为 1.0%,同比增长 2.8%;第二季度环比增速下降至 0.6%,但同比增速不变,依然维持 2.8%;第三季度 GDP 走势出现明显下滑。初步估计,第三季度的 GDP 环比增长虽仍为 0.6%,但同比增幅放缓至 2.0%,创下近 9 年来的新低。2018 年韩国前三季度的 GDP 若按照韩元兑人民币的平均汇率折算,仅相当于同期中国 GDP 的 12% 左右。不过,第四季度韩国经济增长有所好转,GDP 环比增长回升至 1.0%,与第一季度持平,同比增速增至 3.1%,为 2018 年度的最好水平。

从衡量韩国经济的景气指数看,2018 年初以来制造业 PMI 指数一路下滑,第二季度月均指数均跌破 50 的荣枯值,表明经济呈现萎缩态势。尽管从第三季度末以来,PMI 指数有所回升。9 月、10 月的 PMI 指数分别为 51.3 和 51.0,位于荣枯线的上方,经济出现改善的趋势,但 11 月的数据再次大幅下挫,跌至 48.6。第四季度的 PMI 均值为 49.8,仍处于经济萎缩状态。韩国央行公布的数据显示,2018 年第四季度以来,韩国消费者信心指数低迷,10—12 月连续三个月指数均为于 100 分界岭之下,其中,11 月的消费者信心指数下跌至 95.7,为 2017 年 2 月以来的最低值。

从拉动韩国经济的"三驾马车"的表现看,消费疲软,投资显著下滑,出口相对强劲。在消费需求方面,虽然消费同比增速有所回落,但民间消费环比增速良好支撑了韩国内需。数据显示,2018 年第一季度韩国民间消费环比增长 0.7%,第二季度下降至 0.3%,第三季度有所回升至 0.5%。韩国居民消费不振的主要原因在于工作及收入不稳定、人口老龄化加剧、家庭负债增加等因素导致消费者不愿或不敢消费。国内投资方面,2018 年设备投资第一季度环比增长 3.4%,第二季度环比骤降 5.7%,第三季度下降幅度虽有收窄,但环比仍减少 4.4%;建筑投资第一季度环比增长 1.8%,第二季度则环比下降 2.1%,第三季度下降幅度加速扩大,达到 6.7%,这主要是受韩国政府对房地产调控的持续影响所致。韩国智库认为,投资领域低迷是拖累韩国经济增长的主要因素。不过,第四季度的设备投资与建筑投资状况出现好转,环比增速由降转升,分别增长 3.8% 和 1.2%。在出口方面,韩国 2018 年前三季度的出口总体表现良好。韩国产业通商资源部公布的数据显示,1—9 月韩国货物出口额为 4 504 亿美元,同比增长 4.7%,创下历史新高。预计第四季度出口还将持续扩张态势,同比增速将达到 8.5%,远高于第三季度的 2.2%。

从韩国的消费者物价指数看,2018 年 1—8 月的 CPI 同比均低于 1.6%,但 9 月以来,物价指数明显回升,连续 3 个月 CPI 同比增长高于 2%,通胀的上升趋势开始显现。9 月的 CPI 指数更是达到年内峰值 105.7,同比增长 2.09%。但另一方面,10 月的 CPI 环比从 9 月增长 0.76% 转变为下降 0.18%,11 月的环比降幅进一步扩大至 0.71%,表明韩国经济尚处于景气调整阶段。预计 2018 年全年 CPI 同比增速将维持在 1.6% 左右。

此外,韩国经济低迷影响就业状况。韩国央行的数据显示,2018 年 2 月、3 月的失业率分别达到 4.6%、4.5%,远远高出韩国近十年来的年均失业率水平。第二季度以来韩国失业率开始回落,11 月下降至 3.2%,12 月失业率有所扩大,达到 3.4%。预计第四季度的失业率从上季度的 4.0 下降至 3.8,与第二季度持平。另一方面,韩国就业率从 2018 年 1 月的 59.5% 小幅增加至 11 月的 61.4%,但 12 月又回落至 60.1%,目前仅占劳动力总人口的六成。导致韩国就业市场疲软的原因是内需乏力、投资萎缩和劳工薪资标准上调、企业重组等多重因素综合作用的结果,而这些因素在短时间内恐怕难以改善。

韩国智库认为,目前韩国经济面临失速风险的一大要因缘于文在寅政府的经济政策失误。文在寅执政以来,采取"收入主导型的经济增长"政策。文在寅政府试图通过提高最低工资,增加福利的方法,刺激居民消费需求,由此循环创造更多就业。在过去两年里,文在寅政府将韩国最低收入提高了约 30%,其中仅 2018 年韩国最低薪资就提高了16％，创下近20年来的最大涨幅。在经济不景气时期，随着用工成本的上升，韩国中小企业被迫裁减员工，使得对用人成本较为敏感的零售业和餐饮服务业出现大量失业员工。与此同时，不少韩国中小制造企业进军拥有廉价劳动力的其他新兴市场，也导致韩国失业率的快速攀升。

在此情形下，韩国央行在2018年10月中旬公布的经济预测数据中，将2018年韩国GDP的增长率从原先的同比增长2.9％下调至2.7％，该数据远低于2017年的3.1％。此次韩国央行做出下调增长预期也反映出韩国经济的诸多内在问题，尤其表现为就业问题。韩国央行预计2018年新增就业人数为9万人，比此前7月给出的18万人的预测值下降了一半。这一数值也创下了国际金融危机以来近10年的新低。

尽管如此，韩国央行于2018年11月30日仍然决定将基准利率上调25个基点，从1.5％上调至1.75％。这是韩国央行时隔一年后的第二次加息，将韩国基准利率推高至2015年3月的水平。韩国央行加息可能基于三方面的考量：一是美联储如果按照预期12月再次上调基准利率，则韩美之间的利率差将会进一步扩大，外国资本撤离韩国的风险将会加剧。二是尽管消费者信心处于较低水平，民间消费总体动能不足，但另一方面，制造业PMI指数有所上升，出口状况预计也将持续改善，这将成为支撑韩国经济增长的动力。三是国内金融失衡状况在不断加剧，这种失衡状况表现为低利率下资金大量流向房地产领域以及家庭债务杠杆快速上升的现象。韩国央行的数据显示，2017年韩国家庭负债与GDP的比重约为94％，高出日本10个百分点。

为了抵消韩国央行加息对韩国经济带来的负面影响，韩国财政部进一步扩大了2019年的预算支出，并拟推出相应的供给侧短期刺激政策，包括为投资新设备和新技术的企业提供融资服务等以促进就业和提升企业竞争力。

8.4.2　2019年韩国经济面临严峻挑战

2019年，韩国经济增长面临诸多不确定性，经济前景不容乐观。IMF在2018年10月发布的《世界经济展望报告》中，下调了韩国经济增长预期。该报告预测，韩国2019年的经济增长率为2.6％，较4月发布的预测数据下降了0.3个百分点。同月，OECD 发布的关于世界经济展望的报告里，预测 2019 年韩国经济增长率为 2.7％。该报告还建议韩国"收入主导型的经济增长"政策需要与结构性改革并行，调整最低薪资的上涨速度。此外，韩国央行也给出了与 OECD 同样的经济增长预测数据。韩国现代经济研究院发布的《2019 年韩国经济展望》报告认为，2019 年韩国的建筑投资将可能大幅减少，企业设备投资和民间消费的增长预期也将较 2018 年有所放缓。

从影响 2019 年韩国经济走势的外部因素看，贸易保护主义将成为导致韩国经济放缓的最不利因素。特朗普政府于 2018 年 5 月下旬发起的针对美进口行业的"232 调查"，让韩国出口行业备感压力。据韩国国会预算政策处发布的《美国对韩国进口限制影响报告书》预测，美针对洗衣机、太阳能电池、钢铁等产品的进口限制措施，将给韩国出口造成 2.6 万亿韩元，约合 23 亿美元的损失，并可能导致约 1.6 万个就业岗位流失。不过，随着 2018 年 9 月《美韩自由贸易协定》修订版的达成或将降低美贸易保护主义措施对韩国经济带来的负面影响。该协定一旦生效，韩国将在钢铁制品高关税中获得永久性豁免。

另一方面，倘若中美贸易摩擦持续升级，也将对韩国出口产生不可小视的负面影响。这是因为，一是韩国经济过度依赖中国和美国经济。韩国统计厅的数据显示，在韩国生产的最终用于满足国外需求的附加价值中，中国约为 19％，美国为 17％，欧盟为 12％，日本则仅为 8％。因而中美贸易摩擦不仅会使当事国两败俱伤，而且韩国经济也会受中美经济下滑影响而面临较严峻的下行风险。二是中美贸易摩擦不只是影响了中美经济，而且也打击了中韩两国长年建立起来的生产供应链体系。中国目前是韩国最大的出口市场，中间材料对华出口比重接近 80％。韩国企业为了扩大对美出口，纷纷在华设立生产工厂。OECD 的分析指出，如果中国进口减少一成，则韩国的经济增长率或将降低 1.6 个百分点。因此，中国对美出口的下降也将直接影响韩国对华出口，进而影响韩国经济增长。

从影响韩国经济发展的内在主要因素看，一是韩国七大支柱产业发展前景堪忧；二是中韩产业间的市场竞争加剧；三是韩国财阀经济弊端进一步凸显。

首先，长期赖以生存的核心支柱产业面临经营困境，无疑给韩国未来的经济增添了不确定性。根据韩国现代经济研究院 2018 年 11 月发布的《2019 年韩国主要产业景气展望报告》，2019 年韩国七大支柱产业除造船业或将迎来长期衰退后的复苏，其余主要产业的前景黯淡。其中，汽车、家电、显示器等产业的出口或将继续维持负增长状态。尤为严重的是，依赖于这些产业的大型企业生存的合作中小企业可能陷入更加严重的经营危机。韩国贸易协会国际贸易研究院 2018 年 11 月末发布的《2018 年进出口评估和 2019 年预期》报告也指出，2018 年韩国出口贸易增速可能下跌至 3.7%。在 13 类主要出口产品中，石油化工、机械产品、半导体、食品等的出口增速的下滑程度将更加显著。

其次，受中国制造业转型升级的影响，韩国众多核心产业的竞争优势或将大幅削弱。韩国媒体称，目前韩国的一些主要出口产业，包括钢铁、汽车、造船甚至手机的国际竞争力都在迅速丧失。预计数年后，中国或将在钢铁、船舶、石化产品、无线通信设备及显示面板等五类出口产品方面成为韩国的最大竞争对手。在此背景下，韩国不得不寻求中国市场支持，进一步扩大中韩经贸合作。在中国首届进口博览会上，有包括现代集团、SK 海力士等在内的近 300 家韩国企业参展，并与中国内地的相关企业在日用消费品等领域签署了价值 6 亿美元的订单合同。此外，三星电子 2018 年上半年在中国创下了最高的海外销售额，这也是该集团在中国的销售额首次超过北美地区。

再者，韩国过度依赖财阀企业的发展模式将给未来的韩国经济增长蒙上一层阴影。在韩国经济高速成长阶段，财阀企业的出口对拉动经济增长起到了至关重要的作用，但与此同时这一发展模式也给韩国经济埋下了隐患。随着近年来垄断韩国出口贸易的现代、三星、SK、大宇等四大财阀在国际市场的出口竞争力下滑，韩国出口产品的全球市场占有率持续下降。再加上韩国主要行业的劳动生产率增长萎靡，劳动力成本持续上升，财阀企业和中小企业之间的分化日趋显著，也使得韩国支柱产业增长乏力。未来韩国若不改变单纯依赖财阀企业促进产业发展的僵硬模式，加快制造业结构改革，激发中小企业的创新活力，则韩国经济或将面临更为严峻的挑战。

不过，值得一提的是，朝鲜半岛局势的缓和、韩朝关系逐步走向正常化，将有助于改善韩国的外部发展环境，给韩国经济发展带来积极的促进作用。

8.5 中日韩合作深化推动区域经济一体化进程

面对日趋复杂严峻的世界经济形势，中日韩三国领导人在 2018 年 5 月举行的第七次中日韩首脑会议上明确表示，三国将携手维护多边自由贸易体系，反对贸易保护主义，共同推动中日韩自贸区谈判和 RCEP 协议早日达成最终成果，进一步提高区域贸易投资自由化水平。在当前全球贸易增速放缓趋势下，作为亚太地区规模最大、最重要的自由贸易协定 RCEP 谈判若能达成一致，不仅将涵盖全球近一半人口和近 1/3 的贸易量，而且还能进一步延伸全球价值链，从而促进本地区的生产率增长。

2019 年，中日韩三国应进一步夯实合作基础，不断扩大合作领域。李克强总理在上述中日韩首脑会议上提出，进一步整合中日韩三国资源，构建"中日韩＋X"的新型合作模式，推动三国在节能环保、产能合作、赈灾减贫等诸领域的联合投资开发，充分发挥各自在资金、设备、人员、技术、服务和施工等方面的比较优势，共同开拓第四方市场，带动区域经济更快、更好发展。其中，境外产业园区将是未来中日韩三国经贸合作的重点之一。中日韩三国可在境外产业园区的建设、管理以及产业集聚等方面开展合作，形成优势互补、合作共赢的发展格局。

此外，中日韩还应深化三国金融合作，推动构建开放、包容的区域金融体系，以应对本地区经济发展面临的资金短缺、资源错配问题和国际资本外流的风险。一是秉承"共商、共建、共享"的基本原则，研究推出区域金融合作方案、实施步骤和保障措施，加快构建共同投资、共担风险、共享收益的开放型投融资体制，为本地区经济建设提供长期稳定、互利共赢的金融支持与制度保障。二是加快推动建设区域债券市场，加强三国证券交易所的跨境战略合作，充分发挥债券融资和股权融资对提升资源配置效率、优化金融服务功能的关键作用。三是扩大金融合作领域，加强在数字金融、绿色金融、普惠金融、本币金融等方面的跨境合作，更好地推动区域经济一体化发展。

第 9 章

东盟经济:以新动能推动转型升级

　　2018 年,是东盟第二个 50 年的开局之年。虽然东盟对全球贸易保护主义和贸易摩擦具有相对较高的敏感性,但随着世界经济增长态势的持续,尤其是在"坚韧与创新"的引领下,试点建设东盟智慧城市网络、签署《东盟电子商务协定》,力抓"工业 4.0"转型新机遇、共推数字经济新动能,东盟经济依然保持相对平稳增长,自身的一体化仍在稳步推进中;货物贸易进出口的绝对主体新加坡、印度尼西亚、马来西亚、泰国、越南继续保持增长态势;FDI 流入转中有分,仍为全球重要目的地;经济一体化内外同进,更显主动与成效,RCEP 谈判任务完成度由不到 50% 提升至近 80%。

　　2019 年,东盟轮值主席国泰国将致力于构建以人为本、平衡发展的东盟。以"工业 4.0"为契机,积极推动自身的经济转型和增长新旧动能的转换,东盟经济增长依然高于全球平均增速;货物贸易出口增势趋缓,不确定性增加;成员体继续致力于改善营商环境、加大引资力度,依然是全球 FDI 的重要目的地。在东盟智慧城市网络、"工业 4.0"的助力下,以中国—东盟"3+X"合作新框架为支撑,共建"一带一路"使东盟经济发展、中国—东盟经济合作提质升级所拥有的新机遇更为广阔:科技创新合作、人文交流迈上新台阶,智慧城市建设、数字经济有望成为双方经济合作、共同发展新的增长点,"国际陆海贸易新通道"成新亮点、中国—东盟东部增长区合作升级、次区域经济合作进一步推进。东盟与中国仍将是以规则为基础的多边贸易体制、区域经济一体化的坚定维护者和积极推动者。RCEP 谈判终入最后阶段,虽问题与压力依旧不小,但达成的可能性相对较大。

9.1 东盟经济:前景依然向好,力抓"工业 4.0"转型新机遇

2018 年,第 32 届东盟峰会发布《东盟领导人关于坚韧和创新的东盟愿景》(*ASEAN Leaders' Vision for a Resilient and Innovative ASEAN*),重申坚持经济一体化和开放原则,实现《东盟经济共同体蓝图 2025》。2018 年东盟轮值主席国新加坡总理李显龙表示,到 2030 年东盟将成为全球第四大经济体。[①]

9.1.1 经济增长:速度稍降,共推数字经济新动能

据 IMF 在 2018 年 10 月的预测,2018 年东盟实际 GDP 同比增长 5.2%,较 2017 年下降 0.1 个百分点,低于同年 4 月的预测 0.1 个百分点;虽然 2019 年的经济增速仍将略有下降,同比增长 5.1%,但依然高于全球平均增速 1.4 个百分点(见表 9.1)。

表 9.1 东盟经济增长一览(%)

经济体	2000—2009 年	2015 年	2016 年	2017 年	2018 年(预测)	2019 年(预测)	2023 年(预测)
东　盟	—	4.8	4.8	5.3	5.2	5.1	—
老六国							
文　莱	1.4	−0.4	−2.5	1.3	2.3	5.1	3.9
印度尼西亚	5.3	4.9	5.0	5.1	5.1	5.1	5.4
马来西亚	4.7	5.1	4.2	5.9	4.7	4.6	4.8
菲律宾	4.4	6.1	6.9	6.7	6.5	6.6	6.9
新加坡	5.2	2.2	2.4	3.6	2.9	2.5	2.6
泰　国	4.3	3.0	3.3	3.9	4.6	3.9	3.6
新四国							
柬埔寨	8.4	7.0	7.0	6.9	6.9	6.8	6.0
老　挝	7.0	7.3	7.0	6.9	6.8	7.0	6.8
缅　甸	11.1	7.0	5.9	6.8	6.4	6.8	7.2
越　南	6.9	6.7	6.2	6.8	6.6	6.5	6.5

资料来源:根据 IMF《亚洲和太平洋地区经济展望》、《世界经济展望》(2018 年 10 月)的数据整理而成。

---

① 李晓渝等:《第 50 届东盟经济部长会议讨论区域经济合作与一体化》,新华社(新加坡)2018 年 8 月 29 日。

印度尼西亚先是随美联储加息、以稳定汇率为目的，后是随国内进口需求增长、以遏制经常账户赤字为目的而上调利率，至 2018 年 11 月 15 日基准、存款、贷款利率已分别增至 6.00％、5.25％、6.75％。尽管受到地震海啸等自然灾害对经济尤其是旅游业的强力冲击，在国内消费增长等利好因素作用下，经济增长还是相对稳定，前三季度 GDP 同比增长 5.2％，第二季度 5.27％的增长率更是 2013 年第四季度以来最快增速；经常账户赤字率、政府债务总额第三季度末仍处于自身设定的安全水平，外汇储备更在 10 月止跌回升。[①]政府预计 2018 年将增长 5.2％—5.4％；央行认为，2019 年的经济增长比 2018 年更稳定，或仍为 5％—5.4％，强劲的国内需求依然是主要动力之一。[②]

泰国经济增长的关键在于政府基建投资、民间投资和私人消费的复苏。2018年前 9 个月经济平均增长 4.3％，但第三季度同比增长 3.3％，为 2014 年第一季度以来最小增幅，远低于第二季度的 4.6％；预计 2018 年、2019 年经济分别增长 4.2％、3.5％—4.5％。[③]马来西亚经济增速较之 2017 年的快速增长有所回落，2018 年前三季度分别为 5.4％、4.5％、4.4％，服务和制造业部门是其中的重要驱动力。与东盟的多数成员体不同，在新政府废除消费税的积极作用下，马来西亚 2018 年 8 月的通胀率创下 2015 年 2 月以来的新低，其也使央行可更专注于激励经济增长的政策措施。马来西亚统计局预计，2018 年 12 月至 2019 年 2 月的经济增长将放缓。[④]新加坡 2018 年前三季度 GDP 分别增长 4.6％、4.1％、2.2％，制造业成为经济增长的重要支撑；贸工部 11 月预测，2018 年、2019 年的经济增长分别在 3％—3.5％、1.5％—3.5％之间。

菲律宾 2018 年前三季度 GDP 分别增长 6.8％、6.2％、6.1％，已连续 14 季增长超过 6％，而贸易和制造业是其重要驱动力；但比索大幅贬值，通胀率已创下近十年

---

① 中国驻泗水总领馆经商室：《印尼央行上调基准利率至 6％》《印尼经常账户赤字率为 2.86％仍处安全水平》，2018 年 11 月 16 日；《印尼政府债务总额增至 4 416 万亿盾》，2018 年 10 月 19 日。中国驻印度尼西亚大使馆经商参处：《印尼二季度经济实现 4 年半最快增速》，2018 年 8 月 22 日。

② 佚名：《央行估计明年经济增长更稳定》，《（印度尼西亚）国际日报》2018 年 11 月 28 日。

③ Office of the National Economic and Social Development Board. *Thai Economic Performance in Q3 and Outlook for 2018—2019*. 19 November 2018.

④ 中国驻马来西亚大使馆经商参处：《马来西亚 8 月通胀率创 3 年半新低》，2018 年 9 月 20 日；中国贸促会驻新加坡代表处：《马来西亚统计局：12 月至明年 2 月马经济成长料放缓》，2018 年 10 月 25 日。

新高;高通胀和紧缩货币政策也使其第三季度的经济增速成为自 2015 年第二季度以来的新低,要想实现全年 6.5%—6.9% 的预期目标仍有不小的难度。[①]2019 年经济增长有望达到 6.7%,强劲的国内需求仍是其增长引擎之一。[②]受益于大型基础设施项目的完工、发电量的增加和服务业的进一步发展,老挝经济 2018 年预计增长 6.8%,2019 年有望达到 7%。[③]缅甸则主要由外资带动加工及制造业的快速增长,2018—2019 年经济增速有望达到 6.8%。[④]

越南虽被 IMF 下调经济增速,但其各项经济发展指标全面好于自身预期:2018 年第一季度 GDP 增长 7.45%,为十年来的新高;9 月的全国工业生产指数同比增长 10.6%,为 2012 年以来的新高;前三季度 GDP 增长 6.98%,创下 2011 年以来的最高水平,其中加工制造业增长 12.65%,继续成为经济增长的亮点和主要动力;全年有望高于 6.7% 的既定目标,政府预计 2019 年增长 6.6%—6.8%。[⑤]尤为重要的是,政府对 2016—2018 年经济重组和转变增长模式成效的评价结果显示,全要素生产率对经济增长的贡献达 42.18%,高于 2011—2015 年的 35.58%。[⑥]得益于全球经济增长的良好势头和外来投资的信心改善,柬埔寨 2018 年上半年服装产品继续高速增长,全年经济有望增长 7%;根据其《2019 年国家财政预算案》,经济将继续保持 7% 的增长率。

需要强调的是,东盟正以"工业 4.0"为契机,积极发展数字经济,构建智慧城市网络,实现自身的经济转型和增长新旧动能的转换。2018 年,东盟峰会发布《东盟领导人关于坚韧和创新的东盟愿景》,选定 26 个城市试点建设东盟智慧城市网络并形成东盟智慧城市网络框架,签署《东盟电子商务协定》;新加坡推出全新的数字经济发展计划和新的"数字能力蓝图",大规模扶持并推动中小型企业数字化转型;印度尼西亚正式发布"工业 4.0 路线图",希望能在 2020 年成为东南亚最大的数码经

---

① 中国驻菲律宾大使馆经商参处:《菲律宾第三季度经济增速放缓》,2018 年 11 月 9 日;中国驻宿务总领馆经商室:《菲预算部长:菲律宾经济将维持高速增长》,2018 年 10 月 12 日。

② 惠誉国际信用评等公司(Fitch Ratings)的预测。

③ 中国驻老挝大使馆经商参处:《亚行预测近两年老挝经济将继续保持增长态势》,2018 年 4 月 12 日。

④ 中国驻曼德勒总领馆经商室:《2018—2019 财年缅甸经济增速将达到 6.8%》,2018 年 5 月 29 日。

⑤ 中国驻越南大使馆经商参处:《今年越南经济发展指标全面好于预期》,2018 年 10 月 23 日。《越南 2019 年经济增长目标为 6.6% 至 6.8%》,《越共电子报》2018 年 10 月 23 日。

⑥ 中国驻胡志明市总领馆经商室:《越南经济重组和转变增长模式成效明显》,2018 年 10 月 25 日。

济体;越南批准 2018—2025 年发展可持续智慧城市总体规划;泰国投资约 100 亿泰铢设立首个数字创新园。东盟互联网经济规模有望在 2025 年达到 2 000 亿美元,其中电子商务市场规模为 880 亿美元。[①]

9.1.2　货物贸易:增势趋缓,不确定性增加

东盟货物贸易进出口继 2017 年扭转连续两年的下滑态势(见图 9.1)之后,其对外贸易的绝对主体——新加坡、印度尼西亚、马来西亚、泰国、越南 2018 年继续保持增长态势(见表 9.2)。尽管随着全球贸易保护主义的抬头和美中贸易摩擦走势不确定性的持续,东盟 2019 年出口贸易的不确定性相应增加,但其增长的势头有望延续,只是增幅或较 2018 年有所下降。

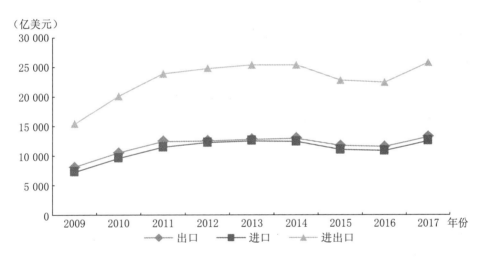

图 9.1　2009—2017 年东盟进出口贸易变化趋势

资料来源:东盟统计数据。

新加坡货物贸易出口 2018 年前三季度分别增长 2.3%、9.3%、12.7%,其中非石油国内出口分别增长 1.1%、9.3%、8.0%。企业发展局将后者的全年增长预测从 2.5%—3.5%上调为 5.5%—6%;2019 年货物贸易出口有望增长 0%—2%。[②]印度尼西亚 2018 年前 10 个月出口同比增长 8.8%,其中非油气产品出口同比增长

---

①　李晓渝等:《东盟国家签署东盟电子商务协议》,《人民日报》2018 年 11 月 13 日。
②　周文龙:《第三季非石油国内出口增长 8%》,《(新)联合早报》2018 年 11 月 22 日。

8.7%;尤为重要的是,同期进口同比增长 23.4%,主要为原材料和机械设备。为减少进口、缩减经常账户赤字、抑制印尼盾继续贬值,政府已自 9 月 13 日起上调 1 147 种进口消费品的关税。①马来西亚 2018 年前 10 个月出口增长 16.2%,贸易顺差增长 35.6%,9 月更是创下 2008 年 10 月以来本币计算最大顺差值。泰国虽然 2018 年 9 月出口同比下降 5.2%,为近 19 个月以来首次下滑;但 10 月出口同比增长 8.7%,前 10 个月同比增长 8.19%,全年有望实现 8% 的既定增长目标;2019 年的出口增长目标设定为 5%—8%。②

越南 2018 年前 10 个月出口同比增长 14.2%,其中外资企业出口同比增长 13.2%,占 71.6%,手机及其零件、纺织品服装和电子产品、电脑及零件出口额均大幅增长,贸易顺差 9 月创历史新高;③全年有望同比增长 10%—12%,高于预定 7.8% 的目标。尤其需要强调的是,越南对 FTA 伙伴的出口贸易大都增势迅猛,纺织服装原辅料的进口亦大幅增长;预计随着 CPTPP、《越南与欧盟自由贸易协定》的生效,2019 年的出口增势不减。

表 9.2　2018 年东盟主要贸易经济体对外贸易一览

国　　家	进出口		出　口		进　口	
	金额 (亿美元)	同比 (%)	金额 (亿美元)	同比 (%)	金额 (亿美元)	同比 (%)
印度尼西亚(1—10 月)	3 072.8	15.8	1 508.8	8.8	1 564.0	23.4
马来西亚(1—10 月)	3 889.0	15.1	2 071.9	16.2	1 817.1	13.9
新加坡(1—10 月)	6 519.7	13.6	3 453.3	12.7	3 066.3	14.7
泰国(1—8 月)	3 350.8	12.0	1 675.0	9.3	1 675.8	14.8
越南(1—10 月)	3 941.1	13.0	2 002.7	14.2	1 938.4	11.8

资料来源:中国商务部和有关国家贸易部门统计数据。

9.1.3　FDI 流入:转中有分,仍为全球重要目的地

不同于全球 FDI 的大幅减少,东盟经济体 2017 年吸收的 FDI 同比增长 11.6%;

---

① 《印度尼西亚对上千商品上调进口税　抑制货币继续贬值》,《(新)联合早报》2018 年 9 月 14 日。
② 中国驻泰国大使馆经商参处:《泰国 9 月出口下滑 5.2%　为 19 个月来首跌》,2018 年 11 月 2 日;《泰国 10 月出口回暖　同比增长 8.7%》,2018 年 11 月 28 日;《泰国制定 2019 年出口目标》,2018 年 10 月 24 日。
③ 《2018 年前九个月:越南进出口额创新高纪录》,《越共电子报》2018 年 10 月 17 日。

其中,老六国、新四国分别同比增长 9.9%、20.7%(见图 9.2)。联合国贸易与发展会议《世界投资报告 2018》显示,在 FDI 流入量东道经济体排名中,新加坡列第 5 位,印度尼西亚更提升 31 位至第 16 位。

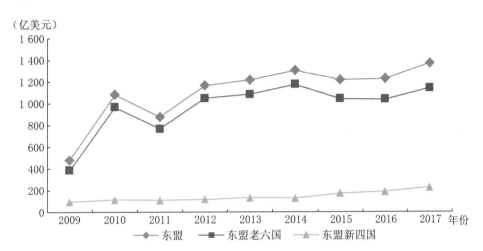

图 9.2　2009—2017 年东盟吸收外国直接投资变化趋势

资料来源:东盟统计数据。

2018 年,东盟经济体继续致力于改善营商环境,加大引资力度。世界银行《2019 年营商环境报告》(Doing Business 2019)显示,东盟国家营商环境便利度得分均或多或少有所提高,但排名除马来西亚、新加坡和缅甸外或多或少有所后退。尽管如此,东盟依然是全球 FDI 的重要目的地。

印度尼西亚不仅优先改善创业、建筑准证、物业登记、执行合约、纳税、跨境贸易 6 项营商便利条件;还更新投资负面清单,发布第 16 期振兴经济措施配套修正案,允许外国投资进入原先列入投资负面清单的 54 种行业,且其中 25 种行业在具备预定条件下可持有 100% 的股权,并把免税期受惠工业扩展为 18 大类。①尽管如此,印度尼西亚吸收的 FDI 还是在 2018 年第二季度出现自 2011 年以来首次萎缩,第三季度继续同比减少 20.2%;前三季度吸收的 FDI 同比下降 7.8%,仅完成全年预定目标的 61.5%。②

---

①　《经济统筹部会议讨论营商便利条件、新负面投资清单引进更多投资》,《(印度尼西亚)国际日报》2018 年 1 月 16 日,2018 年 11 月 22 日。

②　Badan Koordinasi Penamanan Modal (BKPM)-RI. *Domestic and Foreign Direct Investment Realization Quarter III and January—September 2018*. Jakarta,30 October 2018.

泰国政府正加紧推进降低物流成本的国家物流系统发展战略(2017—2021年)。2018 年前 10 个月获准在泰国经营的外商 229 家,投资总额合计 104 亿 7 100万铢,分别较 2017 年同期减少约 8%、提高 57%。[1]

越南取消至少 50% 的行政手续,包括取消和简化 61% 的经营条件、60% 的进出口专项检查手续;[2]并预计在 2019 年底前批准从 2020 年开始取消对上市公司最高49% 的外资持股上限。2018 年截至 10 月 20 日吸收外资 279.1 亿美元,相当于2017 年同期的 98.8%;外商直接投资项目实际到位资金 151 亿美元,同比增长 6.3%;加工制造业是吸收外资最多的领域,占其引资总额的 47.5%。

缅甸商务部于 2018 年 5 月发布《关于允许外资独资企业、缅外合资企业在缅从事批发和零售业务的公告》。缅甸新公司法也已在 2018 年 8 月正式生效,外国人股份超 35% 方被定性为外国公司,允许外国人进入进出口行业、保险业和证券交易市场。缅甸投资委员会 2017—2018 财年批准的外商投资总额为 57.18 亿美元,低于预期的 60 亿美元,是四年来吸引外资最低值;制造业是吸收外资最多的领域,占比超过 30%。预计 2018—2019 财年引进外资总额为 58 亿美元。[3]

马来西亚在《营商环境报告 2019》中的营商环境便利度排名大幅提升 9 位至第15 位。2018 年前 8 个月共批准 438 亿马币的外国直接投资,而 2017 年同期仅为244 亿马币;[4]制造业、初级产业依然是 FDI 的首要选择。

菲律宾在 2018 年 5 月签署《营商环境便利法》,并于 10 月底发布第 11 个外国投资负面清单。菲律宾统计署的数据显示,2018 年前三季度批准外国投资 910 亿比索,同比增长 8.2%。[5]

9.1.4 经济一体化:内外同进,更显主动与成效

面对全球贸易保护主义的升温和世界经济形势不稳定性不确定性的增加,东

---

① 中国贸促会:《10 月有 32 家外资企业获准在泰经营》,2018 年 11 月 8 日。

② 《越南 2019 年经济增长目标为 6.6% 至 6.8%》,《越共电子报》2018 年 10 月 23 日。

③ 中国驻缅甸大使馆经商参处:《2017—2018 财年缅甸制造业吸引外资最多》,2018 年 4 月 19 日;《缅甸预测 2018—19 财年吸引外资 58 亿美元》,2018 年 9 月 4 日。

④ 中国驻马来西亚大使馆经商参处:《马贸工部副部长:马来西亚 1—8 月共批准 616 亿马币投资额,增长52%》,2018 年 10 月 30 日。

⑤ 中国驻菲律宾大使馆经商参处:《1—9 月菲批准外国投资增长 8.2%》,2018 年 12 月 7 日。

盟依旧以积极的实际行动促进贸易自由化，是多边贸易体制的坚定维护者、区域经济一体化的主动推动者。

从 2018 年 1 月起，印度尼西亚、马来西亚、新加坡、泰国、越南利用东盟单一窗口进行《东盟货物贸易协定》电子原产地证书（Form D）的互换；8 月，《东盟货物贸易协定第一修订议定书》签署；11 月，《东盟服务贸易协定》正式达成一致。区域内部在 2017 年超越欧盟成为 FDI 的最大来源地。

以 FTA 为主要形式的制度性经济一体化进一步拓展深化：2018 年，东盟—中国 FTA 升级相关议定书正式全面生效，东盟—韩国《货物贸易协定第三修订议定书》、东盟—印度《服务贸易协定》、《东盟—澳大利亚—新西兰自由贸易协定第一修订议定书》完成批准程序，《东盟—日本全面经济伙伴关系协定第一修订议定书》定稿。东盟—加拿大 FTA 联合可行性研究形成结论。

9.2　中国—东盟经济：科技创新合作、人文交流迈上新台阶

2018 年是中国—东盟创新年，《中国—东盟科技创新合作联合声明》于 11 月发表，同意探讨科技创新合作新机制，力促创新驱动型发展。2018 年还是中国—东盟战略伙伴关系建立 15 周年，《中国—东盟战略伙伴关系 2030 年愿景》于 11 月发表，巩固"3＋X 合作框架"，推动共建"一带一路"倡议与东盟发展战略的深度对接。中国—东盟关系提质升级，经济合作新动能有望进一步增强。

2019 年已被确定为中国—东盟媒体交流年。中国将向中国—东盟合作基金增资，除设立中国—东盟菁英奖学金外，还开展"未来之桥"中国—东盟青年领导人千人研修计划。[①]充分发挥媒体对促进公众认知和参与的独特优势，人文交流新支柱对双方经济合作的民心支撑作用有望进一步增强。

9.2.1　货物贸易依存度提升，双边贸易平衡进一步改善

中国海关统计数据显示，2017 年中国—东盟货物贸易总额首次突破 5 000 亿美

---

① 李克强：《在第二十一次中国—东盟领导人会议上的讲话》，《人民日报》2018 年 11 月 15 日。

元,中国从东盟进口更是同比增长 20.1％;双方的进出口贸易分别占中国、东盟对外贸易总额的 12.5％和 17.1％,分别较 2016 年提升 0.2 和 0.6 个百分点。

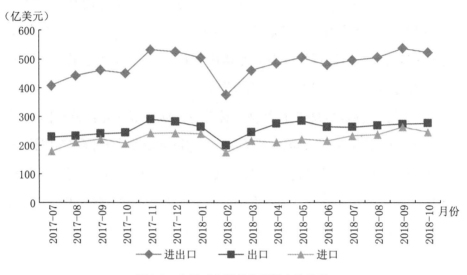

图 9.3　中国对东盟货物贸易变化趋势

资料来源:中国海关统计数据。

2018 年 1—10 月,中国—东盟货物贸易总额同比增长 18.5％(见图 9.3),高于整体增速 2.5 个百分点,在中国对外贸易中的份额进一步提升至 12.7％。其中,中国从东盟进口同比增长 20.3％,中国对东盟贸易顺差较 2017 年同期进一步收窄。需要强调的是,2018 年 11 月举办的首届中国国际进口博览会上,印度尼西亚、越南是 12 个主宾国之一,柬埔寨、老挝、缅甸、菲律宾均设有国家馆。随着首届中国国际进口博览会效应的释放,中国—东盟的贸易平衡有望进一步改善。

9.2.2　制造业仍为对外投资最多行业,双向投资日趋平衡

截至 2018 年 5 月,中国与东盟的双向投资已累计超过 2 000 亿美元,其中中国企业累计在东盟投资 860.5 亿美元。[①]中国统计数据显示,尽管在中国对外直接投资回归理性、整体流量同比下降 19.3％的 2017 年,中国对东盟直接投资还是同比激增 37.4％,新加坡、马来西亚、印度尼西亚、老挝、泰国、越南、柬埔寨 7 个东盟经济体

---

① 王晶晶:《中国企业的东盟商机》,《中国经济时报》2018 年 7 月 31 日。

位居中国对外直接投资流量前 20 之列;中国成为东盟除自身外的第三大外资来源地,占有东盟吸收 FDI 的 8.5%。制造业仍为中国对东盟直接投资流量最多的行业(见表 9.3),印度尼西亚、泰国、马来西亚、越南还是中国制造业直接投资的重要目的地;科学研究和技术服务业的直接投资同比激增 71.4%,占中国对东盟直接投资流量的份额也从 0.7% 提高到 1.4%。

2018 年前 5 个月,中国对东盟新增直接投资同比增长 32.8%,中国对东盟直接投资继续超越中国利用东盟 FDI 规模,双向投资日趋平衡。1—10 月,新加坡、老挝、马来西亚、印度尼西亚、越南、柬埔寨、泰国 7 个东盟经济体位列中国企业对"一带一路"沿线 55 个国家非金融类直接投资的前 8 位。

表 9.3　中国对东盟直接投资前十位的行业

行　　业	流　　量				存　　量			
	金额(亿美元)		比重(%)		金额(亿美元)		比重(%)	
	2016 年	2017 年	2016 年	2017 年	2016 年	2017 年	2016 年	2017 年
制造业	35.44	31.74	34.5	22.5	131.50	155.69	18.4	17.5
批发和零售	19.63	24.49	19.1	17.4	96.90	118.77	13.5	13.3
租赁和商务服务业	13.71	21.42	13.3	15.2	112.23	174.83	15.7	19.6
建筑业	6.35	18.96	6.2	13.4	45.07	65.60	6.4	7.4
交通运输/仓储和邮政业	−6.70	7.58	−6.5	5.4	18.23	25.04	2.5	2.8
金融业	4.54	7.39	4.4	5.2	45.73	52.40	6.4	5.9
房地产业	12.46	7.11	12.1	5.0	19.88	22.38	2.8	2.5
电力/热力/燃气及水的生产和供应业	6.64	6.33	6.5	4.5	91.21	96.19	12.7	10.8
农/林/牧/渔业	3.74	6.23	3.6	4.4	31.38	45.31	4.4	5.1
采矿业	2.41	3.70	2.3	2.6	101.69	103.20	14.2	11.6

资料来源:2016、2017 年度《中国对外直接投资统计公报》。

9.2.3　智慧城市与数字经济添助力,科技创新合作启新篇

2018 年,第 15 届中国—东盟博览会以"共建 21 世纪海上丝绸之路　构建中国—东盟创新共同体"为主题;中国—东盟技术转移与创新合作大会首次举办科技项目推介会,促成 7 项重要科技合作成果签约、意向金额 3.4 亿元。①2018 年 11 月,

---

① 数据来源:中国—东盟技术转移中心网站。

《中国—东盟科技创新合作联合声明》同意,继续推进中国—东盟科技伙伴计划,共建科技园区。李克强总理还在中国—东盟领导人会议上建议,培育创新亮点,商签中国—东盟智慧城市合作文件,依托中国—东盟信息港为东盟智慧城市网络打造合作平台。①位于中国四川新川创新科技园的新加坡创新中心于9月揭牌启动,未来两年有望推动150—200家企业落户;②中新广州知识城也在11月升级为国家级双边合作项目。2018—2020年,中国广西将接收100名东盟及"一带一路"沿线国家的杰出青年科学家,共同培养科技领军人才、解决共性关键技术问题。③

中国已在500个城市展开智慧城市试点工作,东盟也选定了26个城市试点建设智慧城市网络,智慧城市建设成为双方科技创新合作的重要切入点和又一新亮点。阿里云已正式启动"马来西亚城市大脑"智慧城市计划,支持马来西亚数字化转型。海云数据与印度尼西亚美加达公司签署谅解备忘录,助力印度尼西亚首都雅加达打造智慧城市。④首家专门开发新一代二维码安全应用的中印度尼西亚合资公司也在雅加达成立,目标是覆盖全部东盟成员国。⑤

在中国—东盟科技伙伴计划和"一带一路"科技创新行动计划框架下,依托科技人员交流、联合科研平台、技术转移、科技园区等既有合作模式,智慧城市建设、数字经济合作有望推动中国—东盟科技创新合作的潜力持续释放,成为双方经济合作、共同发展新的增长点。

9.2.4 南海问题趋稳趋缓,海上务实合作有望取得新突破

2018年,"南海行为准则"磋商不但进程加快而且取得重要进展:继8月宣布形成其单一文本草案后,11月领导人会议决定2019年内完成对"南海行为准则"单一磋商文本草案的第1轮审读。首次中国—东盟海上联合演习也已在10月□□□,这也是东盟首次与单一国家开展联演。在全球地区热点问题此□□□、不断升温的

---

① 李克强:《在第二十一次中国—东盟领导人会议上的讲话》,《□□日报》2018年11月15日。
② 李欣忆:《新川创新科技园新加坡创新中心启动》,《四川日报》2018年9月15日。
③ 江东洲等:《志合者,不以山海为远——迈向更为紧密的中国—东盟创新共同体》,《中国科技网·科技日报》2018年9月19日。
④ 《海云数据助力印尼雅加达打造智慧城市》,《重庆日报》2018年7月11日。
⑤ 田原:《中印尼联合开发二维码安全应用》,《经济日报》2018年6月7日。

国际背景下,南海局势能够相对排除外界干扰、总体趋稳趋缓,有利于中国—东盟经济合作的不断拓展和深化。截至目前,中国—东盟海上合作基金已资助东南亚海洋环境预报与灾害预警系统、濒危海洋物种与生态系统保护研究和中国—东盟海洋保护区生态管理网络建设 3 个项目。[1]双方在海洋环境保护、新能源开发利用、防灾减灾、资源可持续开发和渔业等蓝色经济领域的海上务实合作潜力有望进一步释放。

2018 年,中国还与菲律宾召开一系列涉及南海问题的双边会议,双方在通过对话协商妥善处理分歧的正确轨道上继续前行,关系由 2016 年的"转圜"到 2017 年的"巩固"再到"提升"[2],经济合作也展现出更为广阔的前景,潜力得以迅速释放。2018 年前 5 个月,中国对菲新增投资 1.65 亿美元,是同比激增 67% 的 2017 年全年的 3 倍多。前 10 个月,中国继续为菲第一大贸易伙伴和第四大出口目的地、第二大旅游客源地。11 月,菲参展首届中国国际进口博览会的企业实现 1.24 亿美元销售额,远超 5 000 万美元的预定目标;[3]习近平主席访菲期间,双方一致决定建立中菲全面战略合作关系,并签署《关于共同推进"一带一路"建设的谅解备忘录》《关于油气开发合作的谅解备忘录》《经济技术合作协定》《基础设施合作规划》《工业园区合作规划》等 29 项合作文件。

9.2.5 战略对接走深走实,共建"一带一路"拓展新空间

中国已与 9 个东盟成员国签署共建"一带一路"协议,战略对接走深走实[4],基础设施互联互通进一步推进,次区域经济合作进一步展开。

"国际陆海贸易新通道"成为中国—东盟经济合作新平台新亮点。截至 2018 年 9 月 28 日,开行一周年的"中新互联互通南向通道"班列已累计 688 列、发运集装箱 35 060 个标箱。截至 2018 年 8 月底,北部湾港—新加坡班轮开行 148 班,运送 4 398 集装箱,双向每周 3 班。参与的中国省区市也由最初的 4 个增加到 10 个,

---

① 潘强:《中国与东南亚国家携手铸造可持续发展的"蓝色引擎"》,《(印度尼西亚)国际日报》2018 年 11 月 19 日。

② 习近平主席在会见来华参加 2018 年 4 月博鳌亚洲论坛年会的菲律宾总统杜特尔特时指出。

③ 徐惠喜:《中菲关系驶入发展快车道》,《经济日报》2018 年 11 月 22 日。

④ 李克强总理在 2018 年 11 月中国—东盟领导人会议上指出。

与东南亚、东北亚、非洲、美洲、中东等 45 个国家/地区 82 个港口保持贸易物流联系,首次实现"一带"与"一路"的无缝衔接。①除铁海联运外,"南向通道"还实现了跨境公路运输和国际铁路联运。2018 年 11 月中新两国政府正式将"中新互联互通南向通道"更名为"国际陆海贸易新通道",寄望其推动"双向互联互通",超越物流合作迈向更高层次。

中国—东盟东部增长区合作升级,次区域经济合作进一步推进。2018 年 11 月,中国—东盟东部增长区合作首次部长级会议审议通过《中国—东盟东部增长区升级合作文件》,正式将这一合作机制由高官级提升为部长级;各方一致认为,应充分对接"一带一路"倡议和《东盟东部增长区 2025 年愿景》。步入成长期的澜湄合作于 2018 年 1 月第二次领导人会议通过五年行动计划(2018—2022 年),合作框架也升级为"3+5+X"。

9.3 RCEP:谈判终入最后阶段,达成的可能性大增

2018 年,RCEP 谈判同样进行四轮。尽管 2018 年东盟轮值主席国新加坡同样竭力推动年底完成谈判,并视其为 2018 年最优先的任务,结果还是未能如愿;RCEP 谈判机制启动以来首次领导人会议给出的时间底线并没有产生足够的行动力。11 月,RCEP 第二次领导人会议发布《RCEP 谈判领导人联合声明》②,决心在2019 年达成现代、全面、高质量、互惠的经济伙伴关系协定。

9.3.1 谈判完成度近 80%, 7 个章节已结束磋商

RCEP 谈判已完成规则领域经济与技术合作,中小企业,海关程序与贸易便利化,政府采购,机构规定,卫生与植物卫生措施,标准、技术法规与合格评定程序 7 个章节的磋商,谈判任务的完成度也已由 2017 年的不到 50% 提升到接近 80%。根据《联合声明》,货物和服务市场准入、投资负面清单谈判已取得显著进展,规则领域

---

① 杨玲等:《南向通道班列开行一周年》,《南宁日报》2018 年 9 月 30 日。
② 参见 *Joint Leaders' Statement on the Regional Comprehensive Economic Partnership (RCEP) Negotiations*,以下简称《联合声明》。

有些章节的谈判也几乎结束。

9.3.2　各国展现强烈意愿，问题与压力依旧不小

《联合声明》不但强调在当前国际形势下达成 RCEP 的紧迫度和重要性,而且决心保持积极势头、再接再厉于 2019 年结束谈判。尽管如此,市场准入领域分歧的最终弥合绝非易事,对于久拖未决而功亏一篑的忧虑也或多或少地存在着。《联合声明》同样指出,将寻求创造性、务实、现实、相互可接受且不损害全面、平衡、具有商业意义成果的解决剩余问题的方案。

显然在这一磋商的关键阶段,除东盟与中国外,日本和印度的态度同样关键。虽然由于逆全球化思潮和贸易保护主义升温,RCEP 谈判的内生动力增强;但在已有 7 个成员国完成国内立法程序,2018 年 3 月签署的 CPTPP 按规定于 2018 年底正式生效,且韩国和东盟成员印度尼西亚、菲律宾、泰国均有意加入的情况下,日本的积极性是否会受到影响尚待观察;印度是否会因 2019 年国内选举而更为审慎同样需要时间给出答案。无论如何,RCEP 尽快达成实质性共识仍为符合共同利益的当务之急。综合分析,2019 年结束谈判的可能性相对较大。

第10章

印度经济:改革继续推进与挑战并存

莫迪政府自 2014 年 5 月上台以来,进行了一系列经济体制改革。除了积极推进"创业印度""印度制造"和"数字印度"等发展举措,还极力打造集"五大工业走廊"于一体的制造业网络。[①]这些改革措施较好地发掘了印度经济增长潜力并且培育了新的国际竞争力。事实证明,莫迪政府大刀阔斧的经济改革已初见成效,改革红利持续释放。2014—2017 年,印度的 GDP 增速分别达 7.4%、8.2%、7.1% 和 6.6%[②],成为世界经济增长最快的国家之一,也是推动世界经济增长的主要引擎之一。从 GDP 总量来看,2017 年印度的 GDP 为 2.597 万亿美元,正式超越法国的 2.582 万亿,并预计在 2018 年底超过英国的 2.622 万亿,成为世界第五大经济体。

根据国际货币基金组织最新预测,由于 2016 年实行的"废钞"和"GST 税改"等措施对经济造成的冲击和波动逐渐减少,以及投资和消费较为强劲的推动作用,印度经济增长潜力巨大,预计 2018 年 GDP 增长率将达 7.3%,2019 年有望达到 7.4%。根据印度官方的统计,2018 年第一季度的经济增长率为 7.7%,第二季度增速高达 8.2%,第三季度的增速则下降为 7.1%。2019 年 5 月,印度将迎来大选。为了获得连任,莫迪政府将增加基础设施建设资金和补贴,力争经济增长率重回 8% 的水平。

---

① "五大工业走廊"分别是:德里—孟买工业走廊(DMIC)、班加罗尔—孟买经济走廊(BEMC)、清奈—班加罗尔工业走廊(CBIC)、东海岸经济走廊(ECEC)以及阿姆利则—加尔各答工业走廊(AKIC)。

② 数据来源:世界银行发布的世界发展指数(World Development Indicators,WDI)。

与此同时,随着结构性改革瓶颈凸显,以及全球经济不确定性的增强,印度经济也面临着多种挑战。为了应对美元加息的冲击,2018 年以来印度央行已经两度宣布加息,这抬高了国内企业的融资成本。此外,国际油价波动以及卢比贬值,也给经济增长的前景增添了许多不确定性。同时,由于逆全球化及保护主义思潮的泛起,印度对外贸易面临着严峻的外部环境,这势必会制约外贸的进一步发展。这些不利因素都将对未来两年印度经济的增长形成拖累。

10.1　改革势头强劲与措施不断推出

莫迪政府执政以来,在经济和政治领域推行了多项改革。经济领域的改革以提高生产率为主线,推动印度向制造业大国转型;政治领域的改革提高了政府治理水平,为经济改革的顺利进行辅以保障。在过去几年里,印度经济增长速度在整体低迷的世界经济中领跑全球。莫迪政府分别于 2016 年底和 2017 年5 月颁布了目前在其任期内最重要的两项经济政策——废钞令和商品服务税改革(以下简称"GST 税改"),对印度经济发展产生了巨大的冲击,虽然短期内这两项政策给经济运行带来了严重挑战,但是从长远来看,改革的方向总体是积极的,改革的措施符合市场经济发展规律的要求,符合印度长远发展的要求和利益,为印度经济的可持续发展奠定了很好的制度基础。相信这些改革措施的红利将逐渐释放。除此之外,改革的步伐并未停止,印度政府又陆续推出了多项改革举措。

10.1.1　基础设施建设提速,突破制约发展硬约束

印度的基础设施建设长期滞后,薄弱的基础设施被认为是制约其经济建设和社会发展的重要因素之一。多年来,印度的基础设施建设一直滞后。基础设施薄弱,被认为是制约其经济增长和社会发展的重要因素之一。印度于 20 世纪 90 年代早期向私人资本开放基础设施建设领域,但效果不尽如人意。在基础设施方面,印度政府利用不断拓宽的基础设施融资渠道,在公路、铁路、航空等建设方面全面提速,为经济发展打好坚实的基础。

1. 基础设施融资渠道不断拓宽

印度长期存在财政方面的困难,让政府难以为基础设施建设提供足够的资金支持。近年来,印度政府多方位拓宽基础设施融资渠道,为印度基础设施建设的提速提供了资金方面的保障。

2018 年 2 月,印度财政部长向议会提交了新财政年度预算,该预算将主要向印度农业、医疗保障和铁路基础设施等领域倾斜。根据该预算,印度政府将投入数十亿美元加强农村基础设施建设。除此之外,印度政府还将拨款数十亿美元,重点加强铁路网络建设。[①]

2018 年 6 月,亚洲基础设施投资银行(以下简称亚投行)在印度孟买召开第三届年会,在会议期间,亚投行表示将向印度国家投资和基础设施基金(National Investment and Infrastructure Fund of India, NIIF)投资 2 亿美元。这一决定反映了亚投行支持印度政府促进基础设施和调动私人资本促进发展的承诺。印度国家投资和基础设施基金提供多元化的投资渠道,使吸引的资金引发乘数效应。亚投行的投资,将有助于吸引更多包括多边金融机构、主权财富基金、养老基金和保险公司等长期投资者的资金,为印度国内的基础设施建设提供多样化的资金支持。据悉,印度已经是亚投行最大的借款人,在 6 个项目中总计获得融资 12 亿美元。

2018 年 9 月,总部设在上海的金砖国家新开发银行(New Development Bank, NDB)批准向印度中央邦提供 5.25 亿美元的基础设施项目贷款。新开发银行董事会批准了印度中央邦主要区域道路项目 II 的 3.5 亿美元贷款,以及用于建设和升级 350 座桥梁的 1.75 亿美元贷款。这笔贷款将被印度政府用于向中央邦政府转贷,修复总长约 2 000 公里的主要区域道路,以改善农村内部与国家和邦公路网络的连通性。该项目将改善道路状况,提高道路运输能力,减少行驶时间,降低车辆运营成本,减少碳排放,并改善道路安全。该项目有助于促进印度中央邦农村社区的包容性发展,并通过改善连通性、增加可及性和增加就业机会来刺激区域经济发展。

近期,国际知名投行摩根士丹利出资成立以印度为重点的基础设施基金,首次募资规模接近 3 亿美元,总募资规模约为 6 亿—7 亿美元。预计不久将正式结束规

---

① 《印度新财政预算注重基础设施建设》,新华网 2018 年 2 月 1 日,http://www.xinhuanet.com/2018-02/01/c_1122356351.htm。

模近 3 亿美元的首次募集。除此之外,2018 年也有新的投资公司进入印度的基础设施领域,例如 Rohatyn Group 和 Global Infrastructure Partners。与市场上其他基金主要关注道路和电力等硬资产不同,摩根士丹利基金将考虑投资医疗和教育等社会基础设施领域。

2. 各项基础设施建设全面提速

近年来,印度在公路、铁路、航空的建设方面取得了重要进展,为经济的长期快速发展打下了坚实的基础。

高速公路连接主要经济走廊。在印度公路运输部和印度国家公路管理局的共同参与下,印度 9 条重要经济走廊将很快通过高速公路连接起来。高速公路网络的建设将有利于缩短城市之间的距离、降低物流成本,从而促进印度各地区之间的贸易。

推动铁路系统现代化。2018 年 9 月,印度内阁批准了一项关于未来四年印度铁路完全电气化的提案。印度铁路公司是世界上最大的铁路网络之一,拥有 67 368公里的铁路和 22 550 列火车,每天运送 2 224 万名乘客和 304 万吨货物。该举措将对印度铁路的安全性、容量和速度产生重大影响。

机场建设加速,物流业发展迅速。得益于需求增加,印度国内航空业连续三年实现两位数增长。2018 年 4 月,印度工商业和民用航空部长在全球物流峰会上表示,印度未来几年内将有 56 座机场投入使用。此外,印度民航部表示,计划在未来10—15 年内建设 100 个新机场,投资额接近 600 亿美元。

过去十年中,在铁路、公路、高速公路、内河航道、航空、港口和沿海航运等领域,印度都取得了重大进展。到 2019—2020 财年,印度物流业预计产值可达 2 150亿美元,年均增长率将超过 10%。印度在物流绩效指数(由世界银行编制)中的排名已从 2014 年的第 54 位提升至 2018 年的第 44 位。[①]目前,摆在印度物流业面前的难点在于,为跟上物流服务需求的增长,印度需要制定一贯的政策来协调跨领域基础设施、不同服务和不同交通方式的合作。

10.1.2　实施新的产业政策,以期占领科技制高点

当下,世界各国都高度重视高科技产业对本国综合国力的影响,它们纷纷制定

---

① 数据来源:世界银行 LPI 数据库,https://lpi.worldbank.org/international/global。

国家战略,重塑实体经济,力求占领科技制高点,推动经济增长。

在全球范围内,人工智能、机器学习和物联网正在大力影响制造业。在此背景之下,印度政府也高度重视信息化对制造业转型升级的促进作用。莫迪自 2014 年 5 月执政之后,便推出了促进信息化发展的产业政策。一方面,减少行政审批、简化税收制度,促进投资和创新,用以促进"印度制造"战略;另一方面,通过加强印度的网络基础设施建设,发展互联网相关产业,并最终实现"数字印度"战略。

目前,印度工商部正在积极制定全新的产业政策,新产业政策将重点关注技术和创新,旨在促进制造业的长期发展,吸引投资和创造就业机会。印度正积极准备利用包括人工智能、机器人、物联网、区块链和机器学习这些现代技术来推动制造业的发展。该政策的重点是探讨如何减少新技术开发与应用上的监管障碍,鼓励企业采用机器人技术和人工智能等前沿技术。新政策将取代 1991 年在国际收支危机背景下制定的产业政策,也被视为 1991 年产业政策的重大升级。

新的产业政策希望减少法规,为使用更好的技术铺平道路,从而创造就业机会并帮助实现产业现代化。该政策出台的主要目的是促进印度成为新兴技术的领导者,并"在制造业中建立创新技术",以刺激经济增长。该政策还将侧重于进一步加强对现有企业、基础设施和建设高质量企业的援助,以确保提高未来制造技能。

以电子产业为例,印度信息技术部正在制定新的国家电子产业政策(National Policy on Electronics,NPE),计划到 2020 年在电子行业投资约 1 000 亿美元,为约 2 800 万人提供就业机会,同时计划到 2020 年实现 550 亿美元芯片设计和嵌入式软件的营业额、800 亿美元的出口,以及 200 多个电子制造集群,目前已有 23 个电子制造集群计划得到批准。此外,该政策计划结束 2012 年启动的改良特殊激励计划(M-SIPS),并通过更方便实施的利息补贴和信用违约担保等措施继续为该产业提供资助。

基于印度高科技产业的巨大潜力,世界经济论坛(World Economic Forum, WEF)[①]宣布将在印度出资数十万美元,用以建立一个专注于制造业转型升级的研发中心。这是 WEF 在旧金山、东京、北京之外的首家位于南亚的研发中心,主要关

---

① 世界经济论坛是以研究和探讨世界经济领域存在的问题、促进国际经济合作与交流为宗旨的非官方国际性机构,总部设在瑞士日内瓦。论坛因每年年会在达沃斯召开,故被称为"达沃斯论坛"。

注"工业 4.0"相关的技术,包括物联网(IoT)、区块链(blockchain)和人工智能(AI)等。根据世界经济论坛与马哈拉施特拉邦联邦政府签订的谅解备忘录,该中心将坐落于孟买的一个临海卫星城,设计投资超过 10 万美元,初期将聘请至少 25 名全职研究人员,推动新一代互联网信息技术的产业化,以助力印度制造业转型升级和社会经济的均衡发展。该中心的研发成果不仅会应用于大型工业制造业企业,还将惠及大量科技型初创企业。目前,该中心正在进行的第一项研究是无人机在农业生产上的应用,包括精准投放、监控和管理等。

10.1.3　实行出口导向战略,力求减少贸易不平衡

在莫迪政府之前所推出的经济改革措施中,国际贸易方面的政策并不多,而目前这种状况正在得到改变。进口方面,自 1991 年实施贸易自由化战略以及削减贸易壁垒措施以来,印度的最高工业关税(纺织品、服装和汽车除外)从 355% 下降至 2007 年的 10%,平均工业关税也从 113% 下降至 12%。[①]出口方面,为配合莫迪总理提出的"印度制造"计划,印度政府公布了新的对外贸易政策,希望推动该国货物及服务出口总额在 2019 年度突破 9 000 亿美元。

新政策聚焦于支持制造业和服务业,旨在刺激出口和就业。这个新政策将以往所有出口激励项目整合到印度货物出口计划(Merchandise Exports from India Scheme,MEIS)及印度服务出口计划(Service Exports from India Scheme,SEIS)项下。为了鼓励国内企业扩大出口而根据产品和出口国家的不同给予不同的关税优惠。归属在 MEIS 和 SEIS 下的出口奖励率分别为 2%—5% 和 3%—5%,同时允许出口项目下的开支用于抵扣进口商品缴纳的关税、国内采购缴纳的消费税及服务税。此外,为促进特别经济区发展,批准区内企业享受上述优惠。印度政府希望这些措施给企业出口带来新的动力,从而推动经济增长。

该计划实施以来,印度制药公司、汽车制造企业成为最大受益者。根据该计划,2017—2018 财年获得最大关税减免的企业包括 JSW 钢铁、福特印度、Bajaj 汽车、Aurobindo 制药、Mylan 制药等企业。

---

① 数据来源:https://www.reddit.com/r/IndiaSpeaks/comments/8ta7h4/modinomics_at_four_why_india_is_on_the_path_to/。

与此同时，为了扩大传统劳动密集型行业产品的出口，印度政府近日宣布了针对服装行业的特别刺激政策。这一系列政策包括了劳动法改革、技术升级奖励、加强退税保障和放宽所得税法等措施。印度纺织部表示，印度有可能成为东盟国家服装品牌和零售商的一站式采购目的地。印度拥有包括原材料供应、人力资源和整个纺织价值链的竞争优势，东盟的纺织品制造商有机会在这里投资，并找到适销的商品进口。此外，印度纺织品行业允许 100% 外商投资。该项政策还允许政府为纺织品行业的贷款提供利率补贴，并根据市场准入倡议计划向出口商提供相应的补贴。

据悉，美国政府表示，印度的出口刺激政策损害了美国公司的利益，且不符合国际贸易规则。美国将有可能在当前的国际贸易摩擦中对印度该政策采取措施。由此，印度政府官员早些时候对外表示，他们正在考虑并审查现有的出口激励政策，并可能在未来对该计划做出适当修改。

10.1.4　扶持中小企业，维护就业市场及社会稳定

在印度，中小微企业（MSME）[①]对印度的经济增长和劳动力市场稳定发挥了重要作用。根据印度中小微企业部提供的最新数据，印度有大约 5 100 万个中小微企业，为大约 1.17 亿人提供了就业机会。印度中小微企业的业务种类多元、遍布城乡和全国各地，它们生产了 6 000 多种产品，占制造业总产量的 45%，占全国出口总额的 40%。然而，印度中小微企业的发展水平仍然远远低于其他大国，如，印度中小微企业对国民经济的贡献率落后美国 10 个百分点，落后中国 23 个百分点。无法从正规金融渠道获得信贷支持是造成这种巨大差距的原因之一，大约有 40% 的印度中小微企业无法获得正规的信贷来源，从而被迫从非正规渠道贷款，其利率是正规银行贷款利率的 2.5 倍。

过去两年来，印度实行的废钞及商品服务税（GST）制度改革，使得许多中小企业受到较大冲击。由于中小微企业对印度经济社会的稳定和发展发挥了重要作用，在距离 2019 年大选半年多时间之际，印度总理莫迪于 2018 年 11 月 2 日正式宣布启动为期 100 天的中小微企业扶持计划（MSME Support and Outreach Program），提

---

①　通常把年收入不超过 2.5 亿卢比（约合 3 500 万美元）的企业成为中小微企业，即 Micro, Small and Medium Enterprises，简称 MSME。

出 12 项重大优惠政策协助振兴中小微企业。这些措施涵盖了获取信贷便利化、利息补贴、放宽市场准入和整合法规等各个方面。具体包括以下几个方面:

(1) 快速获得贷款。凡在商品及服务税(GST)系统合格登录的中小微企业,通过审核后可在 1 小时内快速获得贷款,贷款上限为 1 000 万卢比(约 14 万美元)。

(2) 利息补贴。在 GST 系统合格登录的中小微企业,在 1 000 万卢比额度贷款内可获利息补贴 2%,而出口贷款利息补贴比例则从目前的 3% 提高至 5%。

(3) 资金融通。年营业额在 50 亿卢比(约 7 000 万美元)以上的企业强制加入"应收账款电子核算系统",中小微企业可根据应收账款向金融机构获取资金融通。

(4) 提高国营企业采购比例。规定各国营企业每年向中小微企业采购比例由现行的 20% 提高至 25%。

(5) 技术升级。为协助中小微企业技术升级,将提供 600 亿卢比(约 8.5 亿美元)预算设立 100 个技术中心。

(6) 简化年营业额申报次数及改善工厂查验程序。MSME 扶持计划将持续 100 天,覆盖全国 100 个地区。总而言之,这项政府扶持计划将有助于推动印度中小企业的发展,进一步让中小微企业成为印度国内创造就业机会的发动机,并对经济的整体增长做出更大的贡献。

10.2　印度经济继续维持高速增长

10.2.1　经济保持较快增长，但人均水平仍然很低

在外部发展环境面临诸多风险和不确定性的背景下,印度经济增速较之往年有所下降,但继续保持高位。如图 10.1 所示,根据世界银行公布的世界发展指数,国际金融危机以来,印度 GDP 增速于 2010 年达到最高值,为 10.26%,此后连续两年下降,2011 年和 2012 年分别为 6.64% 和 5.46%。到 2014 年和 2015 年,增速分别回升至 7.51% 和 8.01%。受"废钞"对消费和支付造成的暂时性负面影响,2016 年和 2017 年的增速有所放缓,分别为 7.11% 和 6.62%。随着改革冲击的逐渐减弱以及改革红利的释放,国际货币基金组织预计 2018 年印度经济增长率将达到 7.3%,

2019 年有望达到 7.4%。

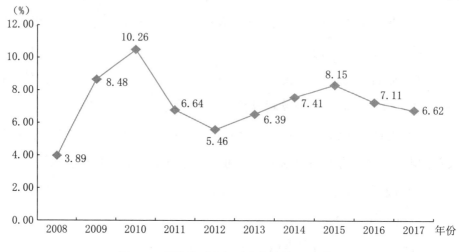

图 10.1 国际金融危机以来印度的 GDP 增速

资料来源:WDI 数据库。

印度经济增速全球领先,与其他新兴经济体相比,表现也十分抢眼。如图 10.2 所示,2014 年以来,除中国经济增速稳重趋缓之外,其他金砖国家经济增长动能普遍趋弱,印度则一直保持高水平增长,表明其复苏势头仍在延续。

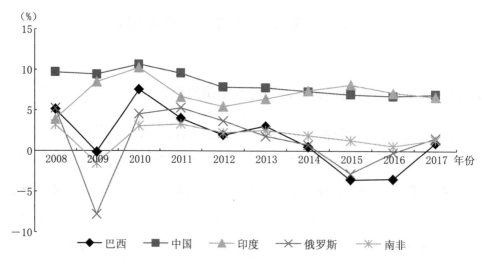

图 10.2 金砖五国 GDP 增速比较(2008—2017 年)

资料来源:WDI 数据库。

根据世界银行的数据,从经济总量的角度来看,印度已于 2017 年底超过法国,成为世界第六大经济体。但是,从人均的角度看,印度的人均 GDP 约为 1 939.6 美元,法国则为 38 476 美元,是印度的 20 倍。根据 IMF 的预测,2018 年中国的人均 GDP 将达到 9 630 美元,大约为印度的 5 倍;美国的人均 GDP 将达到 6.25 万美元,是印度的 31 倍;日本的人均 GDP 将为 4 万美元,是印度的 20 倍。从这个角度来看,印度经济发展任重道远,与发达国家依然存在着巨大的差距。

10.2.2　对外贸易发展迅速,但贸易逆差依旧巨大

作为一个发展中国家,印度经济增长之殇,莫过于长期面临经常账户和财政"双赤字"。据印度商业信息署与印度商务部统计,2018 年 1—8 月,印度货物进出口额为 5 566.0 亿美元,比上年同期(下同)增长 14.8%。其中,出口 2 167.8 亿美元,增长 11.7%;进口 3 398.3 亿美元,增长 16.8%;贸易逆差 1 230.5 亿美元,增长 27.0%。[①]截至 2018 年 10 月,2018 年印度几乎每个月都保持贸易逆差,并且即便印度提高了进口商品关税,这样的逆差上涨幅度也没有明显被遏制的迹象。

印度是一个发展中国家,对外贸易处于逆差,意味着该国对外贸易处于弱势之中。贸易逆差不仅反映了印度产品全球竞争力弱,更表明印度的社会财富在向世界其他国家流出。印度为了能够避免购买其他国家商品,就不得不拿自身信用,换取外国投资者的财富借款购买商品,弥补印度贸易逆差造成的自身财富流出大于流入的问题。近五年来,一般政府债务总额占 GDP 比重持续保持在 66% 以上,显著高于亚洲发展中经济体 48.37% 的平均水平。当前,印度的对外债务为 1.4 万亿美元,外汇储备只有 0.4 万亿美元左右。2019 年 5 月,印度将迎来大选。为了获得连任,印度政府将继续实施扩张性财政政策,增加财政支出支持基础建设、降低税率提升民众福利。而增支和减税将继续扩大印度政府的财政收支缺口,预计未来政府的债务融资规模和债务压力将持续上升。

10.2.3　营商环境不断改善,但 FDI 增速逐渐趋缓

2018 年 11 月世界银行发布的《2019 年营商环境报告》中,印度被列为第 77 名,

---

① 数据来源:中华人民共和国商务部国别贸易简讯,https://countryreport.mofcom.gov.cn/new/view.asp?news_id=61520。

在上年的基础上上升23位。这是印度连续两年在该排名中有大幅跃升（2017年印度上升30名，首次进入世界前100），同时，它也是南亚地区排名第一的经济体。世界银行表示，在其衡量的10个因子中，印度在6个领域都取得了积极进展，包括成立企业、建造允许、电力和金融可及性等。

此外，在之前不久发布的世界经济论坛全球竞争力排行中，印度名列第58位，在2017年的基础上上升5个席位，成为G20中进步最大的国家。在这份涵盖全球140个经济体的排名中，美国排第一，新加坡和德国分列第二和第三。值得注意的是，在金砖国家中，中国排在第一（全球第28名），随后是俄罗斯、印度、南非和巴西。

2017年12月，美国政府通过了《减税和就业法案》，该法案对全球FDI流量、存量以及结构产生了重要影响。根据OECD的统计，2017年全球FDI流量为1.411万亿美元，比2016年下降了18%，占全球GDP的1.8%，相比之下，2016年和2015年的这一比例分别为2.3%和2.5%。

在此背景之下，2017年印度的FDI流入量也呈下降趋势（如图10.3和图10.4所示）。2017年，全球主要的FDI受惠国是美国（2 870亿美元），其次是中国（1 680亿美元）、巴西（630亿美元）、荷兰（580亿美元）、法国（500亿美元）、澳大利亚（490亿美元）、瑞士（410亿美元）和印度（400亿美元）。

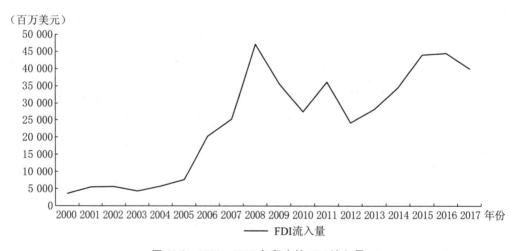

图10.3　2000—2017年印度的FDI流入量

资料来源：UNCTAD数据库。

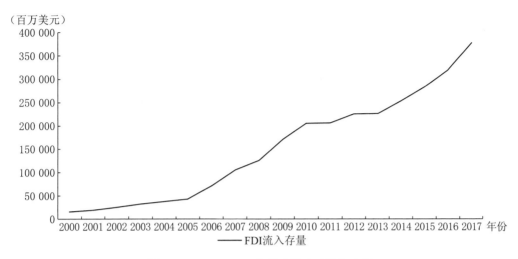

图 10.4　2000—2017 年印度的 FDI 流入存量

资料来源:UNCTAD 数据库。

10.3　印度经济发展面临巨大挑战

近年来印度凭借低廉的人力成本优势大幅吸引世界各地投资,印度经济得以快速增长,大有赶超中国之势。然而印度经济高速增长的背后却另有隐患,印度经济面临着巨大挑战。

10.3.1　高度依赖能源进口,经济受油价影响较大

印度严重依赖进口石油和天然气。2018 年以来,国际油价持续上升,这使得印度的贸易状况不断恶化,经济增长的前景也蒙上了一层阴影。不断高企的国际油价传导至国内市场,使得印度的通货膨胀率不断上升。为应对通胀的压力,印度央行曾两度宣布加息,这又使得国内企业融资成本不断增加。油价的提高也使得印度本来已经很严重的贸易赤字更加雪上加霜,印度为了进口石油将不得不购买更多的外汇,使得本国货币卢比承受较大的下行压力。2018 年,一些新兴国家的货币,如印度卢比、印尼盾以及菲律宾比索等,被认为是全球表现最差的货币。正因为如此,印度经济能否保持高速增长也受到质疑。

10.3.2 财政赤字和债务走高，经济预期改善渺茫

2018 年，因废钞和 GST 税改而受到冲击的印度经济逐渐恢复平稳，然而债务赤字问题日益突出，成为制约经济保持高速增长的重要因素之一。

当前，印度的对外债务大约为 1.4 万亿美元，且大多是美元债务，并不是印度的卢比作为支付工具。这些债务的本金和利息不仅受到印度财政税收影响，更受到该国的货币贬值影响。如果印度货币贬值得不到控制，过去卢比坚挺之时对外发行的债务，将会以高于印度本国货币的方式，向外国债权人支付本金和利息。2018 年印度卢比已经贬值近 10%，相当于年初之时发行的外债，要以高于当时 10% 的卢比本金和利息承诺，向外国银行或机构等偿还该国的债务义务。由于印度对外债务发行规模过大，以及金融系统不良债务率居高不下，使该国面临债务危机的风险。如今，在卢比不断贬值、美国欲通过减税和加息吸引美元资本回流的背景之下，印度的债务风险水平不断增加。根据南美洲债务危机的经验，如果印度债务危机爆发，将会直接影响经济，导致印度通货膨胀、失业率上升、经济增长放缓或倒退，等等。

10.3.3 保护主义倾向对外商投资者信心造成打击

2018 年 1 月，印度总理莫迪在达沃斯论坛上称："全球主要国家贸易保护主义抬头，尤其是以美国为首的贸易保护主义，正在极力抵制全球化。"他还批评称，各国推行的贸易保护政策已经遍布全球。贸易保护主义的抬头是对经济全球化、一体化的最大挑战。然而，此后不久，莫迪政府就推出了几项贸易保护主义措施。2018 年 2 月 1 日，印度政府宣布对进口的智能手机征收 20% 的关税；随后，印度政府决定对从中国和马来西亚进口的太阳能电磁板额外征收 70% 的关税。印度主要股指在印度推行贸易保护措施之后出现了小幅收缩，印度的股票交易所随后也宣布不再给新加坡分享股市交易数据。这意味着印度政府在金融市场方面也开始推行保护政策。印度政府采取的上述政策，也让许多投资印度的投资者感到担忧。如果印度转向保护政策，无疑会严重打击国外投资者的信心，最终导致不利于印度经济的正常发展。

10.4 中印经贸合作不断深化

2018 年 4 月 27—28 日，习近平主席同莫迪总理在湖北武汉举行非正式会晤，两国领导人就中印关系未来发展的全局性、长期性、战略性问题深入交换了意见。随后，两国领导人分别于上海合作组织领导人峰会、金砖领导人峰会以及 G20 峰会进行了会晤。双方领导人的密切沟通为中印经贸关系的发展指明了方向。

10.4.1 双边贸易持续快速发展

根据中国海关的统计，2000 年中印两国的双边贸易额仅 29.2 亿美元，2008 年增至 380 亿美元，2017 年则创历史新高，达到 844 亿美元。中国已连续多年成为印度最大的贸易伙伴，印度则是中国在南亚最大的贸易伙伴。特别值得一提的是，近年来，中国从印度的进口大幅增长近 40%，这使得双方贸易不平衡的状况得到极大改善。

除了贸易总量不断增长，中国和印度的双边贸易结构也发生了新的变化。在中国对印度的出口中，除化工产品、钢材、肥料、家具、纺织品等传统商品外，技术密集型商品（如机电产品）的份额不断增加，并已成为中国对印度出口的重要增长点。

10.4.2 双边投资规模不断扩大

长期以来，印度年轻的人口结构、强劲的经济增长、高速的城市化进程等吸引了大量的外国投资者。中国对印度的直接投资自 2000 年以来快速增长。中印两国在电力、交通、信息、医药等领域的合作发展势头良好。截至 2017 年底，中国企业对印度的投资主要涉及电力、电信、机械设备和家用电器等领域，累计实际投资额超过 80 亿美元。与此同时，近三年来，印度对中国的投资年均增幅达 18.5%。知名咨询公司毕马威（KPMG）发表了中国在印度投资的数据报告，该报告显示，中国投资者从 2015 年开始大举进入印度创投市场，期望从印度的庞大市场和廉价劳动力中获利。2017 年印度创投企业获得了约 20 亿美元来自中国的投资，是 2016 年总投资的 3 倍。中国投资者青睐的行业包括电子商务、交通、金融科技等，重要的投资方则有阿里巴巴、携程和腾讯等。获得融资等印度企业则包括 Snapdeal、Paytm、MakeMyTrip、Hyke、Practo 和 Dailyhunt。

10.4.3　中印合作机制不断完善

中国和印度分别为世界上最大的发展中国家和重要的新兴市场国家,两国在反对贸易保护主义、推动全球化、建立更加公正合理的国际经济秩序等方面,拥有共同的关切和利益。中印两国经贸合作的潜力巨大、前景广阔,两国有必要继续深挖合作潜力,实现优势互补,推动两国经贸合作向迈向更高水平和更深层次。这不仅将惠及两国人民,也会对世界的稳定、发展和繁荣产生积极影响。

另外,中印两国在金砖国家领导人会晤机制、上海合作组织、中俄印三国外长会晤机制和二十国集团等多边合作机制中也拥有广阔的合作空间。未来,随着双边、多边合作机制的不断成熟和完善,中印两国关系将会获得更多更大的发展机遇。

参考文献

[1] Ayyagar, Meghana, Asli Demirguc-Kunt and Vojislaw Maksimovic. "Small vs. Young Firms across the World", World Bank Policy Research Working Paper 5631, April 2011.

[2] Badan Koordinasi Penanaman Modal(BKPM)-RI. "Domestic and Foreign Direct Investment Realization Quarter III and January—September 2018", Jakarta, 30 October 2018.

[3] Broda, C., and D.E. Weinstein. "Globalization and the Gains from Variety", *The Quarterly Journal of Economics*, 121(2), 2006:541—585.

[4] Cali, Massimiliano. "The Impact of the US-China Trade War on East Asia", https://voxeu.org/article/impact-us-china-trade-war-east-asia, 16 October 2018.

[5] Murphy, Craig N. "Global Governanceover the Long Haul", *International Studies Quarterly*, 58(1), 2014:216—218.

[6] Frey C.B., and E.Rahbari. "Technology at Work: How the Digital Revolution is Reshaping the Global Workforce", http://voxeu.org/article/how-digital-revolution-reshaping-global-workforce, 25 March 2016.

[7] Lendle, A., M.Olarrega, S.Schropp and P.Vezina. "There goes gravity: How eBay reduces trade costs", CEPR Discussion Paper 9094, 2012.

[8] Mandel, M. "Data, Trade and Growth", TPRC 41: The 41st Research Conference on Communication, Information and Internet Policy, 15 August 2013.

[9] McKinsey Global Institute. "Internet Matters: The Net's Sweeping

Impact on Growth，Jobs and Prosperity"，May 2011.

［10］Office of the National Economic and Social Development Board. "Thai Economic Performance in Q3 and Outlook for 2018—2019"，19 November 2018.

［11］Hall，Rodney Bruce，and Thomas J.Biersteker. *The Emergence of Private Authority in Global Governance*. Cambridge University Press，2002.

［12］USITC. "Digital Trade in the U.S. and Global Economies Part 2"，Investigation NO.332—540，Publication 4485. Washington：USITC，September 2014.

［13］US National Intelligence Council. "Global Trends 2030：Alternative Worlds"，https://globaltrends2030. files. wordpress. com/2012/11/global-trends-2030-november 2012.pdf，November 2012.

［14］USTR. "Joint Statement by the United States，European Union and Japan at MC11"，https://ustr. gov/about-us/policy-offices/press-office/press-releases/2017/december/joint-statement-united-states，12 December 2017.

［15］WTO. "World Trade Report 2016：Levelling the trading field for SMEs"，Geneva：WTO，2016.

［16］阿里研究院、埃森哲战略公司:《全球跨境 B2C 电商市场展望:数字化消费重塑商业全球化》,2015 年。

［17］《新国际贸易形势下国际金融市场波动风险加大》,东方财富网 2018 年 7 月 2 日,http://finance.eastmoney.com/news/1351,20180702898472984.html。

［18］樊畅:《当今世界经济拒绝"逆全球化"》,《北京日报》2016 年 10 月 26 日。

［19］冯玉军、尚月:《美俄关系新发展与中国的政策选择》,《国际问题研究》2018 年第 4 期。

［20］高疆:《全球数字链和数字贸易新规则》,《信息系统工程》2018 年第 5 期。

［21］《IMF 总裁拉加德警告:中美贸易摩擦升级将"冲击"新兴市场》,观察者网 2018 年 9 月 13 日,https://www.guancha.cn/internation/2018_09_13_471915.shtml。

［22］《诺贝尔经济学奖得主约瑟夫·斯蒂格利茨:美国面临输掉贸易战的危险》,观察者网 2018 年 8 月 2 日,https://www.guancha.cn/SiDiGeLiCi/2018_08_02_466563_s.shtml。

［23］《关于中美经贸摩擦的事实与中方立场》,国务院新闻办公室 2018 年 9 月 24 日,http://www.scio.gov.cn/37236/38180/Document/1638218/1638218.htm。

［24］胡宗山、余珍艳:《"修昔底德陷阱"与中美关系》,《社会主义研究》2017 年第 6 期。

［25］《全球货币政策分化,汇率风险加大》,华尔街见闻 2018 年 11 月 18 日,https://wallstreetcn.com/articles/3439437。

［26］廖志鸿:《247 万亿美元! 全球债务再创新高》,华尔街见闻 2018 年 7 月 11 日,https://wallstreetcn.com/articles/3357821。

［27］江东洲等:《志合者,不以山海为远——迈向更为紧密的中国—东盟创新共同体》,《科技日报》2018 年 9 月 19 日。

［28］李克强:《在第二十一次中国—东盟领导人会议上的讲话》,《人民日报》2018 年 11 月 15 日。

［29］李晓渝等:《第 50 届东盟经济部长会议讨论区域经济合作与一体化》,新华社(新加坡)2018 年 8 月 29 日。

［30］李晓渝等:《东盟国家签署东盟电子商务协议》,《人民日报》2018 年 11 月 13 日。

［31］李欣忆:《新川创新科技园新加坡创新中心启动》,《四川日报》2018 年 9 月 15 日。

［32］梁亚滨:《中国一直在积极承担国际责任》,《人民日报》2018 年 1 月 7 日。

［33］刘丰:《国际体系转型与中国的角色定位》,《外交评论》2013 年第 2 期。

［34］刘明彦:《国际原油价格暴跌之后能否绝地反弹?》,新浪网 2018 年 11 月 26 日,http://finance.sina.com.cn/zl/2018-11-26/zl-ihpevhck7531758.shtml。

［35］刘万侠、方珂:《大国关系与世界格局新变化》,《前线》2018 年第 10 期。

［36］陆燕:《在全球价值链中寻求制度性话语权——新一轮国际贸易规则重构与中国应对》,《人民论坛 • 学术前沿》2015 年第 23 期。

［37］陆燕:《直面国际贸易规则体系的深刻变革》,《上海证券报》2016 年 8 月 18 日。

［38］罗建华:《"开放"关键词缘何赢得世界点赞》,《北京青年报》2018 年 4 月

12 日。

[39] 潘强：《中国与东南亚国家携手铸造可持续发展的"蓝色引擎"》，《（印度尼西亚）国际日报》2018 年 11 月 19 日。

[40] 皮萨尼-费里：《多边主义何去何从》，《中国经济报告》2018 年第 10 期。

[41] 强薇、仍彦：《英国"脱欧"谈判取得重要进展》，《人民日报》2018 年 11 月 26 日。

[42] 秦亚青：《全球治理失灵与秩序理念的重建》，《世界经济与政治》2016 年第 4 期。

[43] 权衡：《对外开放四十年实践创新与新时代开放型经济新发展》，《世界经济研究》2018 年第 9 期。

[44] 权衡、盛垒等：《2018 年世界经济分析报告》，格致出版社 2018 年版。

[45] 权衡：《"一带一路"开辟全球化新纪元》，《经济日报》2017 年 5 月 13 日。

[46] 权衡：《经济全球化的内在规律和发展方向》，《学习时报》2018 年 11 月 30 日。

[47] 权衡：《经济全球化发展：实践困境与理论反思》，《复旦学报》（社会科学版）2017 年第 6 期。

[48] 权衡：《消除全球性收入不平等，应对逆全球化思潮》，《社会科学报》2018 年 8 月 23 日。

[49] 权衡：《用好重要战略机遇期要"富于创造"》，《文汇报》2018 年 12 月 23 日。

[50] 任理轩：《逆全球化违背时代潮流》，《人民日报》2018 年 10 月 18 日。

[51] 盛斌、高疆：《中国与全球经济治理：从规则接受者到规则参与者》，《南开学报》（哲学社会科学版）2018 年第 5 期。

[52]《诺奖得主为网易撰稿：中美贸易摩擦看不到任何好处》，搜狐网 2018 年 5 月 22 日，http://www.sohu.com/a/232465467_119746。

[53]《全球债务达 247 万亿，美国的处境最不乐观，却还沉浸在虚幻之中？》，搜狐网 2018 年 10 月 9 日，http://www.sohu.com/a/258081858_334198。

[54]《里根减税后日本陷入衰退！特朗普减税会对全球经济造成什么影响？》，

搜狐网 2017 年 12 月 5 日,http://www.sohu.com/a/208662642_276934。

[55]《英国脱欧:进程、影响和不确定性全分析》,搜狐网 2018 年 12 月 11 日,http://www.sohu.com/a/281011757_313170。

[56] 田原:《中印尼联合开发二维码安全应用》,《经济日报》2018 年 6 月 7 日。

[57] 王晶晶:《中国企业的东盟商机》,《中国经济时报》2018 年 7 月 31 日。

[58] 王婧、陈占杰:《欧盟警告意大利债务风险》,《经济参考报》2018 年 10 月 8 日。

[59] 王受文:《坚定维护多边贸易体制 积极参与全球经济治理》,《求是》2018 年第 18 期。

[60]《美国"退群"全球失望》,网易 2017 年 6 月 3 日,http://news.163.com/17/0603/04/CLVRBQBN00018AOP.html。

[61] 韦宗友:《非正式集团、大国协调与全球治理》,《外交评论》2010 年第 6 期。

[62] 吴志成、董柞壮:《国际体系转型与全球治理变革》,《南开学报》(哲学社会科学版)2018 年第 1 期。

[63] 吴志成、何睿:《全球有效治理缘何如此艰难》,《当代世界》2013 年第 7 期。

[64] 吴志成:《多边主义是人心所向》,《人民日报》2018 年 10 月 8 日。

[65] 吴志成:《经济全球化砥砺前行》,《光明日报》2018 年 11 月 13 日。

[66] 吴志成:《全球治理对国家治理的影响》,《中国社会科学》2016 年第 6 期。

[67] 忻华:《欧盟建立"欧日经济伙伴关系"的战略机理探析》,《国际展望》2018 年第 6 期。

[68]《"一带一路"倡议五周年,行稳致远砥砺前行》,新华网 2018 年 8 月 9 日,http://www.xinhuanet.com/politics/2018-08/09/c_1123246444.htm。

[69]《欧盟与英国就"脱欧"过渡期协议大部分条款达成一致》,新华网 2018 年 3 月 20 日,http://www.xinhuanet.com/world/2018-03/20/c_1122561048.htm。

[70]《日本测试用人工智能进行急救车预配置》,新华网 2018 年 12 月 12 日,http://www.xinhuanet.com//2018-12/12/c_1123842339.htm。

[71]《英"脱欧"大臣辞职,不满政府谈判太弱》,新华网 2018 年 7 月 10 日,http://www.xinhuanet.com/world/2018-07/10/c_129910133.htm。

[72]《全球人工智能专利申请:美国领先,中国处于第二梯队,百度表现最为亮眼》,新浪网 2018 年 8 月 24 日,https://tech.sina.com.cn/roll/2018-08-24/doc-ihic-siaw2629494.shtml。

[73] 徐惠喜:《中非关系驶入发展快车道》,《经济日报》2018 年 11 月 22 日。

[74] 徐明棋:《美单边主义正损害 WTO 多边贸易机制》,《文汇报》2018 年 7 月 1 日。

[75] 杨玲等:《南向通道班列开行一周年》,《南宁日报》2018 年 9 月 30 日。

[76] 杨毅等:《2019,中美关系向何处去》,《环球时报》2018 年 12 月 13 日。

[77] 杨长湧:《世界经济 2018 年形势和 2019 年展望》,《丝路时评》2018 年第 11 期。

[78] 叶琦:《意大利与欧盟"预算之争"愈演愈烈》,《人民日报》2018 年 10 月 24 日。

[79] 佚名:《海云数据助力印尼雅加达打造智慧城市》,《重庆日报》2018 年 7 月 11 日。

[80] 佚名:《央行估计明年经济增长更稳定》,《(印度尼西亚)国际日报》2018 年 11 月 28 日。

[81]《印尼对上千商品上调进口税 抑制货币继续贬值》,《(新)联合早报》2018 年 9 月 14 日。

[82] 张蓓:《"一带一路"建设:推动人类命运共同体的实际构建与不断巩固》,《光明日报》2018 年 9 月 24 日。

[83] 张贵洪:《美国单挑多边主义终将失道寡助》,《环球时报》2018 年 6 月 5 日。

[84] 张广婷:《不确定的世界经济:新变局、新风险、新机遇——2019 年世界经济分析报告》,《世界经济研究》2019 年第 1 期。

[85] 张磊:《经济全球化仍是世界发展大趋势》,《人民日报》2017 年 2 月 9 日。

[86] 张启迪:《特朗普减税对美国经济的影响到底有多大?》,《经济界》2018 年第 3 期。

[87] 张燕生:《经济全球化没有解决好的三个问题》,《环球时报》2018 年 8 月

29 日。

[88] 张蕴岭:《如果没有了多边体系规则,将会怎样》,《世界知识》2018 年第 8 期。

[89] 赵龙跃:《以"一带一路"推动构建人类命运共同体》,《光明日报》2018 年 9 月 8 日。

[90] 郑振清:《中国为世界提供更多国际公共产品》,《人民日报》2018 年 1 月 7 日。

[91] 王毅:《"一带一路"国际合作踏上新征程》,中国一带一路网 2018 年 12 月 11 日,https://www.yidaiyilu.gov.cn/xwzx/gnxw/74313.htm。

[92] 周文龙:《第三季非石油国内出口增长 8%》,《(新)联合早报》2018 年 11 月 22 日。

[93] 朱启荣:《美国降低企业所得税对中国经济贸易影响分析》,《国际贸易问题》2018 年第 9 期。

[94] 邹磊:《"一带一路"国际合作推动构建人类命运共同体》,《学习时报》2018 年 6 月 25 日。

后　记

《世界经济分析报告》是由上海社会科学院世界经济研究所宏观分析小组研创的年度系列研究报告，五年来已形成比较鲜明的研究特色，学术和社会影响力也得到不断提升。2019 年 1 月 19 日，本团队发布了最新的报告成果《2019 年世界经济分析报告》，引起了学界和社会各界的广泛关注与高度评价。《人民日报》《光明日报》、新华社、《经济日报》《中国日报》《解放日报》《文汇报》、凤凰卫视等二十多家境内外知名媒体对报告中有关全球经济发展态势和中国经济发展前景等诸多重点、热点问题给予了深度报道。

本书对该报告做了进一步的补充、深化与完善，此次将其付梓成书，期望同各界同仁进行思想与问题的交流和探讨，从而起到抛砖引玉之效。这本书是集体智慧的结晶。本书的编写分工如下：导论权衡、盛垒，第 1 章薛安伟，第 2 章高疆，第 3 章张广婷，第 4 章盛垒，第 5 章刘芳，第 6 章姚大庆，第 7 章姜云飞，第 8 章孙立行，第 9 章张天桂，第 10 章智艳。全书统稿由权衡和盛垒完成。

在报告和书稿的写作、修改过程中，我们先后多次组织召开专家座谈会和头脑风暴。要特别感谢中央党校经济学部丁文锋教授、江苏省社会科学院副院长章寿荣研究员、浙江大学国际经济研究所所长赵伟教授、上海市人民政府发展研究中心副主任周国平、上海市发改委综合处处长郭宇、上海社科院世界经济研究所原所长张幼文研究员等多位专家学者的真知灼见和宝贵建议，使我们深受启发。当然本书的一切文责由本研究小组负责。

同时，感谢上海社科院科研成果传播办公室汤蕴懿研究员、姚懿晨女士，上海社科院世界经济研究所办公室主任邹传锋以及杨慧倩、徐乾宇等同事在研究过程中给予的大力协助与支持，他们的辛勤付出为我们分担了很多事务性的工作。最后还要感谢出版社的编审人员细致与周全的工作，使此书得以顺利出版。

此书涉及内容较为广泛，加之我们水平有限，书中或仍有不少纰漏和不足之处，敬请各位专家和广大读者批评指教，以便我们在今后的研究中进一步完善。

权衡　盛垒

2019 年 4 月 2 日

于上海社科院

图书在版编目(CIP)数据

不确定的世界经济:新变局、新风险与新机遇:
2019年世界经济分析报告/权衡等著.—上海:格致
出版社:上海人民出版社,2019.4
ISBN 978-7-5432-3003-3

Ⅰ.①不… Ⅱ.①权… Ⅲ.①世界经济-研究报告-
2019 Ⅳ.①F11

中国版本图书馆 CIP 数据核字(2019)第 056575 号

责任编辑　张苗凤
装帧设计　人马艺术设计·储平

不确定的世界经济:新变局、新风险与新机遇
——2019 年世界经济分析报告
权衡　盛垒　等著

出　　版　格致出版社
　　　　　上海人民出版社
　　　　　(200001　上海福建中路 193 号)
发　　行　上海人民出版社发行中心
印　　刷　上海商务联西印刷有限公司
开　　本　787×1092　1/16
印　　张　13.75
插　　页　3
字　　数　213,000
版　　次　2019 年 4 月第 1 版
印　　次　2019 年 4 月第 1 次印刷
ISBN 978-7-5432-3003-3/F·1224
定　　价　72.00 元